동아시아 불교사

石井公成
이시이 코세이
지음

최연식
옮김

동아시아 불교사

씨
아이
알

HIGASHI ASIA BUKKYO SHI
by Kosei Ishii
© 2019 by Kosei Ishii
Originally published in 2019 by Iwanami Shoten, Publishers, Tokyo.
This Korean edition published 2020
by CIR Co., Ltd., Seoul
by arrangement with Iwanami Shoten, Publishers, Tokyo

베트남	일본	한국		중국	북아시아	
		남부	북부			기원후 1
	야요이弥生 시대	삼한 (진한 마한 변한) 3~4세기	대방군帶方郡 낙랑군樂浪郡	후한後漢 25~220	흉노匈奴	
				삼국三國 (위魏 촉蜀 오吳 220-265 · 221-263 · 222-280)		
				진晉 265~316		317
참파 (임읍林邑 환왕環王 점성占城 2~15세기)	고훈古墳 시대	백제 4세기 중엽~ 660	신라 4세기 중엽~	고구려 기원전 1세기경 ~668	선비鮮卑	
				동진東晉 317~420 / 5호16국五胡十六國 304~439		
	아스카飛鳥 시대			남북조南北朝 439-589 북조 (북위北魏 · 동위東魏 · 서위西魏 · 북제北齊 · 북주北周) 남조 (송宋 · 제齊 · 양梁 · 진陳)	유연柔然	500
				수隋 581-618	돌궐突厥	
	나라奈良 시대	통일신라 676~935		발해 698~ 926	당唐 618~907	위구르
	헤이안平安 시대					
정조丁朝 968~980				5대10국五代十國 907~979 5대 (후량後梁 · 후당後唐 · 후진後晋 · 후한後漢 · 후주後周)	거란契丹 요遼 916~1125	1000
전기여조前期黎朝 980~1009					서하西夏 1038~1227	
이조李朝 1009~1225	가마쿠라 鎌倉 시대	고려 918-1392		송宋 960~1279 (북송 960~1126 남송 1127~1279)	금金 1115~1234	
진조陳朝 1225-1400					몽골제국 1260~1271	
	무로마치 室町 시대			원元 1271~1368		
후기여조後期黎朝 1428~1789				명明 1368~1644	오이라트 타타르	1500
	아즈치모모야마 安土桃山 시대	조선 1392-1910				
	에도江戸 시대			청淸 1616~1912		
완조阮朝 1802-1945 (프랑스의 식민지배 1887~1945)	메이지明治					
베트남 공화국 1955~75	베트남 민주공화국 1945~76	다이쇼大正	일본의 식민지시대 1910~1945	중화민국 1912~ (대만국민정부 1949~)		
		쇼와昭和				
베트남사회주의공화국 1976~			대한민국 1948~	조선민주주의 인민공화국 1948~	중화인민공화국 1949~	
	헤이세이平成					2000

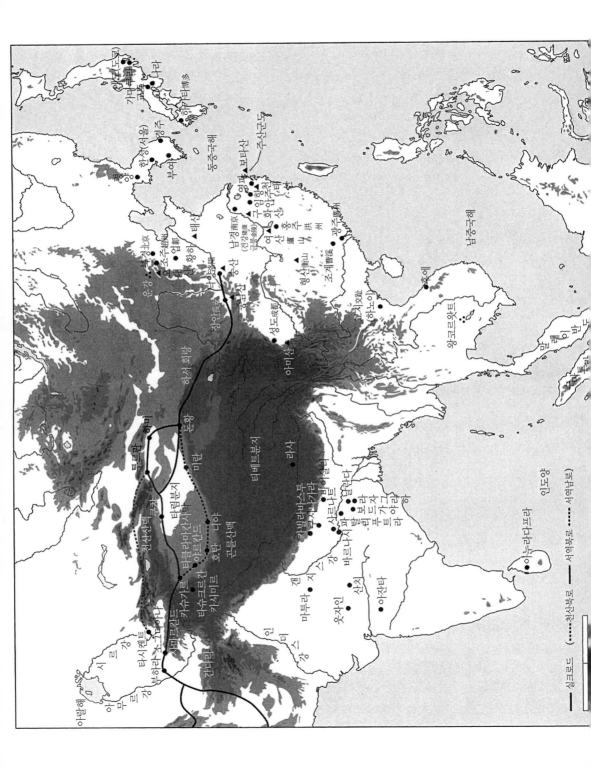

실크로드 ——— 천산북로 (······)

서역북로 ----- 서역남로 (·-·-·-)

인도양

누라타다프라

아잔타

산치

웃자인

마투라

갠지스강

바르나시

파탈리푸트라

라

날란다

카

나가라주나콘다

기바라테스록

날란다

하노이

교지交趾

광저우廣州

남중국해

쿠얼레

쥬에

왕크로웃트

조계曹溪

형산衡山

남해南海

여항

상산商山

구원항九原

화인국

홍주洪州

남경南京

(건강建康)

임치

산둥산

루산군도

보타산

등주東州

등주항구해

부소

경주

나라

교토

가마쿠라

하카타博多

한성(서울)

베이징北京

조주州

업鄴

항저우杭州

임안臨安

임안장강長江

정인長安

룽먼

뤄양

성도成都

아미산

티베트분지

라사

하시 회랑

룬황

미란

룬룬산맥

호탄

냐

쿤룬산맥

천산산맥

톈산산맥

투르판

쿠처

타클라마칸

아르쿤

타림분지

카슈가르

아프가니

간다라

바미얀

바흐라소그디아

인더스강

시르강

타시겐트

부하라

사마르칸트

아랄해

아무르다르

카스피해

황허

황하

황허黃河

윈강

트로판

한국어판 서문

나는 대학에 들어갈 무렵 동양의 전통과 서양 문명의 충돌을 축으로 하여 근대 아시아 여러 나라의 역사를 연구하는 것을 일생의 업으로 삼고자 하였다. 이를 위해서는 먼저 동양의 전통사상을 배워둘 필요가 있다고 생각해서 와세다대학 문학부에 들어가서는 동양사가 아니라 동양철학을 전공으로 하였다. 일본 헤이안 시대의 문학과 예능의 역사도 좋아하였지만, 그쪽은 이미 조금씩 연구를 시작해서 논문에 가까운 것을 내 나름대로 쓰고 있었으므로 독학으로도 심화시킬 수 있을 것으로 생각하였다. 한편으로 불교나 유교사상은 잘 알지 못했기 때문에 잘 알지 못하는 것은 배울 수밖에 없다고 생각한 것도 하나의 요인이었다.

그런데 대학원의 지도교수로 히라카와 선생님을 만나 가르침을 받게 되면서 이후의 진로가 결정되었다. 동양사상, 특히 불교학의 기초지식을 몸에 익히고 나서 동양근대사로 옮기려고 생각하고 있었지만, 당대 최고의 불교학 대가인 히라카와 선생님을 향해 "불교학의 기초는 대충 배웠으니 동양사로 옮기겠습니다."라고는 도저히 말할 수 없었다. 사실 불교학의 경우 기초만 해도 엄청나게 많은 것을 알아야 하는데, 그것을 석사과정의 2년 혹은 3년 사이에 배운다는 것은 불가능한 일이었다. 박사과정에 진학해서도 불교학은 잘 알지 못하는 상태였는데, 여러 가지 일에 쉽게 흥미를 느끼는 나는 대학원 중국문학과의 한시 수업을 듣기도 하고, 심리학과의 임상심리와 정신병리학 수업을 듣곤 하였다. 한때는 심리학을 전공할까 생각하고서 유학을 가기 위해 영어학원을 다니기도 하였다.

그 무렵 히라카와 선생님으로부터 "케임브리지대학 존 브로우John Brough 선생의 부탁으로 불교의 한범漢梵 사전을 만들게 되었는데, 자네가 편집 관련 일을 맡아주면 좋겠네."라는 부탁을 받았다. 존경하는 히라카와 선생님의 부탁인 데다가 2년 정도면 완성될 예정이었으므로 일을 맡았는데, 실제로는 11년이나 걸리는 일이 되고 말았다. 사전 편찬 사업이 끝나갈 무렵에는 동양철학과의 조교로 임명되었으므로, 근무하면서 그 일을 도와드렸다. 이와 같은 상황이 있었으므로 동양사나 심리학으로 옮기지도 못하고, 또한 유학도 가지 못한 채 화엄교학을 중심으로 잘 알지도 못하는 불교 교리에 대한 연구를 계속하게 되었다. 나중에 히라카와 선생님의 명령으로 화엄교학에 관한 박사논문을 제출한 직후 고마자와단기대학 불교과에 채용되고, 다시 고마자와대학 불교학부로 옮기게 된 것도 불교학 연구를 계속하게 된 중요한 원인이었다.

히라카와 선생님이 돌아가셔서 댁으로 달려갔을 때 나는 누워계시는 히라카와 선생님을 향하여 눈물을 흘리며 제대로 공부하지 않은 것을 사죄드렸다. 그리고는 "저에게는 선생님과 같은 정통적인 불교학을 할 능력은 없으니 앞으로는 자유롭게 공부하도록 하겠습니다."라고 말씀드리고, 이후로는 문학·예능·근대동양사 등에 대해서도 제멋대로 공부하고 논문을 써왔다. 그렇지만 이제는 히라카와 선생님과 만날 수 있었던 것은 더할 수 없는 행운이었고, 불교학을 공부한 것은 정말로 좋은 선택이었다고 생각하고 있다. 동아시아 문화의 저변에는 불교가 있으므로 불교를 알지 못하면 문학이든 예술이든 사회에 대한 것이든 어떤 것도 이해할 수 없기 때문이다.

본『동아시아 불교사』를 통해 아시아 나라들을 비교하여 연구하려 했던 젊은 시절의 꿈을 일부나마 실현시킬 수 있게 되었다. 동아시아의 여러 나라가 서로 영향을 주고받는 모습을 이 정도로 강조한 불교사 책은 이제까지 없었다고 생각한다. 이『동아시아 불교사』를 한국어로 번역한 최연식 교수는 이 책의 번역자로서 가장 적임자라고 할 수 있다. 최 교수는 서울대학교에서 한국사로 박사학위를 받은 후 고마자와대학에 와서 나와 함께 2년간 연구하였다. 최 교수만큼 단기간에 일본어를 능숙하게 하고 여러 분야에 폭넓게 달려들어 공부하는 해외연구자는 이제까지 보지 못하였다. 한국 불교 연구와 관련해서는 중국에서 찬술된 것으로 전해져온 불교문헌들 중에 고대 한국에서 성립된 문헌을 발견하는 것이 나의 목표 중 하나였는데, 최 교수는 이와 관련해서도 혜균慧均의『대승사론현의기大乘四論玄義記』가 백제에서 찬술되었음을 발견하는 성과를 거두었다. 최 교수는 역사학과 불교학 양쪽에 정통하고, 또한 고대에서 현대에 이르는 폭넓은 영역에서 활약하고 있는 귀중한 인재로서 오랜 기간 동안 나의 친한 친구이자 연구 동료가 되었다. 그러한 최 교수가『동아시아 불교사』를 번역해준 것은 더할 나위 없이 즐거운 일이다.

　최 교수의 능숙한 번역을 통해 이 책이 넓게 읽혀서 동아시아 불교의 특색이 조금이라도 많은 사람에게 이해될 수 있기를 기대한다.

2019년 10월 8일

이시이 코세이石井公成

CONTENTS

서 장

서로 영향을 주고받은
동아시아 불교사

서장 서로 영향을 주고받은 동아시아 불교사

1. 석가모니관의 변화와 불교의 전파 모습

사람들이 생각하는 부처

불교의 역사는 부처관의 변화의 역사에 다름 아니다. 각각의 시대의 각각의 사람들은 자신들이 기대하는 이미지를 불교의 교조인 석가모니에게 투영해왔다. 석가모니는 이러하였을 것이다, 그러한 석가모니를 뵙고 싶다, 석가모니에게 구원받고 싶다고 하는 사람들의 절실한 생각 속에 부처의 이미지가 변해왔다.

경전 중에는 석가모니에 대해 밝은 얼굴을 하고서 스스로 "잘 왔어요. 어서 와요."라고 상냥하게 말을 걸어줄 것 같은 친절한 인물로 묘사한 것도 있고, 불교를 비방하는 자들을 굴복시키기 위하여 석가모니가 신통력을 발휘하여 공중에 떠올라서 어깨와 발에서 불과 물을 내뿜는 기적[쌍신변雙神變]을 일으키는 내용도 있다. '자타카'라고 불리는 전생 이야기에는 석가모니가 전생에 동물이었을 때 수행을 위해 혹은 동료들을 구하기 위해 자신의 몸을 희생하였다고 하는 내용이 많이 나온다. 대승불교가 되면 석가모니는 영원한 존재이고, 그가 나이 들어 열반에 든 것은 사람들을 교화하기 위하여 임시로 그러한 모습을 보여준 것에 불과하다고 이야기하는 경전들이 등장한다.

이와 같은 석가모니관은 경전의 형태로 나타날 뿐 아니라 이야기나 불상, 회화 혹은 의례나 예능의 형태로도 표현되었다. 또한 그들이 역으로 교리에 영향을 미친 경우도 적지 않다.

사람들은 그와 같은 석가모니의 이미지를 다시 다른 부처나 보살, 조사들에게 투영해왔다. 예를 들면 석가모니는 열반하였지만 도솔천이라는 천상세계에 있는 미륵보살이 먼 장래에 지상에 내려와 부처가 되어 사람들을 교화한다는 미륵하생 신앙이 일찍이 생겨났고, 대승불교의 정토경전들에서는 석가모니가 그 이름을 외우면 반드시 극락세계로 맞이해주는 아미타불에게 귀의하라고 권유하는 역할을 담당하고 있다. 자비의 눈으로 사람들을 관찰하고 그 사람에게 맞는 모습으로 변하여 나타나서 고난에 빠진 사람들을 구해주는 관음보살은 동아시아의 서민들에게 석가모니와 마찬가지 혹은 그 이상으로 의지할 수 있는 존재였다. 또한 동아시아에서 존숭된 고승들 중에는 '부처의 화신'으로 불린 사람들이 많았다.

불교 동전東傳이라는 도식

불교는 인도에서 생겨나 중국에 전해졌고, 백제를 거쳐 동쪽의 일본에까지 이르렀다고 하는 일본인들의 상식은 '천축(인도) → 진단(중국) → 본조(일본)'라는 '삼국불법전통三國佛法傳通'의 도식에 백제를 추가한 것에 불과한 것인데, 이것으로는 불교사의 실제 모습을 파악할 수 없다.

이러한 사관은 헤이안 시대 중기에 출현하여 교넨凝然(1240-1321)이 지은 『삼국불법전통연기三國佛法傳通緣起』와 『팔종강요八宗綱要』 등에서 완성된 것으로, 교넨이 속하는 화엄종 등의 일본의 종파들을 출발점으로 하여 그 기원을 중국 그리고 인도로 소급하고, 다시 거기에서 일본의 종파들에 이르는 흐름을 추적한 것이다. 즉, 현재에서 위로 거슬러 올라가 석가모니에 이르는 계보를 만든 다음 다시 위에서 아래로 더듬어 내려온 것과 같다.

교넨의 저작들은 방대한 문헌과 자료에 입각한 것으로, 일본에서는 불교 입문서로서도 사용되었고, 메이지 시대 이후 중국과 한국에도 영향을 미쳤으며, 불교학이 발달한 현대에서도 대단히 유용한 책이다. 하지만 거기에 정리된 삼국불법전통사관의 내용이 실제 사실과 일치하는 것은 아니다. 실제에서는 그가 제시한 계보대로 연결되지 않는 경우가 많을 뿐 아니라 그 계보에 포함되지 않는 계통은 아무리 융성하였어도 완전히 무시되고 있기 때문이다.

더욱이 이 사관은 '전통傳通'이라는 점을 강조하면서도 일본에 불교를 전한 백제를 빠뜨리고 있다. 신라 불교의 영향이 강한 도다이지東大寺에서 공부한 교넨은 고대 한국 학승들의 저작을 잘 알고 있었음에도 불구하고 '삼국전통'이라는 도식을 중시하였다. 중국에 불교를 전한 서역의 나라들과 스리랑카(실론)에서 동남아시아를 거쳐 중국에 이르는 남방루트의 나라들도 고려되지 않고 있다.

그러나 실제로는 서역의 나라들이나 고대 한국은 단순한 통로가 아니라 독자적인 불교를 탄생시켰고, 그 영향이 일본에까지 미치고 있다. 이에 대

해서는 근래에 연구가 진전되고 있는데, 설혹 이들 나라에서의 불교의 변용
이라는 면을 보충한다고 하여도 '인도에서 시작되어 일본에 이르는 불법 동
전의 과정을 좇는' 입장에 머무른다면 전통사관의 문제점은 시정될 수 없을
것이다.

역류하는 불교

무엇보다도 불교는 서쪽에서 동쪽으로 일직선으로 전해진 것이 아니었다.
불교의 역사는 여러 나라와 지역, 민족들 사이의 복잡한 상호 교류와 상호
영향의 역사로서, 그 과정에서 이뤄진 변용의 역사인 것이다.

석가모니 이래의 정통 불교의 전통을 자랑하며 동남아시아 나라들에 팔
리어 불교를 유포시킨 스리랑카조차도 남인도 촐라 왕조의 침략으로 불교
가 쇠퇴하여 승려가 되기 위한 정식 의례를 거행할 수 없었던 11세기에는
자신들이 일찍이 불교를 전해줬던 미얀마(버마)에서 장로 승려들을 초청하
여 부흥시키려 하였다.

또한 포르투갈의 엄중한 탄압으로 불교가 위축되었던 18세기 중엽에는,
국왕이 온건한 식민지정책을 취한 새로운 지배자 네덜란드의 허가를 얻어
서 스리랑카의 불교를 계승한 타이(샴)의 장로 승려를 네덜란드 배로 초청
하였고, 이 샴파가 최대 종파가 되었다. 19세기에는 샴파에 불만을 가진 승
려들이 미얀마에서 승려를 초청하여 새로운 파를 만들기도 하였다. 즉, 동
에서 서쪽으로의 불교의 역수입이 여러 차례 반복되었던 것이다.

스리랑카 이외의 지역에서도 상황은 마찬가지였다. 예를 들면 현재의 파
키스탄 서북부에서 아프가니스탄 동부에 해당하는 간다라 지역은 인도 중

앙의 갠지스강 중류 지역으로부터 불교가 전해진 후 멋진 불상을 탄생시켜 인도 전역과 중앙아시아, 동아시아에 영향을 미친 것으로 유명하다. 간다라 지역에서는 교리 연구도 활발하였다. 근래에는 중기 인도어의 서북방언인 간다라어로 쓰인 최초기의 대승경전 사본들, 특히 그 경전의 성립 시기에 가까운 사본군(오래된 것은 2세기경까지 올라간다)이 발견되었다. 간다라 지역이 대승불교를 발전시킨 거점의 하나였음은 의심의 여지가 없다.

서역 나라들을 통해 불교를 수용한 중국은 그 서역 지역에 자주 진출하였다. 특히 당대에는 이 지역을 지배하에 두고서, 역으로 중국의 한자 불교를 전하였다. 뿐만 아니라 문수보살이 오대산(현 산서성)에 있다고 하는 신앙이 인도에까지 퍼져 당대부터 북송에 이르는 시기에 서역 나라들은 물론 인도에서도 순례자들이 오대산에 찾아올 정도였다. 구법 여행에 나섰던 현장玄奘(602-664)의 경우에도 인도에서 배우기만 한 것이 아니라 현지 승려들의 요청으로 인도에는 유포되지 않았던 아슈바고샤[마명馬鳴]의 찬술로 전하는 『대승기신론』을 한문에서 범어로 번역하여 환영받았다고 한다.

한국은 중국 불교를 지속적으로 수용하는 한편으로 많은 승려들이 중국에 건너가 활약하였다. 그중에는 대표적인 유식학 연구자 중 한 사람으로 황제의 존숭을 받았던 원측圓測(613-696)이나 사천 지역에서 독특한 선종을 퍼뜨렸던 무상無相(8세기 초) 등도 있다. 또한 『대승기신론』 주석서를 비롯한 원효元曉(617-686)의 저작이나 중국에서 없어진 불교문헌들 다수가 신라·고려에서 중국으로 전해져 중국 불교에 여러 차례 중요한 영향을 미쳤다.

중국과 한국의 불교를 배우기만 했던 아시아 동쪽 끝의 섬나라 일본의 경우도 매우 드물기는 하지만 한국 불교에 영향을 미친 사례가 있고, 또한 일본인이 쓴 책이 중국에 보내져 평가된 사례들도 있다. 당대의 불교 탄압과 당 말의 전란 등으로 불교가 쇠퇴했던 시기에는 일본 출신의 유학승들이 강의하여 환영받기도 하였고, 사라진 문헌을 보내줘 교학의 부흥을 지원하기도 하였다.

나아가 메이지 시기가 되면 한발 앞서 근대화에 성공한 일본이 중국·한국 및 기타 아시아 여러 나라들에 커다란 영향을 미쳐 불교와 불교학의 근대화의 계기를 만들어주었다. '종교', '사상', '신앙', '의식', '관념', '실체', '자유' 등등의 한자 문화권에서 사용되고 있는 종교·사상 관련 용어의 다수는 중국 불교의 용어와 그 영향을 받은 중국사상의 용어들이 메이지 시기 일본에서 구미의 용어의 번역어로 사용되면서 퍼진 것들이다. 일본도 상호 교류하는 동아시아 불교의 일원이었다.

넓은 시점에서

조금 더 살펴보면 불교 동전의 반대 루트에만 주목하는 것도 적절하지 않다. 인도나 중국의 주변 나라들끼리 서로 영향을 주고받은 사례들도 많기 때문이다. 주변국이 큰 나라의 새로운 불교를 그대로 받아들이기 어려운 경우에는 이미 그것을 받아들여 변용한 보다 가까운 나라의 불교를 도입하는 것이 수월하였다. 그러나 이제까지의 불교사에서는 인도로부터의 전파나 중국으로부터의 전래만이 강조되는 경향이 있었다.

우리에게 필요한 것은 자기 마음속 깊숙이에 어떠한 석가모니의 모습, 어떠한 불교전파의 계보였으면 좋겠다고 생각하고 있는지, 그리고 그 이유가 무엇인지 최대한 자각하려고 노력하는 것이리라. 그리고 자기 마음에 들지 않는 사례들도 외면하지 않고 폭넓은 시점에서 각 나라에서의 불교의 변용과 상호 영향 관계의 실태에 대해 검토해나가는 것이 중요하다.

다만 이와 같이 불교의 변용과 상호 영향에 주목하면서 각국의 불교의 독자성을 중시하는 것은 내셔널리즘이 확립된 근대 이후의 일이다. 근대 이전에는 인도나 중국의 불교를 그대로 충실하게 전하고 지켜왔다는 것이야말로 그 나라 문화의 우수함을 보여주는 것이고, 자랑할 수 있는 일이었다는 것을 잊어서는 안 된다.

국가·민족·언어

지금까지 '인도', '중국'이라는 현대의 호칭을 사용하였는데, 이 두 광대한 지역에서는 국가가 이동하기도 하고, 확장하여 번영하기도 하고, 멸망하여 동서 혹은 남북으로 분열되기도 하고, 작은 나라들이 난립하기도 하고, 다시 통일되기도 하는 현상이 반복되었다. 어느 범위를 인도 혹은 중국으로 볼 것인지는 시대에 따라 달라지는 어려운 문제이다.

베트남의 경우도 현재와 같은 남북으로 좁고 긴 국토의 모습이 확립된 것은 19세기 초 이후이다. 이 책에서는 지역을 나타내는 경우, 원칙적으로 현재의 국명을 사용하지만, 근대 혹은 현대에 확립된 국경을 기준으로 하여 동아시아 불교사를 생각하는 것은 불가능하다.

또 하나 주의해야 할 점은 불교와 민족·언어의 관계이다. 어느 정도 큰 나라에는 다양한 민족과 언어가 혼재해 있는 것이 보통이다. 더욱이 불교는 어느 나라나 외국에서 건너온 이민족에 의해 전래되었다. 불교를 개창한 석가모니 자신도 인도 문화의 중심이었던 갠지스강 중류의 마가다국 같은 큰 나라가 아니라 히말라야 산록에 위치한 샤카족의 작은 나라 출신으로 마가다국의 지배층과는 다른 민족이었다.

또한 앞에서 언급한 간다라 지역은 서방 이란계 문화의 영향을 받았을 뿐 아니라 기원전 4세기에 있었던 알렉산더 대왕의 원정 이후 그 지역에 머물러 토착 민족과 결혼한 그리스인들도 많았다. 이 때문에 불상이 처음 생겨난 간다라에서 그리스 조각풍의 불상이나 부조 작품이 많이 만들어진 것은 잘 알려진 사실이다.

2. 한자 문화권의 불교

'한자 불교'의 의의

간다라 북쪽에 있는 서西투르키스탄이나 그 동쪽에 위치하는 동東투르키스탄 등과 같이 실크로드로 연결된 지역에는 언어를 달리하는 다양한 민족이 혼재하였으며, 유목민족이 많았던 탓으로 국가의 이동도 활발하였다. 그러한 서역 국가들로부터 불교가 전래된 중국의 경우도 동서남북 각지에 다양한 계통의 민족이 존재하면서 이동을 반복하였다. 특히 양자강과 황하의 사이를 흐르는 회수淮水 이북의 화북지역에서는 '호胡', 즉 서쪽과 북쪽의 야만인으로 통칭되는 한족이 아닌 민족들이 세운 나라가 많았다. 그들은 중원으로 불린 낙양·장안 등의 중국 중심지나 화남 지역에도 종종 진출하였다.

남북조를 통일하여 거대한 제국을 수립한 수隋나 그것을 계승하여 더욱 확대시킨 당唐의 경우도 황제는 북방 유목민족의 피를 이었다. 당 이후에 북경을 포함한 북부지역을 2백여 년간 통치한 요遼는 거란[키타이]족, 그 요를 멸망시킨 금金은 만주의 여진족, 일시적이기는 하지만 동유럽까지 확대된 광대한 영토를 차지하였던 원元은 몽골족, 최후의 통일 왕조인 청淸은 여진족이 황제와 고관이 되어 통치한 정복 왕조였다.

흥미 있는 것은 실크로드 교역의 주역으로서 중국에서도 상업과 군사 방면 등에서 활약했던 이란계 소그드인들이다. 그들의 서역 고국인 소그디아나의 중심 도시 사마르칸드에서는 고대 이란의 국교였던 조로아스터교나 사산조 페르시아 시대에 마니(216-274 ?)가 기독교에 기초하여 그리스 신비주의와 조로아스터교 등을 융합하여 창시한 마니교가 널리 퍼져 있었고, 불교사원은 실제로는 매우 적었다.

소그드인 불교도의 대부분은 불교가 융성한 다른 서역 국가나 중국에 건너간 후에 불교로 개종하였다. 그래서 소그드어로 번역된 불교문헌 중에는 중국에서 만들어진 경전이나 최신 선종 문헌이 많이 포함되어 있다. 소그드인 이외에도 남북조 시대에서 수당 시대에 걸쳐서 한족 문화에 동화하려고 노력했던 민족들의 경우는 불교가 그 촉매가 되었던 경우가 많다.

즉, 중국 문화의 주류는 한족의 한자 문화이고 유교였지만 실제로는 다양한 민족이 혼재하였고, 한족과 그러한 민족들의 접촉·융합 속에서 태어난 사람들이 상당한 비율을 차지하고 있었다. 언어와 습속 모두 크게 다른 이 사람들의 공통점은 한역 경전에 의거하고 있었다는 사실이다. 중국 불교는 한족의 불교라기보다 한자에 의한 불교라고 생각해야 한다.

한자에 기초한 불교라는 점은 중국의 승려나 재가신자가 불교를 전한 한국, 그리고 그 한국에서 온 도래씨족이 불교 수용을 주도하였던 일본에도 해당된다. 중국 남방의 월越[베트]족 지역으로 일찍부터 중국이 지배하고 있던 교지交趾(현재의 하노이와 주변 지역)도 한자 불교가 주류였다.

이 책에서는 한역 경전과 한자로 된 불교문헌이 기축을 이루는 이들 지역의 불교를 폭넓게 '동아시아 불교'로 파악하며, 베트남도 그 일부로서 다루려 한다.

의경擬經이 만든 세계

'무상無常'이나 '연기緣起'의 가르침과 같이 불교는 국가를 초월한 보편적인 측면을 많이 포함하고 있지만, 한역으로 인해 동아시아풍으로 변화된 부분도 적지 않다. 예를 들면 인도에서는 양친을 '마타-피투리'(모부母父)로 부르고, '어머니는~ 아버지는~' 식으로 어머니를 먼저 이야기하는 경우가 많은데, 한역 경전에서는 거의 대부분 이것을 중국식으로 '부모父母'로 번역하였다. 경전이 한역되는 순간에 남존여비라는 유교적 상식이 들어온 것이다.

이것은 중요한 개념을 번역하는 경우에도 마찬가지였다. 『법화경』의 '제법실상諸法實相'(다양한 존재의 참된 모습)이나 『열반경』의 '일체중생실유불성一切衆生悉有佛性'(모든 생명체는 모두 다 부처의 성질(=불성)을 가지고 있다) 등의 동아시아 불교의 기조를 이루는 유명한 구절들에도 대부분 중국사상이 반영되어, 서북인도의 언어로 된 원문과는 적지 않은 차이가 생겨났다.

그뿐 아니라 한자로 쓰이고, 독송 된 중요한 경전 중에는 실제로는 중국에서 만들어진 것들도 꽤 많이 있다. '위경僞經'*이나 '의위경疑僞經' 등으로 불려온 이들 경전에 대해서, 이 책에서는 원문을 인용하는 경우 이외에는 '경전에 견줘서 작성된 문헌'이라는 의미에서 '의경擬經'이라고 부르고, 논서(경

위경僞經
전통시대에는 불교 경전은 모두 인도에서 찬술되었다고 생각되었으므로, 인도에서 찬술되었다고 보기 힘든 내용이 있는 경전은 가짜 경전이라는 의미에서 위경僞經이나 가짜로 의심된다는 의미의 의경疑經으로 불리었다. 문헌학적 연구를 통하여 다수의 경전이 중국이나 중앙아시아 등의 지역에서 찬술되었음이 확인된 근래의 학계에서는 이들 문헌을 찬술지역에 따라 '중국찬술불전', '중앙아시아 찬술불전' 등으로 부르기도 한다.

전의 주석 등)는 '의론擬論'으로 부르고자 한다. 인도 불교의 경우에도 대승경전 등은 석가모니가 입멸하고 나서 몇 백 년 뒤에 만들어졌으므로 넓은 의미에서는 의경에 해당한다고 할 수 있다.

불교가 번성하였던 당나라 시대의 경전 목록에 들어 있는 한역 경전의 3분의 1 이상이 중국에서 만들어진 것으로 여겨지고 있다. 서민 신자들이 평소에 독송하는 경전, 중국적 성격이 강한 선종에서 사용되고 있는 경전의 경우 의경이나 의론의 비중은 더욱 높을 것이다. 인도의 경전에 만족할 수 없었기 때문에 중국적 색채가 강한 의경들이 작성되었으므로 중국 불교의 특질은 무엇보다도 의경에 나타날 수밖에 없다.

선종은 가장 중국적인 불교라고 이야기되고 있다. 선종은 의경의 한 측면을 끝까지 파고들어서 순수화시킨 것으로 볼 수도 있다. 실제 후대의 선종은 중국사상적 요소가 많은 의경의 세계에 접근하였을 뿐 아니라 선종 자신이 다수의 의경을 만들어내기도 했다. 이러한 의경의 재생산은 중국 이외에서도 비슷하였다. 즉, 의경이 동아시아 나라들에 적합한 불교를 형성하고, 그러한 동아시아 나라들의 불교가 다시 그 나라에 적합한 다양한 의경을 만들어냈던 것이다.

당나라 때에는 보리달마菩提達摩(5세기 후반~6세기 초)나 천태지의天台智顗(538-597) 같은 저명한 승려에 가탁된 주석서나 논서들이 증가하고 있는데, 이들은 '의서擬書'라고 할 수 있다. 수는 많지 않지만, 한국에서도 한국에서 만들어진 의경·의론·의서들이 보이고, 현재도 민간에서 사용되는 것들이 적지 않다.

다만 종파불교가 주류를 이룬 일본은 종조에 대한 신앙이 강해서, 의경이 다수 만들어지기는 하였지만 각각의 종조나 종 내부의 파의 조사에 가탁된 의서들이 훨씬 많고, 영향력도 컸다. 또한 쇼토쿠 태자가 석가모니와 같은 존재로 여겨졌기 때문에 부처의 전기를 의식한 태자의 전기가 차츰 만들어지고 전설이 확대되는 가운데 태자에 가탁된 문헌이 다수 출현하여 일본적 특징이 되었다.

문화·정치·사회와의 관계

동아시아 불교에 대해서는 문화나 기술 방면의 영향도 간과할 수 없다. 중동 및 그 동쪽 지역에서는 인도와 중국이 문명의 2대 중심지였다. 따라서 인도에서 주변 국가로, 또한 중국에서 주변 국가로 불교가 전해질 때에는 다양한 문화와 기술도 함께 수용되는 것이 일반적이었다. 불교는 건축·미술·음악·예능·문학·의학·요리 등의 다양한 분야에 영향을 미쳤다. 실제로 유교 도덕에 의한 제약이 강했던 동아시아에서 연애문학이 발달한 것은 불교의 영향이었다.

불교는 당연히 정치 방면에도 영향을 미쳤다. 탄생 당시의 불교는 세속에서 벗어나 스스로의 마음과 몸을 응시하여 제어함으로써 평안함을 얻으려는 가르침이었지만 중앙아시아에서 동아시아로 확산되면서 국가와의 관계가 강화되었다. 국왕의 보호를 받아 불교가 융성한 나라도 있고, 반대로 국왕이 불교를 탄압한 나라도 있다.

특히 중국에서는 수용기에 고승을 빼앗아오기 위해 전쟁까지 일으킨 사례에서 알 수 있듯 불교와 국가의 관계가 밀접하였다. 불교는 국왕을 수호하고 국력을 증대시키고 번영을 가져오는 최신 기술로 간주되었다. 다만 불교가 번성하여 화려한 사원이 잇따라 건설되고, 세금을 피하기 위한 출가자들이 늘어나면서 국가에 해를 끼치는 존재로 비난되는 경우도 많아졌다.

이 때문에 중국, 특히 북조에서는 불교 교단에 대한 국가의 규제가 엄격하였다. 그러한 상황 아래에서 변용된 불교를 주변 국가가 받아들인 것은 불교를 '국왕의 장수를 기원하고, 부모에 대한 효도를 이야기하는 가르침'으로 수용한 것을 의미한다. 고대 동아시아에서는 사원과 불상 등을 만드는 것은 국왕에 대한 충의의 마음이거나 부모에 대한 효행을 드러내는 행위에 다름 아닌 경우가 많았다. 인도 불교에서도 부모와 스승, 도와준 사람 등에게 '보은'해야 한다고 일찍부터 이야기되었지만, 인도에서는 부모에 한정된 '효'에 해당하는 단어는 존재하지 않았다.

3. 다른 문화와의 교섭

고유(하다고 여겨지는) 신앙과의 교섭

주변 나라들이 대국에서 유행되고 있는 불교를 존중하여 수용하는 상황에서 그 대국에서 신앙되던 불교 이외의 종교나 민간의 신들이 불교와 함께 들어와 영향을 미치는 것은 당연하다고 할 수 있다. 인도 불교 자체도 성립 초기부터 당시에 신앙되고 있던 신들을 불교풍으로 바꾸어 수용하였다. 힌두교의 영향이 강한 대승불교에서는 이런 경향이 더욱 강하였다. 음악 등을 관장하는 여신인 사라스바티를 변재천辨財天으로 신앙하는 등의 사례가 증가하였다.

중국에서는 불교 경전을 번역하고 해석할 때에 노장사상이나 유교 등의 용어를 이용하였다. 이후에도 중국 불교는 계속하여 중국의 사상·종교·습속의 영향을 받았고, 효를 강조하는 의경이나 도교색이 짙은 의경이 다수 만들어졌다.

그런데 도교의 경우에도 중국 고유의 종교라고 이야기하기 어려운 면이 있다. 물론 불로불사不老不死로 여겨지는 신선에 대한 동경이나 장생을 위한 기술과 약, 부符, 기氣의 중시, 노자의 신격화 같은 도교의 여러 중심적 요소들은 불교가 전래되기 이전부터 존재하였고, 태평도와 오두미도 같은 도교의 전신이 되는 종교운동도 후한 말기에 일어났다. 그러나 교주·경전·계율이 완비된 교단으로서의 도교가 성립된 것은 불교의 영향이 강했던 남북조 시기로 여겨지고 있다. 도교에서 신들의 상을 만들어 예배하게 된 것도 이 시기부터였다.

도교와 불교는 때로는 반발하면서도 서로 영향을 주고받았다. 민간에서는 도교와 불교가 명확히 구별되지 않는 경우도 많았다. 또한 불교는 유교에 비판받으며 유교의 요소를 받아들이는 한편으로 유교에 영향을 주기도 하였다. 송대에 탄생하여 불교를 비판한 주자학이나 명대에 성행하였던 양명학이 불교의 자극 없이는 생겨날 수 없었다는 사실도 잘 알려져 있다.

이러한 관계는 일본 고유의 종교로 여겨지는 신토[神道]의 경우에도 마찬가지이다. 자연물이나 다른 위력 있는 존재를 '카미[神]'로 숭배하는 것은 옛날부터 행해졌는데, 해외에서 건너온 씨족이나 해외에서 유학하고 온 승려들이 가지고 온 외국의 신들도 다수 신앙되었다. 그러한 외국의 신들은 (도다이지) 대불의 건립을 지원한다고 선언하고 도다이지의 수호신이 된 하치만[八幡] 신의 사례에서 알 수 있는 것처럼 불교와의 연결이 강한 경우가 적지 않았다. 또한 일본에서는 도교나 음양오행설의 영향이 강한 중국의 의경이 대량으로 전해진 결과 그러한 요소들도 불교의 일부로서 수용되었다.

종교체계로서의 신토는 불교와의 복잡한 관계 속에서 일본의 신들을 존중하는 경향이 강화된 중세 시기에 성립되었다. 이 시기에는 아마테라스오오미카미[天照大神]*의 나라 만들기[国造り]**를 제6천 마왕이 방해하려고 했다는 기묘한 신화가 『샤세키슈[沙石集]』***에 소개된 것처럼, 대승경전이나 밀교 경전에 들어 있는 인도의 신들을 일본 신화 속에서 활약시키는 경향도 활발해지고 있다. 그와 같은 움직임과 연동되어 불교 자체도 변화해갔음은 말할 것도 없다.

서양의 영향

불교가 쇠퇴해져서 13세기경에 사라져버린 인도와 달리 중국으로부터 주변으로의 불교 전파는 정도의 차이는 있지만 끊어졌다 이어졌다 하면서 근대 직전까지 지속되었다. 즉, 서두에서 이야기한 것처럼 주변 국가들의 불교가 중국에 거꾸로 영향을 미치는 경우도 종종 있기는 하였지만, 중국에서 전해진 불교를 받아들여서 그 나라 나름의 불교로 변용된 이후에 다시 거기에 중국의 새로운 불교의 동향이 전해져오는 상황이 반복되었던 것이다.

다시 근세·근대가 되면 동양과 서양의 복잡한 상호 영향 관계가 눈에 띄게 된다. 식민지 획득을 위해 동양에 진출하여 그 문화에 접한 후 근대적인 인도학·불교학을 탄생시킨 서양은 불교에 대해 수용과 반발을 반복하였다. 그 영향을 받은 동양 측에서도 의식하지 못하는 가운데 서양풍의 이해에 기

아마테라스오오미카미天照大神
일본 건국설화의 창조신이자 일본 왕실의 조상신.

나라 만들기[国造り]
일본의 천지창조 신화에서 이야기하는 최초의 혼돈상태에서 일본 열도의 여러 지역들을 만들어내는 일.

『샤세키슈[沙石集]』
13세기 후반 일본 승려 무주 도오교[無住道曉](1227-1312)가 편찬한 불교설화집. 불교적 영험담과 세속의 신기한 이야기들을 수록하고 있다. 후대에도 계속 가필되어 많은 이본들이 전하고 있다.

초하여 불교를 논하는 경우가 적지 않다. 현재 우리들이 사용하고 있는 불교라는 단어 자체가 부디즘Buddhism이나 부디스트Buddhist 등의 번역어로서의 성격을 띠고 있다.

물론 '부처님의 가르침'이라는 의미로서의 '불교'라는 한자 단어는 3세기경부터 사용되었지만, 아시아 나라들에 퍼져 있던 다양한 형태의 신앙들의 기원을 역사상의 인물인 석가모니에게서 찾아내고 그러한 신앙들 전체를 종교religion의 하나로 간주하여 불교라고 부르면서 '불교사', '불교미술', '불교문학' 등의 표현을 사용한 것은 서양의 불교 연구의 영향을 받은 근대 이후의 일이다. 이 책의 제목에 들어 있는 '동아시아'라는 말도 처음 출현한 것은 오래되었지만, 20세기 초에 조금씩 사용되기 시작하여 제2차 세계 대전 조금 전부터 널리 퍼져 정착된 '이스트 아시아East Asia'라는 단어의 번역어에 다름 아니다.

이와 같이 동아시아의 나라들에서는 복잡한 영향 관계 속에서 변용된 불교가 다양한 모습으로 전개되었고, 불교는 또한 사회의 다양한 측면과 연결되어 있다. 불교를 무시하고서 동아시아 나라들의 역사와 문화를 이해하는 것은 불가능한 일이다.

불교의 다양한 모습을 파악하기

불교의 역사를 이야기하는 경우에 현존하는 유력 종파 개창자들의 사상, 그 종파들의 역사, 큰 사찰들의 창건 경위, 황제·국왕·상급 귀족·장군 같은 유력 신자의 행적 등이 중심이 되기 쉽다. 그렇지만 이름이 남아 있는 고승이나 권력자 이외의 사람들에 대해서도 관심을 가질 필요가 있다.

즉, 사찰의 하급 승려나 정식으로 득도得度하지 못하고 비공식적으로 출가한 각지의 승려들, 절에서 허드렛일을 하던 사람들과 노비, 사찰 주변에 살면서 사찰과 관련된 일을 했던 기술자, 지방을 돌아다니며 불교를 퍼뜨렸던 설교자와 보시를 권하며 돌아다닌 떠돌이 승려, 남녀의 불교계 예능인 그리고 불교를 신앙하였던 민중들에 대해서이다. 민중이라고 하여도 지방의 유력자, 하급 관원, 부유한 상인, 부농에서부터 거지에 이르기까지 다양한 사람들이 포함되어 있으며, 남녀의 차이도 적지 않았다.

이러한 사람들 중에는 열성적인 신자도 있었지만 형식적인 신자들도 있었다. 열성적인 신자라고 하여도 오해나 자기 멋대로의 해석을 한 사람도 있고, 또 다른 종교나 사상과 습합된 형태를 받아들인 사람들도 많아서, 순수한 불교신앙이라고 이야기하기 어려운 경우도 적지 않았다. 계율을 지키지 않는 승려나 재가신자는 어느 시대에나 다수 존재하였고, 불교의 이름을 빌려서 많은 악행을 벌이는 사람들도 있었다.

불교의 역사에 대하여 생각할 때에는 이러한 사람들을 포함한 전체를 각 시대의 불교의 모습으로 보아야 한다. 실제로 오해나 습합은 저명한 승려에게서도 보이며, 우리들 자신 또한 현대의 상식이라는 필터를 통해 불교를 보고 있다는 것을 잊으면 안 된다.

이제까지 이야기한 것처럼 동아시아 나라들의 불교는 복잡한 영향 관계를 통하여 매우 다양한 변화를 겪었으며, 언급해야 할 것과 생각해야 할 것들이 매우 많다. 그렇지만 저자의 능력과 이 책의 제한된 분량으로 인해 다룰 수 있는 범위는 제한되어 있다. 이 때문에 이 책에서는 각 나라의 불교의 특색이 형성되어 가는 과정과 이제까지 그다지 주목되지 못했던 측면들을 중심으로 하여 종파사나 교리사가 아닌 동아시아 불교가 전개되는 역사를 살펴보고자 한다. 한편 이 책에서는 사람과 책의 이름은 원칙적으로 일반에 널리 알려진 형태로 제시하려고 한다.*

본 번역에서는 중국, 한국, 베트남 사람의 이름은 한국식 한자 발음으로 표시하였고, 일본 사람의 이름은 일본어 발음으로 표시하였다.

1

인도의 불교와 그 전파 양상

1 인도의 불교와 그 전파 양상

불교는 인도에서 태어났지만 윤회설, 출가·삭발수행, 선정(좌선으로 정신을 집중시키는 경지) 등 당시 인도의 종교와 공통되는 요소들은 물론 인도적이지 않은 측면들도 처음부터 함께 가지고 있었다. 바로 그러한 새로움과 보편성으로 인해 유행하고 아시아 여러 나라로 퍼져갔지만, 반면에 인도에서는 사라지게 되었다. 불교가 쇠퇴하고 소멸한 것은 이슬람 군대에 의한 사원의 파괴 때문만은 아니었다.

불교는 인도에서 성전으로 여겨져 온 베다나 바라문이 주관하는 전통적인 제사를 존중하지 않고, 바라문교의 신들에 기도하지 않으며, 인도사상의 기둥인 영원불변의 '아트만'[아我]을 인정하지 않았다. 또한 개혁운동을 벌이지는 않았지만 인도 사회의 근간인 '바루나'[계급], 즉 신성한 사제 계급인 바라문, 왕족·무사 계급인 크샤트리아, 서민 계급인 바이샤, 천한 일을 담당하는 하층의 수드라라는 4성姓의 차이를 인정하지 않고 평등하게 대하였다.

시대가 변하면서, 특히 기원 전후에 탄생한 대승불교에서는 인도의 주류 사상과 전통적 종교의례를 불교풍으로 변용하여 받아들이기는 하였지만, 힌두교에서는 불교의 특이점이 문제가 되어 점차 강한 비판과 박해를 받게 되었다.

불교의 이러한 특징은 개조의 경력과 그 가르침에 유래하고 있다. 이 장에서는 인도에서의 불교의 탄생에서 소멸까지의 과정과 그 속에서 탄생한 사상, 그리고 서역과 남해루트의 전파 상황에 대하여 동아시아 불교에 영향을 미친 부분을 중심으로 살펴보도록 한다.

1. 불교의 탄생

석가모니의 생애

불교를 창시한 고타마 싯달타의 존칭 중 하나인 석가모니釋迦牟尼는 샤카(석가)족의 성자라는 의미로, 중국에서는 석존釋尊으로 번역되었다. 석가모니는 점차적으로 신격화되어 과장된 묘사가 증가하였으므로 그에 관한 서술 중 어디까지가 사실에 기초한 것인지에 대해서는 여러 의견이 있다.

후대의 부처 전기에 의하면 석가모니는 카빌라바스투를 수도로 하여 번영하였던 샤카족 왕국의 왕 숫도다나의 태자로 태어났다고 한다. 서인도 유래의 언어인 팔리어로 전해져 스리랑카와 동남아시아 나라들에 퍼진 '남전南傳'의 불교문헌군에 의하면 석가모니는 기원전 560년대에 태어나 480년대에 죽은 것으로 전해진다. 한편 서역을 거쳐 중국에서 한역된 '북전北傳'의 불교문헌군에 의하면 생존기간은 그보다 1백 년 정도 뒤가 된다.

샤카족의 나라는 실제로는 히말라야 산록에 위치한 작은 나라로, 남쪽의 유력한 왕국인 코살라국에 복속되어 있었다. 코살라국 이상으로 번영하여 인도 문화의 중심이 된 마가다국의 지배자계급이 인도·이란 계통의 언어를 사용하고, 베다를 존중하는 민족이었던 것과 달리 샤카족의 나라는 그러한 언어나 문화를 어느 정도 받아들이기는 하였지만, 민족이 달랐다. 샤카족 나라의 정치형태는 귀족 중의 제1인자가 국왕이 되어 귀족들의 합의를 총괄하는 형태였던 것 같다. 석가모니의 아버지에 대해서는 국왕이 아니었다는 설도 있지만, 아래에서는 불교의 교의에 기초하여 정리되어 동아시아 불교의 공통 인식을 형성한 부처 전기를 중심으로 하여 그의 생애를 서술한다.

생모가 석가모니를 출산하고 곧바로 죽었기 때문에 석가모니는 계모가 된 어머니의 동생에 의해 양육되었다. 당시에는 모든 생명체가 삶과 죽음을 무한히 반복한다는 윤회사상이 확대되는 한편으로 베다의 내용이나 바라문들이 행하는 제사의 권위를 의심하는 '쉬라마나[沙門]'라고 불리는 사상가·수행자들이 등장하고 있었다. 나중에 그러한 사문의 한 사람이 될 석가모니는 왕성의 동서남북 네 문을 통해 교외로 나갈 때에 각각의 문 바깥에서 노인, 병자, 죽은 사람을 보고서 인생의 괴로움[苦]을 알게 되어 충격을 받았고, 마지막으로 편안한 모습을 하고 있는 수행자를 만나서 출가를 결심하였다고 한다.

하지만 이를 염려한 국왕은 궁전에 가두어 환락을 즐기게 하고, 아름다운 야쇼다라와 결혼시켰다. 석가모니는 라훌라[羅睺羅]라는 아들이 생겼지만 생사의 문제에 대한 고민이 많아졌고, 마침내 29세에 가족을 버리고 출가하였다. 북전의 전승 중에는 라훌라가 석가모니의 출가 이후에 태어나서 야쇼다라가 부정을 의심받았다고 하는 내용도 보이고 있다.

출가한 석가모니는 여러 나라를 돌아다니며 고명한 수행자들에게 사사하며 다양한 선정을 닦고 다시 오랜 기간 동안 고행을 하였지만 효과가 없음을 알고 고행을 버렸다. 그 후 네란쟈라 강가의 보리수 아래에서 좌선하면서 스스로의 몸과 마음의 본래 모습을 응시하는 가운데 여러 유혹들을 물리치고 진리를 체득하여 붓다, 즉 '깨달은 자'가 되었다. 35세 때였다.

이때 석존이 깨달은 내용은 경전에 따라 다양하게 나타난다. 전통설에서는 '12인연(12지연기)'을 깨달았다고 한다. 12인연이란 다양한 형태의 연기설 중에서 가장 정비된 형식으로, 무명無明(괴로움의 발생에 관한 진리를 알지 못하는 것) → 행行(휘몰아치는 움직이게 하는 힘) → 식識(식별 작용) → 명색名色(여러 현상·존재) → 육처六處(보고 듣는 등의 여섯 가지 감각 기능) → 촉觸(대상과의 접촉) → 수受(감각을 받아들이는 작용) → 애愛(애착) → 취取(선택 작용) → 유有(천상·인간·동물·지옥 등의 세계) → 생生(특정 세계에 태어나는 것) → 노사老死 등으로 이어지는 12가지 원인·결과의 연쇄를 가리킨다. 이 연쇄에서 벗어나지 않는 한 괴로움인 생로병사를 가져오는 윤회가 계속된다.

가르침의 내용과 포교

석가모니는 깨달은 당시에는 설법을 망설였지만 곧 포교를 결심하고 이전의 수행 동료들이 있던 사르나트의 녹야원으로 향하였다. 그리고 자신이 발견한 진리를 설한 결과 그들이 귀의하여 출가자 집단이 형성되었다. 이 집단은 '상가[승가僧伽]'라고 불렸다. 상가는 본래 합의제의 집단을 의미하는 일반적 용어로 귀족합의제의 국가도 상가라고 불렸다. 석가모니의 초기 상가에서는 석가모니의 지도로 깨달은 수행자들이 모두 붓다로 불렸다.

석가모니는 귀의하여 출가한 제자들에 대해서 '사제四諦', '팔성도八聖道', '오온五蘊' 등의 가르침을 설하였다. 사제는 생명체의 생존은 모두 괴롭고[고제苦諦], 괴로움은 끝없는 욕망이 원인이며[집제集諦], 그 원인을 없앨 수 있고[멸제滅諦], 괴로움의 원인을 없애고 윤회에서 벗어날 수 있는 실천을 위해 노력해야 한다[도제道諦]는 가르침.

그러한 실천으로서 정견正見(바른 견해)·정사유正思惟(바른 판단)·정어正語(바른 말)·정업正業(바른 행동)·정명正命(바른 생활)·정정진正精進(바른 노력)·정념正念(바른 생각)·정정正定(바른 정신집중과 명상)의 팔성도가 설해지고, 안일함과 고행 모두에서 벗어나는 '중도中道'의 수행이 권해졌다.

괴로움에 다름 아닌 자기 자신의 존재 모습에 대해서는 오온, 즉 색色(괴로움과 즐거움을 일으키는 많은 존재들) → 수受(감각 작용) → 상想(마음에 떠올린 것) → 행行(휘몰아치는 움직이게 하는 힘) → 식識(식별 작용)의 다섯 요소 내지 과정의 덩어리에 불과하다고 하면서, 오온을 '나'와 '내 것'이라고 생각하는 것이 윤회를 가져오는 집착이라고 하여 부정하였다.

'오온'이라는 표현 자체는 조금 뒤에 성립되었을 가능성이 있지만 그러한 견해의 바탕에는 만들어진 것은 모두 '무상'하여 변해가며 생명체의 생존은 원인·결과의 연쇄에 의해 성립한다고 하는 '연기'의 사고방식이 있었다. 석가모니는 개인의 생각에 근거한 선악의 행위와 그 결과로서 남게 되는 '업業

[카르마]'만을 중시하였고, 신비적인 것에 의지하지 않았다. 그 때문에 불교는 인도사상의 본류에서 벗어나게 되었다.

마가다국에서 왕의 존중을 받고, 코살라국에서 자선을 좋아하는 부유한 상인의 귀의를 받아 포교의 거점을 마련한 석가모니는 갠지스강 중류 지역의 나라들을 편력하면서 다양한 계층의 사람들에게 가르침을 설하였다. 석가모니는 재가신자에 대해서는 생명체를 불쌍히 여기며 죽이지 말 것, 도둑질하지 말 것, 사음邪婬하지 말 것, 허망한 말을 하지 말 것, 술을 마시지 말 것 등의 '5계'를 가르쳤다. 그리고 승려에게 보시를 행하고, 싸움을 피하고, 부모의 은혜에 보답하는 등의 도덕적인 생활을 하면 행복하게 되고 생천生天(하늘에 있는 신들의 세계에 다시 태어나는 것)이 가능하다고 설하였다.

상가의 확대와 석가모니의 입멸

석가모니는 '~하는 자야말로 참된 바라문이다'와 같이 비판 상대의 용어를 이용한 교묘한 말이나 비유를 이용하여 가르침을 설했으므로 유명한 사상가의 제자들도 다수 귀의하였고, 점차 상가가 커졌다. 상가에는 상위 바라문과 크샤트리아가 많았고, 바이샤가 그다음이었다. 하층의 수드라나 이상의 4성에 속하지 못하는 최하층도 소수이지만 있었다. 하지만 상가 내부에서는 출생이나 신분, 나이는 전혀 문제가 되지 않았다. 입문이 허용된 순서만을 상하의 서열로 하였다.

상가는 처음에는 남성 수행자뿐이었지만 석가모니를 양육한 계모, 마하프라쟈나파티가 출가를 인정해달라고 거듭 간청하였다. 석가모니는 처음에는 거부하였지만 아난다[아난阿難]의 중개로 여성 출가자들이 자신보다

어리더라도 남성 출가자를 공경하고, 남성 출가자의 감독 아래서 생활해야 한다는 등의 팔경법八敬法을 지키는 조건으로 출가를 인정했다고 한다.

이로써 여승들의 상가가 형성되었고, 수행에 힘쓰며 설법을 행하여 신자들로부터 존경받는 여승들도 출현하였다. 다만 여승들의 존재를 달갑게 여기지 않는 승려들이 있어서, 석가모니가 여성의 출가를 허락했기 때문에 후대에는 불교가 사라지는 것이 빨라졌다고 이야기하는 경전도 출현하였다.

늙은 몸으로 고국을 향하던 도중에 병이 깊어진 석가모니는 쿠시나가라 교외에서 자신은 가르침을 감추지 않고 모두 설해왔다고 이야기한 후 무상無常을 강조하며 수행에 힘쓰라는 말을 남기고 80년의 생애를 마쳤다. 경전에서는 이것을 '반열반般涅槃'[파리니르바나](완전한 편안한 상태)에 들었다고 이야기한다.

석가모니의 유체는 재가신자들에 의해 화장되었고, 사리(유골)는 여덟으로 나뉘어 각지에 만들어진 흙으로 쌓은 탑에 봉안되었다. 사리와 그것을 봉안한 불탑은 점차 석가모니와 동일시되어 숭배의 대상으로 되어갔다. 불탑에 참배하는 것은 석가모니와 만나는 것이었다. 계율에서는 불탑에 공양하고 서원할 때에 '두 발에 엎드려 절한다'는 표현이 보이는데, 탑이 석가모니 그 자체로 여겨지고 있던 것을 알 수 있다.

2. 부처 입멸 이후의 승가

경전의 편찬

석가모니가 입멸하자 제자들은 마가다국의 수도였던 라자그리하[왕사성王

舍城]에 모여 오랫동안 시자를 맡았던 아난다를 중심으로 석가모니가 각지에서 설한 내용을 모두 함께 구송口誦하고 그것을 경전으로 정리하였다. 이것을 '결집結集'이라고 한다. 또한 우팔리(우파리優波離)가 상가의 생활규칙인 '율'을 구송하여 확정하였다. 당시에 사용된 언어는 마가다국의 구어였을 것이다. 석가모니는 가르침을 문어인 범어[산스크리트]로 바꾸고자 하는 바라문 출신 승려들의 제안을 물리쳤다.

승려는 걸식하며 생활하고, 한곳에 계속 머무르면 안 되고, 발우와 면도칼·바늘·실·약 등의 최소한의 물건만을 지니고 개별적으로 각지를 떠돌아다녔다. 각각의 지역에서 한 달에 두 차례 모여 계율의 준수 여부를 함께 점검하는 '우포사타(포살布薩)'를 행하였다. 우기에는 진흙탕 길을 걸으며 벌레를 밟아 죽이지 않도록 3개월간 같은 장소에 모여 지내면서 선정의 실천과 경전의 학습 등을 행하였다. 우안거라고 불리는 이 시기에 머무른 주거는 부유한 상인 등의 재가신자가 기진하고 관리하였는데, 그들이 암기하여 간직한 경전도 전하고 있다.

석가모니 입멸 후에는 석가모니가 설한 가르침인 '법[다르마]'을 모은 것을 부처님의 신체로 여겨서 '법신法身'이라고 부르며, '색신色身', 즉 육신으로서의 석가모니와 대비하는 '이신설二身說'의 관념이 생겨났다. 연기설을 제자가 간결한 싯구로 정리한 '연기법송緣起法頌'이 부처님과 같은 것이라고 여겨져, 각지에 세워진 탑에 그것을 새긴 판이 법사리로서 매납되기도 하였다. 후대의 유식사상에서는 법에 나타나 있는 진리 그것을 법신으로 간주하게 되었다.

상가의 발전과 분열

불교가 인더스강 유역을 포함한 서인도 지역까지 확대되면서 각 지역 상가 사이의 의견 차이가 생겨나게 되었다. 석가모니 입멸 이후 약 1백 년(다른 전승에서는 약 2백 년)쯤에 율의 해석을 둘러싼 논쟁을 해결하기 위하여 장로들이 모여 협의하였는데, 금은이나 금전의 보시를 인정하는 사람들이 다수파를 이루어 인정하지 않는 전통파(상좌부上座部, 장로부)에서 분리하여 대중부大衆部를 결성하기에 이르렀다. 부파불교의 시대가 도래한 것이다.

이후에도 율의 해석 등을 둘러싸고 분파가 진행되었다. 먼저 대중부가 차례차례 나뉘었고, 이어서 상좌부가 설일체유부說一切有部와 법장부法藏部 등으로 나뉘었다. 가장 유력하였던 설일체유부를 비롯한 상좌부계의 부파는 주로 인도의 북부와 서부에, 한편 대중부계의 부파는 주로 중부와 남부에서 발전하였다.

부파들은 각기 석가모니의 가르침인 '경經', 교단의 규칙인 '율律' 그리고 '논論'이라고 불리는 경전의 주석이나 교리를 정리한 문헌을 편집하여 정비하였다. 이들 경·율·논 각각의 집합을 '장藏[피타카]'이라고 하며, 그 전체를 '삼장三藏'이라고 부른다. 삼장은 암송에 의해 전해졌다.

한편 동아시아에서는 한 덩어리로 하여 계율이라고 부르는데, 같은 의미로 사용되는 경우가 많기는 하지만 '계[시라]'는 불교에 귀의한 사람이 마음으로 서원하고 실천해야만 하는 덕목을 가리키고, '율[비나야]'은 출가자가 지키지 않으면 안 되는 250조의 상세한 교단 규칙을 가리킨다.

아쇼카왕의 보호

간다라 지역은 고대에는 아케메네스조 페르시아의 지배하에 있다가 이 왕조의 멸망 이후에는 인도인의 작은 나라들로 나뉘어 있었는데, 기원전 327년의 알렉산더 대왕의 인도 원정 이후에는 이 주변에 눌러앉은 그리스인들의 세력이 커졌다. 이곳에서 마우리아 왕조를 개창하고 그리스인들을 쫓아낸 찬드라굽타의 손자로 기원전 268년경에 제3대 국왕으로 즉위한 아쇼카왕이 인도 전역을 거의 통일하기에 이르렀다.

아쇼카왕은 전쟁으로 많은 사람을 죽게 한 것을 후회하고, 불살생을 설하는 불교를 존중하게 되었다. 왕은 기존의 불탑에서 꺼낸 사리를 나누어 각지에 불탑을 만들게 하고, 석가모니와 관련된 지역을 순력하면서 높은 석주를 세우고 다양한 언어로 문장을 새겨 넣어 불교의 가르침을 강조하고 교단의 분열을 경계하였다. 이에 따라 포살에 참가하기만 하면 경전 해석을 달리하는 사람들도 공존할 수 있게 되어, 다양한 이론이 발전하고 분파가 발전하였다고 한다.

부파불교의 우위

위에서 이야기한 부파불교는 파에 따라 흥망성쇠를 달리하였지만, 많은 신자의 지지를 받았다. 기원 전후에 대승불교가 각지에서 출현하여 발전한 후에도 항상 우위를 점하였다. 부파는 사물과 현상의 무상함을 강조하면서도 그들을 구성하고 있는 미세한 여러 요소의 실재實在를 설한 설일체유부의 학설로 대표되는 것처럼 다양한 사물과 현상을 정밀하게 분석하는 '아비다르마'의 학문을 발전시키며 독자적인 교의와 다양한 관법觀法(관찰 수행)을 발전시켰다. 부파에서는 아비다르마에 대하여, 불교의 입장에서 보아 옳은 주장은 석가모니의 가르침, 즉 '불설佛說'로 간주해도 좋다고 주장하였다.

사리를 봉안하여 석가모니와 동일시된 불탑은 신심깊은 신자들에 의해 차츰 화려하게 꾸며져 순례의 대상이 되었고, 이곳에 많은 재물이 보시되었다. 불탑에 참배하는 승려와 재가신자를 대상으로 석가모니에 관한 다양한 전승이 이야기되었고, 그것들이 점차 전설화되었다.

깨달음을 얻기 전의 석가모니에 대해서는 깨달음의 지혜인 '보리菩提[bodhi]'를 구하는 자, 장래 보리를 얻을 것이 확정되어 있는 자라는 의미에서 '보디사트바'라고 불렀다. 이 단어의 서역식 발음을 한자로 음사한 것이 '보살菩薩'이다. '보리살타菩提薩埵'라는 음사어의 등장은 이보다 이후이다.

또한 석가모니가 깨달을 수 있었던 것은 셀 수 없이 많은 전생에 수행을 쌓았기 때문이라고 생각되면서, 보살이 전생에 얼마나 열심히 수행하였는지, 동물이었을 때에 자비의 마음으로 어떻게 자신의 몸을 희생하여 동료들을 구하였는지에 대해 이야기하는 '자타카[본생本生]'라는 전생담이 발달해 갔다.

나아가 자타카와 함께 널리 환영된 '아바다나[비유인연譬喩因緣]'라는 장르에서는 석가모니가 행한 신변神變(신통력) 이야기 등이 인기였다. 특히 인기가 높았던 것은 석가모니가 공중에 떠올라 몸에서 불과 물을 내뿜은 기적을 일으켰다는 쌍신변雙神變이나 두 용왕이 만들어낸 연화좌 위에서 석존이 결가부좌하고 삼매三昧[사마디](고도의 정신집중 상태)에 들어가 자신의 몸에서 무수히 많은 부처를 출현시켰다고 하는 천불화현千佛化現의 이야기들이었다.

불전佛傳과 미술·예능·문학

불탑 주변에 둘러진 난순欄楯(우물틀 모양의 담장)은 기원전 2세기경부터 불전佛傳이나 자타카[본생]를 묘사한 부조들로 장식되었는데, 초기의 단계에는 석가모니의 모습을 묘사하지 않고 신성한 나무·법륜·발자국·대좌·불탑 등으로 석가모니를 상징하였다. 기원후 1세기 중엽이 지나면서부터 간다라 지역에서 석가모니의 부조나 불상이 만들어지기 시작하였고, 간다라 남쪽에 위치한 마투라 지역에서도 불상이 만들어졌다. 그 결과 불탑의 난순 등에도 석가모니를 묘사하게 되었다.

석가모니의 일생을 정리하여 서술한 전기는 기원후 1세기를 지나서부터 비로소 정리되었다. 2세기 중엽에 서북 인도에서 활약한 경량부經量部에 속하는 아슈바고샤가 지은 장편시 『붓다차리타[불소행찬佛所行讚]』는 화려한 범어로 쓰였고, 독자들을 불교에 끌어들이기 위한 관능적인 표현들도 포함되었다. 『붓다차리타』는 인도 전역에서 애송되었고, 후대의 산스크리트 문학 및 속어로 전해진 불전의 범어화에 영향을 미쳤다.

석가모니 관련 축일에는 다양한 행사가 거행되었는데, 배우들이 음악을 배경으로 석가모니의 생애를 연기하였다. 나중에는 사리푸트라[사리불舍利弗]나 마우드갈리야나[목련目連] 같은 제자들의 탑도 공양되었는데, 여성 신자들은 특히 여성의 출가를 허락하도록 석가모니에게 부탁해준 아난다의 탑에 공양하였다. 이들 제자들이 출가하게 된 유래들도 연기되었고, 어리석은 제자의 언동을 조롱하는 희극들도 공연되었다.

3. 꽃피는 대승불교

보살의 확대

석가모니의 제자도 붓다가 될 수 있다고 인정했던 최초기의 불교와 달리 부파불교는 석가모니만을 독자적인 지혜에 기초하여 교화하는 붓다로 여기고 자신들은 번뇌를 끊어 윤회에서 벗어난 '아르하트[아라한阿羅漢]'가 되는 것을 수행의 목표로 삼았다. 재가신자에 대해서는 승려나 불탑 등을 공양하여 천상에 태어나는 것을 바랄 것이 권유되었다. 그러나 기원 전후경이 되면 이러한 상황에 만족하지 못하고 직접 부처와 만나 가르침을 듣고자 열망하고, 더 나아가 보살로서 수행을 거듭하여 스스로 부처가 되고자[성불成佛]하는 재가의 남녀 구도자들이 등장하는 경전군이 인도 각지에서 출현하였다.

얼마 후에 스스로를 '마하야나[대승大乘]'라고 자칭하게 되는 그러한 경전들에는 석가모니와는 다른 전설화된 부처의 전기나 자타카 등에 기초한 모습의 부처와 초인적 보살들이 등장하고 있다. 다만 바라문의 아들이라고 하는 미륵(마이트레야)의 경우에는 부파불교에서도 석가모니를 이어 부처가 될 존재로서 존숭되었다.

초기의 대승경전에는 왕사성에 살고 있던 바드라팔라[발타파라颰陀婆羅]나 바이샬리에 살고 있던 라트나칼라[나린나갈羅隣那竭] 등과 같은 각지에 실제로 존재하는 유력 신자들이 재가보살로 등장하여 존중되고 있었다. 이런 사람들을 따르는 재가신자들과 친하게 지내는 한편 부파불교의 현실에 불만을 가지고 있던 승려들이 남녀 재가신자들의 요구에 부응하여 대승경전을 만들었으며, 후대에는 재가나 출가의 보살들이 직접 만드는 경우도 늘어났다.

　이러한 경전들은 '선남자, 선여인이여'라고 부르는 것으로 시작하는 경우가 많고, 남녀 신자들을 평등하게 대하고 있다. 또한 초기의 대승경전에서는 여성도 자신의 서원과 부처의 예언에 의해 부처가 될 수 있다고 하며, 어린 여성이 지혜로 유명한 부처의 제자를 꼼짝 못하게 하는 모습들이 보이고 있다. 아래에서는 대표적인 대승경전에 대하여 소개한다.

정토경전

대승경전 중에서 가장 이른 시기(1세기 전후)에 성립된 경전 중 하나가 『아촉불국경阿閦佛國經』이다. 이 경에서 석가모니는, 지금 우리들이 살고 있는 사바세계의 아주 먼 동쪽에 아촉불의 묘희세계妙喜世界가 있고, 아촉불이 보살로서 수행할 때에 세운 서원의 결과 그 세계는 수행하기 쉬워 반드시 아라한의 깨달음을 얻을 수 있는 안락한 땅이 되었으며, 악인도 질병도 없고, 여성 특유의 고통도 없다고 설하고 있다.

　아미타불이 등장하는 경전도 이른 시기에 성립되었다. 『반주삼매경般舟三昧經』은 아미타불을 만나고 싶을 때에 마음속에 열심히 원하면 아미타불을 비롯한 각각의 불국토에 있는 부처들이 눈앞에 나타날 것인데, 이것은 부처가 온 것이나 자신이 간 것이 아니며, 부처는 마음이 만들어낸 것이라고 설하고 있다. 나아가 계속해서 열심히 생각하면 부처를 만날 수 있는 것은 다른 나라의 유명한 유녀遊女를 만나고 싶다고 일심으로 원하면 꿈속에서 하룻밤을 함께할 수 있는 것과 같다고까지 이야기하고 있다. 당시 신자들의 신앙의 열렬함을 보여주는 것이다.

또한 법장法藏보살이 자신의 이름을 부르는 사람들을 극락으로 맞아들이지 못하면 부처가 되지 않겠다는 등의 48가지 서원을 세워 수행하여 무한한 광명을 의미하는 아미타불이라는 이름의 부처가 된 것을 이야기하는 『무량수경無量壽經』, 석가모니가 아미타불이 있는 서방의 극락세계의 훌륭함을 찬미하며 아미타불의 이름을 외우면 극락에 태어날 수 있다고 설하는 『아미타경』 등의 정토경전은 서북 인도에서 출현하였는데, 이란계 광명신앙의 영향이 있다고 지적되고 있다. 여성의 경우에는 출산과 그 밖의 여성 특유의 고통에서 벗어날 수 있도록 남성으로 변화하여 태어난다고 하여, 극락세계에는 여성은 없다고 하였다.

반야경전과 『유마경』

대승경전 중에서 『아촉불국경』과 함께 일찍 성립된 것으로는 지혜의 완성인 '반야바라밀般若波羅蜜[프라즈냐파라미타]'을 중심으로 하는 보시·지계·인욕(고난을 참고 견딤)·정진·선정·반야(지혜)의 '육바라밀' 실천을 설하는 반야경전군이 있다. 이 육바라밀은 선행 경전들에서 석가모니의 수행으로 제시했던 것으로, 그것이 재가신자의 수행 내용으로 여겨진 것이다.

반야경전은 짧은 것에서 복잡하고 긴 것으로 차례차례 발전되어간 것이 특징이다. 초기의 소품小品반야경계의 경전에는 반야경전을 불탑과 대등한 것으로 여기며 그것을 꽃이나 향으로 공양하는 남녀의 재가신자는 재난을 만나지 않을 것이라고 하면서, 서사해서 사람들에게 주고 해설하라고 권유하고 있다. 이것은 성전을 스승이 특정 제자에게만 구송으로 전하는 것이 일반적이었던 인도에서는 획기적인 일이었다. 대승불교는 인도에서 필기 문화의 확산과 밀접한 관계가 있다. 인도 중앙부에서 남부에 걸친 지역에서는 경전을 패엽貝葉이라고 불리는 타라나무의 큰 잎을 말린 것에 썼고, 서북 인도에서는 자작나무 등의 껍질에 썼다.

부파불교에서는 번뇌를 끊은 성자인 아라한이 되는 것을 지향하는 '성문 승聲聞乘', 혼자서 깨달음을 얻고 숲 속 등에 살면서 가르침을 설하지 않고 죽는 성자가 되는 '독각승獨覺乘', 부처가 되기 위한 수행의 길인 '불승佛乘' 등의 '삼승三乘'을 이야기하였는데, 불승은 석가모니만의 것으로 여겨졌다. 그러나 반야경전을 받드는 사람들은 이 불승을 일반 남녀가 실천하는 '보살승菩薩乘'으로 바꾸어 '성문승·독각승·보살승'의 삼승을 이야기하였다.『소품반야경』에서는 보살승을 '위대한 탈것[마하야나]'이라고 부르고, 성문승과 독각승에 대해서는 '보잘것없는 탈것[히나야나]'이라고 부르기에 이르렀는데, 이것이 '대승', '소승'이라고 한역되었다.

『소품반야경』에는 열성적인 젊은 남성 수행자와 그 남성을 사랑하는 젊은 여성이 반야를 설하는 보살에게 찾아갔다는 내용의 연애담도 포함되어 있는 등 재가신자를 대상으로 한 내용으로 되어 있다. 이러한 경전은 서사되었을 뿐 아니라 곡조에 맞추어 낭송하며 돌아다니는 설법사들에 의해 퍼져갔을 것이다.

확장된 대품大品반야경계 경전에 이르러서는 재가의 남녀가 대승의 보살로서 '공空'에 입각한 무집착의 입장에서 이타행에 힘쓸 것이 강조되는 등 교의가 발전되었다. 이 밖에 공이라는 말을 사용하지 않는『금강반야경』을 비롯한 다양한 유형의 반야경전들이 등장하고, 명주明呪[주문] 신앙도 일찍부터 설해져 나중에는『반야이취경般若理趣經』같은 밀교적 내용의 반야경전도 출현하게 된다.

그러한 경전 중 하나인 『반야심(경)般若心(經)』은 관음보살이 주인공이 되는 등 반야경전 중에서는 특이한 존재인데, 몇 세기 뒤에 성립되었다. '반야심' 이란 『팔천송반야경』 등의 '후리다야[핵심]'라는 의미이다. 반야의 진리를 난해하고 심오한 말로 정리한 '만트라[진언眞言]'를 축으로 하는 부적 같은 것으로 일반적인 경전은 아니다.

석가모니의 유명한 제자들을 소승에 머무르는 성문이라고 매섭게 비판 하는 『유마경維摩經』은 동북 인도의 상업도시인 바이살리에 사는 가족이 있 는 부유한 거사이면서 불제자들을 능가하는 지혜와 자재한 방법으로 교화 하는 비말라키르티[유마힐維摩詰]를 주인공으로 하는 경전이다.

『유마경』은 불제자들의 생각을 비판하면서, 문수보살의 질문에 대하여 비말라키르티가 침묵을 유지함으로써 언어와 대립을 초월한 '불이不二'의 경 지를 강조하고 있다. 유마힐의 방에 머무는 천녀가 남녀의 구별을 부정하고, 불제자가 여성을 무시하여 천녀의 깨달음을 의심하자 신통력으로 불제자의 몸을 자신의 몸과 바꾸어 곤란하게 하는 등 희곡적인 구성을 하고 있다.

『법화경』의 일승一乘설

삼승을 포함하는 '일승'설을 내세워 대승사상을 발전시킨 것은 『법화경』이 었다. 『법화경』은 석가모니가 성문승·연각(독각)승·보살승의 삼승을 설한 것은 사람들 각각의 능력에 맞춰 인도하기 위한 방편이고, 부처는 그러한 가르침으로 사람들을 성숙시킨 후에 그것들이 불승에 다름 아니라고 하는 일승의 가르침을 제시하여, 부처의 지혜를 얻게 한다고 이야기하고 있다.

또한 석가모니가 열반에 든 것은 방편에 불과하고 실제로는 영원한 과거로 부터 무수한 보살들을 교화해왔다고 하면서 『법화경』이 적힌 두루마리[책] 는 불탑과 동등하다고 이야기하여 반야경전과 마찬가지로 서사의 공덕을 강조하고 있다.

『법화경』은 다양한 요소를 포함하고 있는데, 성립이 늦은 「보문품普門品」 에서는 『법화경』의 신자를 관음보살이 보호해준다고 하여 현세이익을 강 조하고 있다. 후대에 삽입된 「제바달다품提婆達多品」에서는 석가모니를 해치 려고 했던 제바달다가 실제로는 『법화경』의 유포를 원했던 인물로서 석가 모니의 전세의 인도자였다고 하고, 또한 인간이 아닌 용왕의 어린 딸까지도 『법화경』을 들은 공덕으로 곧바로 부처가 된 이야기 등이 강조되고 있다.

전통교단 중에는 이러한 대승경전은 부처의 말씀이 아니고 악마의 말이 거나 시인에 의한 과장된 이야기라고 비난하는 사람들도 있었다. 소규모이 지만 전통파와 대승파의 충돌도 있었던 것 같다.

『화엄경』의 다양한 세계

시방十方세계의 국토에 부처의 모습을 드러내는 빛나는 바이로차나[비로자 나毘盧遮那] 부처를 주인공으로 하는 『화엄경』은 다양한 내용을 포함하는 장 대한 경전이다. 그중에서 보살의 수행 단계를 설하고 '이 세계는 다만 마음 으로 이루어졌다'고 하는 유심唯心사상을 이야기하는 「십지품十地品」, 부처의 지혜가 모든 사람들에게 침투되어 있다고 하는 「성기품性起品」, 선재동자가 각지를 편력하면서 의사나 국왕, 뱃사공, 유녀 등 다양한 계층의 남녀에게 서 가르침을 받는 「입법계품入法界品」 등의 부분은 각각 단행 경전으로 일찍부터 인도에서 유포되었고, 중국에서도 개별 경전으로 한역되었다. 『화엄경』은 후에 발전해가는 대승경전의 다양한 요소를 많이 포함하고 있는데, 「입법계품」은 밀교의 전신이기도 하다.

불상·불화의 탄생

대승불교가 등장한 것과 거의 같은 무렵에 간다라 지역에서 부처의 모습이 소박한 소묘로 그려졌고, 조금 후에는 그리스 조각의 영향이 드러나는 불상이 만들어지기 시작하였다. 또한 간다라 지역에서는 대승불교의 영향을 연상시키는 신격화된 석가모니의 일대기가 부조 등으로 만들어지고, 석가모니가 보살을 좌우에 거느린 삼존상의 형식이 보이며, 아미타불의 상도 일찍부터 만들어졌다.

불교미술은 각지로 퍼져 발전하였고, 3세기경부터는 불화도 만들어졌다. 불상은 예배를 위해서만이 아니라 부처에 대해 명상할 때의 대상으로도 이용되었다. 불화의 경우는 사찰 벽에 그리거나 큰 천에 그려 벽에 걸어놓았다. 그 밖에 접는 천에 부처의 전기를 그린 후 각지를 돌아다니며 그 그림의 내용을 설명하는 예능 성격이 강한 포교승들도 있었다.

4. 대승사상의 전개

'유有'를 강조하는 중기 대승경전

대승불교에 대해서는 부파불교와 달리 이른 시기의 비문 등에서 이 '파'만을 받드는 집단이 존재했음을 보여주는 내용은 발견되고 있지 않다. 그런데 재가신자들만이 대승의 보살로 여겨졌던 것이 아니고, 나중에는 출가한 대승의 보살도 등장하고 있다. 대승불교에서 중요한 것은 3세기에 나가르주나[용수龍樹]가 반야경전에 기초하여 '공空'의 사상을 체계화한 것이다. 용수는『중론中論』등의 책을 저술하여, 사물과 현상은 무상하여도 그 구성요소는 실재한다고 주장하는 설일체유부 등을 비판하고, '공'에 다름 아닌 연기의 중요성을 설하였다. 이러한 용수의 사상은 용수를 계승하는 중관파만이 아니라 대승불교 전체에 영향을 미쳤다.

다만 한편으로는 상주常住·불변不變하는 아트만[아我]을 중시하는 인도사상의 영향도 있어서, '유有'의 측면을 강조하는 주장이나 '유'와 '공'을 양립시키려 하는 주장도 제시되었다. 그러한 상황 속에서 중기대승이라고 불리는 대승경전들이 잇따라 작성되었고, 그것들을 보완하는 경론들도 다수 등장하였다.

대승의『열반경』과 불성·여래장설

만년의 석가모니의 입멸·화장의 모습을 묘사한 초기경전인『대반열반경』에서는 석가모니에 대해 윤회의 세계를 초월한 존재로 보고서, 수명을 마음대로 조절하고 혼탁한 강물을 정화시키는 등의 신통력을 인정하였다. 한편으로는 늙은 몸으로 기운을 조절하여 병을 억제하면서 마음의 평안을 유지하는 모습으로 그리고 있다. 최후의 여행에 관한 부분에서는 '설사를 계속하면서'라는 표현도 보인다. 부파불교의 승려들은 이것을 사람 몸의 무상함을 설한 석가모니 가르침의 올바름을 보여주는 것으로 받아들이며 신앙을 심화시켰다.

이에 대하여 『대반열반경』을 계승하면서도 이를 전면적으로 개정한 대승의 『열반경』 중에서 초기에 성립된 부분에서는 석가모니를 화장하는 장면은 나타나지 않는다. 석가모니는 입멸하였다고 생각되지 않고, 여래(진리의 체현자로서의 석가모니)가 '여기에 있고, 영원하며, 견고하다'고 관상觀想하는 사람의 집에 있다고 설해지고 있다. '여래상주如來常住'의 주장이다. 그리고 '부처가 되기 위한 원인'을 의미하며, 부처의 뼈[불사리]라는 뜻을 가진 '붓다다투[불성佛性]'가 모든 사람들의 몸 가운데 있다고 이야기하면서 현실의 불탑보다도 그러한 자기 자신을 예배해야 한다고 설하고 있다. 귀의의 대상인 불·법·승의 '삼보三寶' 중에서 법보와 승보도 진짜 불보인 붓다다투 속에 있으므로 삼보는 일체라고 설하였다. 그러고 나서 이 『열반경』의 가르침을 부정하는 사람들에 대해서는 사악한 잇찬티카[일천제一闡提]로서 부처가 될 수 없는 자라고 경고하였다.

부파불교에서는 자신을 위해 죽이는 것을 보지 않았거나, 죽였다고 듣지 않았거나, 그러한 의심이 없다는 세 가지 조건을 충족하면 보시된 고기를 먹는 것이 인정되었는데(삼종정육三種淨肉), 모든 생명체는 불성을 가지고 있다고 하는 『열반경』은 고기를 먹는 것 자체를 금지하였다. 이러한 가르침은 교단 규칙인 계율과는 별도로 이타의 마음가짐을 설하는 「보살계」로서 대승불교에서 발전하였다. 『열반경』은 전통파들로부터 격렬한 비난을 받았기 때문에 가르침을 설하는 법사를 공격으로부터 보호하는 재가신자들에 대해서는 오계를 받지 않고 무장하는 것을 인정하였다.

『열반경』보다 조금 뒤에는 모든 생명체는 여래를 품고[藏] 있는 '타타가타 가르바[여래장如來藏]'로서, 번뇌로 가득한 사람들의 몸속에 여래가 존재한다고 명확하게 밝힌 『여래장경』과 왕비인 승만부인이 여래장은 부처만이 알수 있는 경지이므로 오로지 믿어야 할 뿐이라고 이야기하는 『승만경』 등도나타났다. 『승만경』은 번뇌에 덮인 법신인 여래장을 더럽혀지지 않은 '자성청정심自性淸淨心'이라고 말하면서 진리와 마음을 연결시켰다. 그 후에 이러한여래장설을 집대성한 『보성론寶性論』이 등장하였다.

유심唯心 · 유식唯識의 사상

모든 것을 마음의 작용으로 보는 사상도 발전하였다. 불교는 그 초기부터정처 없이 움직이는 스스로의 마음을 '여실如實하게'(있는 그대로) 관찰하도록 가르쳤고, 『십지경』에서는 일찍이 이 세계는 마음으로 이루어졌다고 하는 유심사상을 이야기하였다. 『반주삼매경』이나 『화엄경』에도 그러한 사상들이 들어 있는 것은 앞에서 이야기한 것과 같다. 인도에서는 본래 요가의 실천에 힘쓰면서 마음의 분석을 하는 수행자들이 있었는데, 그들의 영향을 받은 불교의 요가행자들이 이러한 유심사상을 발전시켰다. 그들은 마음의 깊은 곳에 있으면서 기절했을 때에도 생명을 유지하는 역할을 하고, 주관과 객관세계를 만들어내는 '알라야식'의 존재를 제시하였으며, 그에 부수되는 여러 '식'의 작용을 탐구하여 유식사상을 확립하였다. 『유가론瑜伽論』이나 『해심밀경解深密經』이 그 대표적 경론인데, 『유가론』은 보살계 사상의 원류 중 하나이기도 하다.

인물로서는 마이트레야[미륵彌勒], 아상가[무착無著], 바수반두[세친世親]로이어지는 세 사람이 중요한 저작을 찬술하였다고 하여 유식파의 조사로 여겨지고 있다. 이 중에서 마이트레야는 실재 인물이 전설화된 존재였던 것으로 보인다. 아상가와 바수반두는 간다라에서 태어난 형제인데, 아상가는 알라야식설에 기초하여 유식설을 체계화한 『섭대승론攝大乘論』 등을 찬술하였다고 한다. 동생인 바수반두는 설일체유부의 아비다르마설을 경량부의 입장에서 비판적으로 정리하여 여러 파에서 존중된 『구사론俱舍論』을 찬술하였다. 그 후 대승으로 전향하여 『유식이십론』, 『유식삼십송』 등을 지어 유식설을 집성하는 한편 『십지경론』, 『섭대승론석』 같은 경론의 주석서도 많이 찬술하였다. 생존연대에 대해서는 4세기에서 5세기까지 여러 설이 있다.

유식사상 중에서 특이한 것은 『능가경』이다. 『능가경』은 몸속의 법신인 여래장과 근원적인 알라야식을 동일시하면서, 『승만경』을 계승하여 마음을 청정하고 근본적인 것으로 보는 길을 열었다. 또한 진리는 말로 표현될 수 없다고 하면서 석가모니가 49년 동안 한마디도 설법하지 않았다고 단언하고, 말 이외에 눈의 움직임 등으로 교화하는 불국토도 있다고 말하였는데, 이는 후대의 선종에 영향을 미치게 된다.

유식학파는 앞에서 언급한 색신·법신의 2신설을 발전시켜서 진리 그 자체인 법신, 수행의 결과로 얻게 되는 훌륭한 몸인 보신報身, 상대에 맞추어 변화하여 나타나는 응신應身 등의 '3신설' 혹은 '4신설'을 만들어냈다. 이러한 불신설은 밀교에서 더욱 발전하였다.

부파불교와 대승불교

대승불교가 인도 전역으로 확대되기는 하였지만 앞에서 말한 대로 전체적으로는 부파불교가 시종 우세였다. 7세기 전반에 서역과 인도를 여행하고 그곳의 상황을 기록한 현장玄奘(602-664)의 『대당서역기』에는 불교가 연구되고 있는 장소를 모두 99곳 들고 있는데, 그중에 소승을 공부하는 곳이 60곳, 대승을 공부하는 곳이 24곳, 대승과 소승을 함께 공부하는 곳이 15곳이다. 현장은 또한 '대승상좌부'라는 절충적 입장의 사람들이 있다고 하는 5곳의 사원에 대해 언급하고 있다. 7세기 후반에 의정義淨(635-713)이 인도에 건너간 시기에는 같은 사원에 있는 승려 중에서 대승경전을 읽는 사람들이 대승이라고 이야기되는 상황이었다.

이제까지 이야기한 것처럼 대승불교에서는 공을 설하는 반야경전과 용수의 저작에 기초한 중관파와 모든 것은 마음이 만들어낸 것이라고 하는 유식파가 유력하였고, 여래장사상은 유식파 속에서 발전해간 것으로 보인다.

교리의 발전과 다른 학파와의 대론을 통하여 논쟁에 이기기기 위한 '인명因明'이라고 불리는 논리학도 발달하였다. 5세기 후반에서 6세기 초에 걸쳐 디그나가[진나陳那]가 등장하여 『집량론集量論』, 『인명정리문론因明正理門論』 등을 찬술하였다. 그 주장을 7세기 후반의 다르마키르티[법칭法稱]가 다시 체계화하여 다른 인도사상에도 영향을 미치게 되었다.

다라니

석가모니는 음주를 금지하기는 했지만, 약주는 허용하였다. 또한 바라문들이 사용하던 주술을 금지하였지만, 한편으로 질병이나 위험한 동물로부터 몸을 지키기 위한 호신의 주문은 용인하였다. 호신 주문은 시대가 내려오면서 늘어갔고, 주문을 설하는 경전도 생겨났다. 한편 대승불교에서는 『법화경』에 「다라니품」이 있는 것에서 알 수 있는 것처럼 초기부터 다라니를 중시하였다.

　다라니에는 경전을 널리 퍼뜨리는 법사나 신자의 몸을 보호하는 호신 다라니 외에도 교의를 정리하여 기억하기 쉽게 한 다라니, 신비적 주문으로서의 다라니 등 다양한 종류가 있었는데, 이들은 차츰 밀교화되었다.

　5세기경의 인도에서는 힌두교, 특히 시바신앙이 성행하면서 국왕들을 위한 다양한 의례를 제공하여 존중되었다. 또한 각종 행사와 연결되어 민간에도 퍼져갔다. 불교도 이에 대응하기 위하여 힌두교의 신들을 받아들여 보살이나 호법신으로 개조함과 동시에 재난이나 질병 등으로부터의 구제, 번영 기원, 저주 퇴치 등을 설하는 경전도 작성되었다.

　이러한 상황 속에서 비밀의 가르침인 밀교가 정비되었다. 밀교에서는 보살이나 명왕明王, 천(신) 및 기타 존격에 고유한 다라니와 그 공양법 등의 의례가 설해졌다. 손가락으로 표현하는 무드라[수인手印], 베다 이래의 전통이 된 비밀 주문인 만트라[진언眞言], 불보살 등의 심볼인 삼마야[삼매야형三昧耶形], 만달라[만다라曼荼羅]를 만드는 법식 등도 정비되었다. 초기의 밀교사상을 집성한 『다라니집경』은 6세기 중엽 경에 성립된 것으로 보인다.

　7세기 초부터 중엽에 걸쳐 성립되었다고 여겨지는 『대비로자나성불신변가지경大毘盧遮那成佛神變加持經』(대일경大日經)에서는 밀교의 요소에 대해 현세이익을 위해서가 아니라 성불을 위한 뛰어난 방법이라고 이야기하고 있으며, 『화엄경』의 교주인 비로자나불을 밀교화하고서 여기에 다양한 불·보살·여러 천(신) 등을 체계적으로 위치 짓고 있다. 힌두교 중의 시바파의 의례를 받아들인 『초회금강정경初會金剛頂經』에서는 다시 5부部의 조직을 정비하여 여러 존격을 중앙과 4방에 배치하여 잘 정비된 만다라를 구축하기에 이르렀다.

중기 밀교를 대표하는 이 두 경전은 본존으로 여겨진 존격과 수행자가 일체가 됨에 의하여 이 세상에서 부처가 될 수 있다고 하였다. 의례로서는 국왕의 머리에 물을 부어 축복하는 의례를 불교화한 '관정灌頂'을 중시하였고, 그 내용도 다채롭게 되었다. 밀교는 더욱 힌두교적 색채를 강화하며 지속적으로 발전하였고, 일부에서는 성적인 의례를 포함하는 형태로 전개되었다.

인도 불교의 쇠퇴

이상과 같이 인도의 불교는 다양한 조류를 낳았지만 5세기경부터 힌두교에 밀려 쇠퇴하기 시작하였다. 또한 5세기 말에 굽타 왕조와 충돌하여 간다라와 북인도를 지배하게 된 유목국가 에프탈에서는 미히라크라왕이 통치하던 5세기 전반경에 대규모의 불교 탄압이 행해졌다. 조로아스터교라고 생각되는 '천신화신天神火神'을 신앙하고 있던 미히라크라왕은 사원을 파괴하고 많은 불교신자를 학살하였으며, 살아남은 사람들을 노예로 삼았다고 한다. 불교 측에서는 이 사건을 계기로 하여 '말법末法'사상이 확산되었고, 이것이 동아시아에 전해지게 되었다.

　　힌두교가 성행함에 따라 힌두교의 신들을 열렬하게 신앙하는 사람들이 불교에 논쟁을 제기하는 일이 늘어났고, 때로는 폭력을 행사하여 불교도를 쫓아내기도 하였다. 다만 8세기에 우주원리인 브라흐만과 개아個我인 아트만은 동일하며, 이 일자一者만이 존재하고, 다른 것은 모두 환영이라고 하는 '불이일원론不二一元論'을 전개하여 커다란 영향을 미쳤던 베단타학파의 샹카라 등은 '가면 쓴 불교도'라고 불릴 정도로 불교의 영향을 크게 받고 있다. 또한 베다 중의 프라나 문헌에서는 석가모니를 비쉬누 신의 열 가지 화신

중 아홉 번째라고 하여 힌두교 속으로 수용하여 현재에 이르고 있다.

8세기부터 11세기에 걸쳐서 북동 인도에서 발전하였던 팔라 왕조에서는 밀교를 보호하였지만, 북인도 지역에 침공한 이란계 이슬람 국가인 구르 왕조는 우상숭배를 부정하며 불교사원을 파괴하였다. 그 세력은 동인도에까지 미쳐 1203년에는 벵갈 지역의 최대 사원인 비크라마쉴라 사원을 파괴하고 많은 승려들을 살해하였다. 이로 인해 이 지역의 불교가 괴멸되었고, 그 밖의 지역의 불교도 차츰 사라졌다.

다만 일찍 인도의 불교가 전해진 네팔에서는 대승을 포함한 인도 불교가 존속되고 있다. 또한 8세기에 중국과 인도의 불교를 도입한 후 논쟁을 거쳐 인도의 대승불교를 정식으로 채택하였던 티베트에서는 불교가 크게 융성하여 인도의 대승불교와 밀교를 발전시킨 독자적 불교를 형성하였다. 티베트 불교의 일부에는 중국 선종의 영향도 보이고 있다.

5. 서역과 남해 루트

불교의 전파 루트

인도 서북지역으로 확산되던 불교가 현재의 파키스탄 서북부에서 아프가니스탄 동부에 걸친 간다라 지역으로 전해진 것에 대해서는 앞에서 이야기하였다. 그 북쪽은 이란계 소그드인이 사는 소그디아나로 불리는 곳인데, 사마르칸드를 중심 도시로 하여 동서교역으로 발전하였던 이 지역에서는 조로아스터교나 마니교가 주류였고, 불교 유적은 조금밖에 발견되고 있지 않다.

불교는 소그디아나의 바로 앞에서 동쪽으로 꺾어 파미르고원을 넘고, 다시 타클라마칸사막을 피하여 그 북쪽과 남쪽 길을 따라 동쪽으로 향하였다. 중국이 지배하는 지역에 이르러서는 만리장성을 따라 하서회랑河西回廊을 남하하여 중심지인 장안·낙양에까지 전해졌다.

이들 지역을 연결하는 주요 경로는 타슈쿠르간에서 카슈가르[소륵疏勒]를 거쳐 천산산맥의 남측을 따라 키질과 쿠차[구자龜玆]를 지난 후 투르판[고창高昌]의 남쪽을 통과하여 돈황에 이르는 서역북도와 카슈가르에서 야르칸드[사차莎車]를 경유하여 곤륜산맥의 북쪽을 따라 호탄[우전于闐]에 이른 후 미란[선선鄯善]을 통과하여 돈황에 이르는 서역남도의 두 길이 동맥이었다. 서역으로 가는 현관에 해당하는 돈황의 번영하던 모습은 유명하다.

그 밖에 천산산맥의 북쪽을 따라서 하미, 과주瓜州를 지나 하서회랑을 향하는 길도 있었다. 이들 경로는 근대에 이르러 실크로드라고 불린 것에서 알 수 있듯이 중국의 비단을 주요 상품으로 하여 중국·중앙아시아·인도·로마를 연결하는 동서교역의 길이었다.

앞에서 이야기한 것처럼 이들 지역에는 많은 민족·언어·종교가 혼재하였다. 현재의 신장 위그르자치구에 위치하는 투르판 분지에서는 17종의 문자와 방언에 가까운 것들을 포함한 24종의 언어로 쓰인 자료가 발견될 정도이다. 더욱이 세력 다툼이나 전쟁에 의한 민족의 이동도 활발하였다.

인도 서북지역의 국가들 및 서역북도와 남도 주변 국가들의 불교는 열렬하고 실천적이었다. 부처와 보살에 의지하는 경향이 강했고, 왕족과 부유한 신자들은 석굴을 개착하여 불상을 모신 예배당을 만들어 벽에 그림을 그리고, 막대한 보시를 행하였다.

인도와 달리 공덕을 쌓기 위한 크고 작은 사리탑들이 많이 만들어졌고, 교통의 요충지에는 거대한 사리탑이나 석주가 세워졌다. 이 주변 지역에서는 석가모니, 보살시절의 석가모니, 미륵보살이 가장 존숭되어 많은 상과 그림들이 만들어졌다. 미륵의 경우에는 중앙아시아의 국왕상과 같이 다리를 교차하고 의자에 앉아 있는 상들도 만들어졌다.

미륵에 관한 경전이 여러 종 만들어졌고, 상도 많이 만들어진 것은 이 지역의 천(신) 신앙과 무관하지 않다. 또한 사천왕(지국천持國天·증장천增長天·광목천廣目天·다문천多聞天) 신앙은 인도에서는 이른 시기에 쇠퇴하였지만 중앙아시아에서는 성행하였다. 특히 다문천은 독립하여 비사문천毘沙門天이 되어 무예의 신 혹은 재물의 신으로 신앙되었다.

서역남도

서역남도의 중심이었던 호탄은 언어는 동부이란계 호탄어였고, 인도의 브라흐미문자를 사용하였다. 대승과 소승이 병존하였고, 특히 대승이 성행하여 동투르키스탄 지역 대승불교의 중심지로서 대승경전도 편찬되었다. 경전의 호탄어 번역도 많이 이루어졌지만, 기껏 번역하여도 존중되지 않았다. 사람들은 의미도 알지 못하는 인도 원문을 더 소중하게 여겼다고 하는 기록도 보이고 있다.

호탄과 그 주변 지역에서 귀자모신鬼子母神의 도상이 만들어진 것도 주목된다. 인도에서 아이들을 잡아먹는 여자 악귀였던 하리티가 불교에 수용되어, 자기 자식을 석가모니가 감추자 비로소 자신의 죄를 알고 후회하여 불교에 귀의하였다는 이야기가 만들어졌는데, 이후에 간다라 근처에서 아이들을 돌보는 귀자모신으로 변화되었다. 한편으로 근처에서 놀고 있는 아이를 지켜보고 있는 모습을 표현한 귀자모신 도상에는 번영과 운명을 관장하는 그리스 여신 티케의 영향이 강하게 보인다.

호탄에서는 또한 몸에 해·달, 좌불, 보주 등 다양한 형상을 묘사한 부처의 그림이 다수 전하고 있는데, 이들은 『화엄경』의 비로자나불로 생각되고 있다. 실제로 중국에서 번역된 60권 『화엄경』과 80권 『화엄경』의 범본은 모두 호탄에서 입수되었는데, 이 지역에서는 비로자나불 신앙이 발달하였던 것 같다. 당나라 때에는 거꾸로 중국의 영향도 나타나고 있다. 한역 『금강반야경』의 발음을 브라흐미문자로 음사한 문헌이 전하고 있다.

호탄의 동쪽에 위치한 니야에서 출토된 문서에 의하면 이 지역 교단에서는 세속화가 진행되어 계율이 지켜지지 않고 승려가 사유재산을 소유하고, 결혼한 사람들도 있었다. 부파불교가 유력하였던 것으로 보이는데, 자작나무 껍질에 간다라어의 『법구경』을 쓴 문서도 발견되고 있다.

서역북도

서역북도 지역의 가장 큰 오아시스 국가로서 광물 등의 교역으로 번성하였던 쿠차에서는 그리스계 토카라어B를 사용하였다. 왕이 불교를 보호하여서 왕족이 건립한 사원들이 많았으며, 설일체유부가 주류였다.

승려들은 간다라 지역에서 가져온 간다라어의 경전이나 이 지역에서 브라흐미 문자로 기록된 범어 경전을 공부하였는데, 점차 현지의 언어인 토카라어B로 된 주석이나 발원문 등도 쓰이게 되었다. 인도로 구법여행을 가던 현장에게 쿠차의 노승이 이곳에 모든 불전이 갖추어져 있으니 인도에 갈 필요가 없다고 말할 정도로 많은 경전이 수집되어 있었다.

이 지역에서는 천불동이라고 불리는 키질의 석굴사원이 유명한데, 그곳의 벽화에는 부처의 전기나 자타카를 중심으로 한 다양한 그림들이 그려져 있다. 그중의 「아사세왕본생도」 중에 석가의 일생을 그린 그림을 양쪽으로 잡아 펼쳐서 아사세왕에게 보여주는 인물이 그려져 있는 것은 승려가 왕에게 그림 설명을 하고 있는 모습으로서 주목된다. 서역은 또한 다양한 악기의 발상지로서 음악예능이 대단히 성행하였고, 그것들은 불교와 연결되어 중국에까지 전해졌다.

키질 벽화 중에는 비로자나불로 생각되는 온 세계를 품고 있는 장대한 우주불도 그려져 있어서, 그러한 부처가 존중되었던 것을 알 수 있다. 다만 이 지역에는 중국의 유학승이 수시로 방문하였을 뿐 아니라 7세기에 당나라가 쿠차에 안서도호부를 설치하면서 한인 승려들을 파견하였기 때문에 중국 양식의 벽화들이 늘어나게 되었다.

쿠차의 동쪽에 위치하는, 오늘날 투르판이라고 불리는 고창 지역은 튀르크[터키]계인 위구르족 국가로 마니교가 퍼져 있었다. 선명한 색채의 벽화로 유명한 베제클리크 천불동에는 마니교의 흔적이 보이고 있다. 초기에는 쿠차 근처의 상좌부계 불교가 전해졌지만 중국에 접하고 있기 때문에 이른 시기부터 한문 불경도 유포되었다. 즉, 인도나 쿠차, 그 밖의 지역의 승려들이 서역의 동쪽 끝에 위치한 고창에 불교를 전하였고, 다시 중국에 건너와 경전을 한역하면 그 한역 경전이 곧바로 고창에 전해졌던 것이다. 당나라가 이 땅을 지배하게 되자 중국 불교의 영향은 한층 강해져 선종문헌들도 위구르어로 번역되었다.

서역 독자의 불교

중앙아시아에서는 특정의 부처나 정토의 모습을 마음속에 떠올려 관상하는 수행이 석굴에서 활발하게 행해졌다. 『관불삼매해경』, 『관무량수경』을 비롯한 '관~~경'이라는 제목을 갖는 경전들은 인도의 원전이 발견되지 않고 있는데, 중앙아시아에서 성립한 관법의 매뉴얼이 원형으로, 중국에서 한역될 때에 경전의 형태를 갖추게 되었다고 생각되는 것들이 많다. 『관불삼매해경』에서는 불상을 관찰하면서 오체투지하고 빌면 계를 깨뜨린 사람들도 죄를 없앨 수 있다고 설하고 있다.

또한 『달마다라선경』, 『좌선삼매경』 등의 좌선에 관한 경전군도 인도에서는 경전으로 전하고 있지 않은데, 중앙아시아에서 정리된 것들이 중국에서 경전으로 번역되었다고 생각된다. 쿠차의 석굴이나 투르판의 토욕 서굴 등에는 좌선하고 있는 승려를 그린 그림이 여러 개 발견되었는데, '선승'이라는 설명이 적힌 사례도 있다.

이와 같이 중앙아시아의 불교가 중국에 미친 영향은 작지 않다. 예를 들면 죽은 사람을 극락으로 인도하는 인로보살引路菩薩은 당나라 때부터 근세에 걸쳐 중국과 한국에서 널리 신앙되었는데, 죽은 사람의 길 안내를 하는 마니교 여신의 영향이 지적되고 있다. 마니교는 중앙아시아나 중국에 진출할 때에 불교의 용어를 사용하였는데, 불교의 영향을 받는 동시에 불교에 영향을 미치기도 하였다.

바다의 실크로드

근래에는 불교의 전파 루트로서 '바다의 실크로드'라고 불리는 남해루트가 주목되고 있다. 아프리카 동해안, 중동, 인도, 스리랑카, 동남아시아, 베트남, 중국 남부를 연결하는 이 해로의 여러 곳에는 인도 문화의 영향을 받은 도시국가들이 형성되었고, 그중에는 교역으로 크게 발전하고 불교가 번성했던 국가들이 있었다. 이 루트를 거쳐 중국에 들어온 인도나 동남아시아의 승려, 거꾸로 이 루트로 인도에 건너간 중국 승려들이 적지 않았다.

스리랑카는 기원전 3세기에 아쇼카왕이 왕자 혹은 동생으로 알려진 마힌다 장로를 파견하여 불교를 전하였다고 한다. 마힌다가 개창한 절은 나중에 마하비하라[대사大寺]로 불리며 왕실의 보호하에 스리랑카 불교의 중심지가 되었다.

침입해온 남인도 드라비다인 왕을 물리치고 기원전 1세기에 싱할라인 왕조를 부흥시킨 아바야왕은 지원해준 승려들을 위해 아바야기리 사원[무외산사無畏山寺]을 세웠는데, 그 후 세속적 성격이 강했던 이 사찰과 상좌부계의 전통파인 마하비하라가 대립하게 되었다. 아바야기리 사원에서는 인도 전통사상에 접근한 계통의 부파불교를 받아들였을 뿐 아니라 3세기경에는 대승불교도 도입되어 마하비하라와의 대립이 더욱 심해졌다. 그 결과 아바야기리파는 추방되기에 이르렀다.

5세기 초에 인도에서 건너와 마하비하라에서 활약한 학승 붓다고사는 이 지역의 싱할라어로 쓰여 있던 많은 주석들을 편집하여 팔리어로 번역하는 동시에 스스로도 아비다르마 교의를 체계화하여 『청정도론淸淨道論』 등을 저술하였다. 이 저작들은 현재에 이르기까지 스리랑카와 동남아시아 여러 나라 불교의 기조가 되고 있다.

이후 7~9세기에는 인도에서 대승불교와 밀교가 전해졌고, 밀교가 크게 성행하였다. 그 후 전란에 의한 쇠퇴를 거쳐 12세기에 미얀마에서 초빙한 장로들에 의해 부흥한 마하비하라가 승가를 통일하고 다른 파를 추방하여 이후 주류의 위치를 유지해오고 있다.

미얀마, 타이, 캄보디아[부남扶南], 라오스 등의 동남아시아 나라들에는 스리랑카의 상좌부불교를 비롯한 다양한 계통의 불교가 전해졌는데, 5~6세기의 부남에서는 대승불교도 상당한 세력을 이루고 있었다. 6세기 초 무렵 중국에 건너온 부남 출신의 상가팔라[승가파라僧伽婆羅](460-524)는 스리랑카 아바야기리 사원의 우파팃사가 지은 『해탈도론解脫道論』과 대승경전인 『문수사리문경文殊師利問經』, 『공작왕주경孔雀王呪經』 등을 함께 한역하였다.

7세기부터 14세기까지 말레이반도에서 스마투라섬 동남부에 걸쳐 동서교역으로 번영하였던 말레이인의 국가 슈리비자야[실리불서室利弗逝]에서는 인도에서 전해진 대승불교의 중관파와 유식파가 번성하였는데, 8세기경부터는 밀교도 크게 유행하였다. 7세기 후반에 중국에서 인도로 건너간 의정義淨은 도중에 이곳에서 범어를 배웠는데, 이 지역의 장대한 승원에 대해서 인도의 날란다 사원에 필적하는 대승불교 연구의 중심지였다고 이야기하고 있다.

2

동아시아 불교의 맹아기

2 동아시아 불교의 맹아기

중국은 고대 이래 매력 넘치는 이국의 문물을 교역이나 무력을 통해 손에 넣어왔다. 다만 불교의 경우는 상황이 달랐다. 중국사회의 근간인 유교가 '효'를 가장 중시한 것과 달리 불교는 부모를 버리고 출가하라고 권하였기 때문이다.

더욱이 양자의 세계관은 완전히 달랐다. 현세에서의 도덕적 생활방식을 중시하는 유교가 귀신이나 죽음에 대하여 자세하게 논하려고 하지 않았던 것과 달리 불교는 선악의 업보에 의해 사후에 천상세계와 인간세계, 지옥, 아귀의 세계 등에 다시 태어난다고 하며 추선追善의 방법에 대해서도 이야기하였다.

이와 같이 불교와 유교는 크게 달랐지만, 중국에서는 유교의 너무 엄격한 도덕을 부정하고 허무·자연을 숭상하는 노장사상이나 불로불사하며 하늘을 날아다니는 선인을 동경하는 신선사상 그리고 도교의 전신이 되는 종교들도 존재하였다. 또한 불교의 불살생은 유교의 인仁과 통하는 측면도 있었다. 한편 4세기 초에는 중화의 전통을 자랑하던 진晉(서진) 왕조가 북방민족에게 수도 낙양을 빼앗기고 강남지역으로 달아나는 큰 사건도 일어났다. 이러한 상황 속에서 불교가 중국에 퍼져가게 되었다.

중국 불교의 특징으로는 구마라집鳩摩羅什의 영향으로 대승불교가 주류로 되었다는 것을 들 수 있다. 그리고 구마라집 이후『열반경』이 한역되어 '불성佛性'사상이 확산되자 대승불교는 더욱 번성하게 되었다. 다만 중국에서 중시된 대승경전의 유명한 문구들은 중국사상의 영향이 반영된 문장인 경우가 적지 않다.

이 장에서는 동아시아 지역으로의 불교 전래 및 초기 수용 양상에 대하여 살펴보고자 한다.

1. 중국으로의 불교 전래

하늘을 나는 금빛 부처

중국으로의 불교 전래는 사서에 보이는 기록으로는 전한 애제哀帝의 원수元壽 원년(기원전 2)에 대월지국의 사자인 이존伊存이 유교를 가르치는 박사의 제자 경려景廬에게『부도경』(붓다의 경전)을 구두로 전해줬다는『위서魏書』「석로지釋老志」의 내용이 가장 이른 시기의 것이다. 또한『사십이장경』서문에서는 후한 명제明帝의 영평永平 10년(기원후 67)에 불교가 전해져 낙양에 백마사가 세워졌다고 이야기하고 있다. 이 경전은 의경으로, 서문도 후대의 전승에 의거한 것이다. 하지만 불교가 이 시기에 귀족층의 관심을 끌게 되었다는 것은 사실로 보인다.

　원굉袁宏의 『후한기後漢紀』에 의하면 명제의 배다른 동생인 초왕楚王 영英이 평소에 '황로黃老'(황제黃帝·노자老子)의 심오한 말을 암송하고 '부도浮屠의 인사仁祠'(붓다를 예배하는 건물)를 존중하였다고 한다. 원굉은 '부도'는 사람들을 깨우치는 존재로, 살생을 피하고 자비의 마음을 닦으며 욕심을 버리고 무위에 이르는 길을 설했다고 하였다. 또한 이에 의하면 살아 있을 때 행한 선악의 행위에는 응보가 있으며, 사람은 죽어도 '정신'은 없어지지 않고 다시 육체를 얻기 때문에 '정신'을 수련하여 '무위'에 이르면 부처가 될 수 있다고 하였다. 그리고 부처는 1장丈 6척尺(약 5미터)의 크기로 황금색을 하고 있으며, 목에 빛나는 해와 달이 걸쳐 있고, 자유롭게 변화하여 어디에나 나타나 사람들을 구원한다고 기록하고 있다.

　『후한기』의 다른 곳에서는 명제가 '금인金人'이 날아오는 꿈을 꾸고서 이에 대해 신하들에게 물어보았을 때, 한 신하가 "서방에 부처라는 이름의 신이 있는데, 그 몸이 거대합니다. 그것이 아니겠습니까?"라고 답하였다. 또한 부처는 '허무'를 근본의 입장으로 하고 눈에 보이지 않는 죽은 자들의 세계를 밝혀주었으므로, 왕족과 귀족들이 윤회와 업보의 내용을 듣고서 망연자실하지 않는 자가 없었다고 이야기하고 있다. 효를 가장 중시하는 한족에게 자신의 죽은 부모가 악업으로 지옥에 떨어져 고생하고 있을 가능성이 있고, 유교로는 어떻게 할 수도 없다고 듣게 되어 충격을 받았을 것이다.

　이러한 이야기들로 볼 때 당시에는 부처의 존재를 중국에는 없던 윤회와 인과응보의 가르침을 설하고, 전설화된 황제나 노자와 같은 초인적 존재로서 하늘을 날고 모습을 자유자재로 변화할 수 있는 외국의 거대한 금빛의 신으로 생각하였던 것으로 보인다. 이러한 석가모니관은 완전한 오해라고는 말할 수 없다. 부처의 전기에는 석가모니가 의도하면 수명을 자유롭게 늘일 수 있다고 하고, 쌍신변雙神變 이야기에서는 부처가 하늘을 날았다고 하고 있다. 따라서 그러한 이미지가 황제나 노자의 이미지와 겹쳐져 받아들여졌다고 해도 이상하다고 할 수 없다.

부처를 황제나 노자와 같은 존재로 여긴 것은 당시에 부처에 대해 말할 때에 황제에 가탁된 책이나 『노자』의 용어를 사용하였기 때문이었다. 또한 부처를 예배하는 건물이 배려하는 마음을 나타내는 유교의 '인'이라는 용어를 써서 '인사'라고 불린 것은 동물을 희생으로 바쳐서 기도하는 중국의 제사와 달리 살생을 금하였기 때문일 것이다. 불교는 유교와 일치하는 측면이 있다고 여겨졌던 것이다.

부처가 된 노자

후한의 학자 양해襄楷가 2세기 중엽에 정치의 문란함을 경계하기 위해 올린 상서에 의하면 노자가 '호胡'(서방의 미개지)에 들어가 부도浮屠가 되었다고 이야기하는 사람들이 있었다고 한다. 노자가 국경의 관문을 넘어 서쪽으로 갔다고 하는 전승이 있었으므로 불교의 가르침이 『노자』의 말을 이용하여 설명되면서 석가모니는 서방으로 간 노자로 여겨졌던 것으로 보인다.

'노자화호설老子化胡說'로 불리는 이러한 해석은 처음에는 석가모니와 노자의 유사성에 착목하는 정도였던 것 같지만 도교와 불교의 대립이 심각해진 진晉의 시기에는 도사인 왕부王浮가 이 설화를 『노자화호경』이라는 도교 경전으로 만들어서 석가모니에 대한 노자의 우위를 강조하게 되었다. 불교 측에서는 이에 반발하여 석가모니가 미개한 중국을 교화하기 위하여 가섭迦葉·광정光淨·유동儒童 등 세 사람의 제자를 보냈고, 이들이 각기 노자·공자孔子·안회顔回가 되었다고 하는『청정법행경淸淨法行經』등의 의경을 만들어 대항하였다.

한역 경전의 등장

현존하는 가장 오래된 한역 경전은 후한의 건화建和 2년(148) 무렵에 낙양에 들어와 다양한 종류의 경론을 번역한 안세고安世高의 역경이다. 안식국[파르티아] 출신이었던 안세고는 호흡에 정신을 집중하는 선정을 설한『안반수의경安般守意經』, 아비다르마 개설서인『아비담오법행경阿毘曇五法行經』등 30여 부의 경전을 번역하였다. 안세고는 '무위', '불로불사'와 같은 중국풍의 용어나 '불佛' 같은 음사어는 조금밖에 사용하지 않았고, 연기를 '인연因緣'(연으로 인하여), 깨달음을 '해탈'(속박하는 도구에서 벗어남), 윤회를 '생사'(나고 죽음)로 번역하는 등 일반 용어를 교묘하게 사용하였다.

그 수십 년 후에 낙양에 온 대월지국 출신의 지루가참支婁迦讖은 초기의 반야경전인『도행반야경』, 보살의 삼매에 대해 설한『수능엄경首楞嚴經』과『반주삼매경』,『화엄경』계통의『도사경兜沙經』같은 대승경전을 번역하였다.『도행반야경』은 "유심有心이 있는 것도 아니고, 무심無心이 없는 것도 아니다."와 같은 부정적이면서 역설적인 표현을 많이 사용하고 있는 점에서 노장사상과 비슷하였는데, 지루가참은 또한 진리를 의미하는 '타타타'를 노장풍의 '본무本無'로 번역하였다.

중국 각지로의 전파와 수용

불교는 3세기 초에 산동반도 부근까지 전해졌다. 후한 말에 착융笮融이 서주徐州(현재의 산동성 동부·강소성 북부)에 세운 '부도사浮屠祠'는 금빛의 불상을 예배하는 2층의 누각 주위에 회랑을 두른 건물로 많은 신도를 수용할 수 있었다고 한다. 불교는 다시 그 남쪽의 강남 지역에까지 퍼졌는데, 대월지 계통의 도래씨족으로 중국 서북 양주凉州 출신의 재가신자 지겸支謙이 3세기 전반에 낙양에 온 지루가참의 제자 지량支亮에게 배운 후 전란을 피해 강남으로 옮겨와 오나라에서 불교를 전파하였다.

지겸은 삼국시대 오나라의 황제인 손권孫權(재위 229-252)의 존중을 받아 태자를 교육하는 박사에 임명되었으며, 36부에 달하는 경전을 번역하였다. 그중에는 대승의 『유마경』과 『무량수경』, 최초기 경전인 『숫타니파타』의 번역인 『불설의족경佛説義足經』, 부처의 전기인 『서응본기경瑞應本起經』 등이 포함되어 있다. 지겸의 번역은 '무위', '자연'과 같은 노장사상의 용어를 사용하고 있으며, 선정의 원어인 '디야나'를 도교의 용어를 사용하여 '수일守一'이라고 번역하는 등 노장사상·도교의 영향이 보이고 있다.

대대로 돈황에 거주하였던 축법호竺法護(239-316)는 스승인 축고좌竺高座와 함께 서역을 돌아다니며 여러 나라의 말을 배운 후 3세기 후반에 여러 언어로 된 경전을 가지고 삼국을 통일한 진(서진)에 이르렀다. 4세기 초에 『광찬반야경』, 『법화경』의 이역인 『정법화경正法華經』, 『십지경』의 이역인 『점비경漸備經』 등의 중요한 대승경전을 번역하였다. 축법호의 번역에서는 석가모니를 '능인能仁', '능인지존能仁至尊' 등으로 번역하여, 유교의 인의 덕을 체득한 성인으로 묘사하였다.

축법호는 또한 '아미타'라고 하는 음역 표기를 사용하는 동시에 '무량수無量壽'라는 의역 표기도 사용하고 있다. 아미타불은 앞 장에서 이야기한 것과 같이 광명신앙이 성행하였던 서북 인도에서 생겨난 부처였으므로 원어인 '아미타바'(한량없는 빛)는 본래는 '무량광無量光'으로 번역해야 했지만 서역에서의 발음이 '아미타유스'(한량없는 수명)로 변화하였고, 축법호는 이것을 무량수로 번역한 것이다. 이 때문에 중국에서는 무량수불＝아미타불의 세계는 불로장생의 신선이 사는 선경仙境으로 받아들여지게 되었다.

장수와 건강을 바라는 것은 인도에서도 마찬가지였지만, 윤회설이 침투된 인도의 경우 승려는 윤회의 세계에서 벗어나는 것을 바라고 재가신자들은 쾌락이 가득하고 수명이 긴 천상세계에 태어나는 것[생천生天]을 바라는 것이 일반적이었고, 현세에서의 무한한 장수에 대한 바람은 크지 않았다.

베트남의 불교 전래와 중국으로의 포교

불교는 실크로드 이외에 해로로 동남아시아와 베트남을 통해서도 전래되었다. 진秦의 시황제始皇帝는 중국을 통일한 후 남방에까지 군대를 파견하여 기원전 214년에 계림군桂林君과 남해군南海郡을 설치하고, 베트족[월족越族, 킹족]이 사는 베트남 북부에는 상군象郡을 설치하였다. 진이 멸망하자 남해군에 살고 있던 한족의 무장이 남해군에서 상군에 이르는 지역을 장악하고 남월南越을 건국하였다. 한대에 이르러 무제는 원정元鼎 6년(기원전 111)에 남월을 정복하여 교지부交趾部로 명명하고 9개의 군으로 나눈 후 한족을 보내 통치하였다. 그 한족들 중에는 토착화하여 유력한 호족으로 성장하는 사람들도 적지 않았다.

삼국시대에는 오나라가 현재의 광동성 부근을 광주廣州, 그보다 남쪽을 교주交州로 하였다. 교주는 향료, 진주, 광물, 물소와 코끼리의 뿔 등의 물산이 풍부하였고, 중국에서 파견된 장관들은 착취에 힘쓰는 자들이 많았다. 이 때문에 이 지역에서는 현지 세력의 반란과 중국의 진압이 반복되었다.

베트남 불교의 기원에 관한 전설에 의하면 하노이 서북 지역으로 온 검은 피부의 승려가 다양한 신비적 사건을 일으킨 후, 귀국하면서 가뭄이 들면 신에게 기도하라며 신령한 나무를 남기고 떠났다. 이후 신의 계시를 받은 주민들이 그 나무를 조각하여 네 구의 신상을 만들기 시작하자 오색의 구름이 나타나 비가 내리고 우레가 치는 등의 기적이 이어졌다. 이에 신상을 법운法雲, 법우法雨, 법뢰法雷, 법룡法龍이라고 명명하고 법운사 등 네 곳의 사찰을 세워 각기 안치하고 기도한 것이 최초의 사원이라고 전해지고 있다.

외국의 승려, 신의 계시, 신령한 나무, 신상과 같은 것들은 불교 수용 초기의 모습에 매우 잘 부합하지만 이 이야기의 연대는 명확하지 않다. 문헌으로는 중국 남부에서 전란을 피해 184년 무렵에 교지에 왔다가 나중에 다시 중국에 돌아간 모자牟子가 지은 『이혹론理惑論』이 베트남 불교의 최초로 여겨지고 있는데, 불교 수용이 발전된 상황이 보이고 있어서 실제로는 후대의 저술로 생각된다.

서역계 베트남 승려의 활약

대표적인 교지 출신 승려로는 소그드 계통의 강승회康僧會(?-280)가 있다. 그의 조부는 실크로드 교역의 중심지 사마르칸드 출신으로, 강승회는 인도에서 장사를 하던 부친과 함께 교지에 왔다고 한다. '강康'이라는 성은 조상이 사마르칸드 출신임을 나타낸다. 젊어서 양친을 잃은 강승회는 출가하여 한족 지식인에게서 불교를 비롯한 다양한 학문을 배웠다.

강승회는 적오赤烏 10년(247)에 오나라 수도 건업建業(후의 금릉金陵, 건강建康, 남경南京)에 이르러 경전을 번역하였다. 그의 번역이라고 하는 『육도집경六度集經』은 다양한 경전의 이야기를 강승회가 편집한 것으로 추정된다. 강승회는 잔혹한 군주였던 손권을 경계하기 위해 기적을 일으켜 존숭받았고, 교훈적 내용의 경전을 제시하여 그를 인도하려 하였던 것으로 생각된다.

강승회의 조금 뒤에는 월지 계통의 지강량접支疆梁接(생몰년 미상)이 오나라 오봉五鳳 2년(255)부터 다음 해까지 교주에서 『십이유경十二遊經』, 『법화삼매경』을 번역하였다. 『법화삼매경』의 경우 무외無畏삼장(생몰년 미상)이 교주에서 번역하였다는 기록도 있는데, 어느 쪽이나 베트남과의 관계가 깊다. 강승회와 지강량접이 함께 중앙아시아 출신 집안의 자제였음도 주목되는 사실이다. 불교를 신앙하는 교역 상인이나 비슷한 환경에서 출가한 동족 승려들에 의해 불교가 퍼져갔던 것이다.

2. 수용기의 중국 불교

현학玄學과 청담淸談의 시대

중국의 중앙부를 지배하고 있던 서진은 흉노 등의 북방민족의 공격을 받게 되어 건무建武 원년(317)에 수도 낙양을 버리고 강남으로 달아나 건강을 수도로 하는 동진을 건국하였다. 기존 전통의 속박이 약화된 때문인지 동진의 제2대 황제인 명제明帝는 불교를 열심히 신앙하였고, 황후나 상층 귀족들도 불교를 믿게 되었다. 온난하고 자연환경이 풍요로운 지역에서 귀족 문화가 발전하였다.

그 귀족 문화의 한 요소가 '현학'과 '청담'의 유행이었다. 『노자도덕론』 등을 짓고 세련된 언어로 철학논의를 하는 청담의 기풍을 퍼뜨린 위魏의 하안何晏(?-249)과 그 하안의 후원을 받아 『노자』, 『주역』, 『논어』에 철학적 주석을 붙인 수재 왕필王弼(226-249) 그리고 왕필을 계승하여 『장자』의 주석을 쓴 서진의 곽상郭象(252-312) 등의 영향으로 『장자』, 『노자』, 『주역』이 세 가지 심오한 책으로 존중되어 삼현三玄으로 일컬어졌고, 그에 대한 사변적 연구가 현학으로 불리게 되었다.

동진의 승려 중에서 대립을 초월한 '지인至人'의 경지를 묘사한 『장자』 「소요유逍遙遊」 편을 테마로 하는 『소요유론』을 지은 지둔支遁(314-366)은 반야경전이 설하는 반야바라밀을 자유롭게 '소요유'하는 지혜이고, 석가모니는 그것을 체득한 지인이라고 현학풍의 훌륭한 문장으로 논하였다. 또한 문인 손작孫綽(314-371)은 『유도론喩道論』에서 부처는 '도'를 체득하고 사람들을 구제하는 존재인데, 의도를 가지고 작위적으로 작용하는 것이 아니라 사람들의 바람에 자연스럽게 '감응感應'하여 움직여서 '무위하여 함이 없는 자'라고 논하는 등 현학에서 말하는 성인 그 자체로 이해하고 있다.

주술적 힘에 대한 기대

불교에는 주술적인 힘도 기대되었다. 함안咸安 원년(371) 동진 간문제의 궁전에 이상한 새가 집을 지어 점을 쳐보니 여성 스승을 초빙하라고 하였다.

이에 비구니 도용道容을 초청하여 묻자 '팔관재'를 거행하라고 권유하였다. 팔관재를 실시하자 새가 집을 옮겼으므로 도성에 신림사新林寺를 세워 도용을 주석하게 하였다고 한다.

팔관재란 재가신자가 지켜야 할 5계 중 '불사음不邪婬'(부정한 성행위를 하지 않음)을 '불음不淫'(성행위를 하지 않음)으로 바꾸고, 높고 편안한 침상에서 자지 않는 제6계, 향유나 장신구로 몸을 꾸미거나 노래하고 춤추는 것을 보지 않는 제7계, 정오 이후에 식사를 하지 않는 제8계를 추가한 출가자가 지켜야 할 '팔계'를 정해진 날에 한하여 지키는 습관을 가리킨다(제7계에 대하여는 이설이 있다). 재가신자가 한 달 중의 8일·14일·15일·23일·29일·30일의 6일에 한하여 출가자에 가까운 계를 지키는 생활을 하는 것으로서, 승려를 초청하여 식사를 공양하고 설교를 듣는 재회齋會도 행해졌다.

이들 6재일齋日은 인도에서 악귀가 침입하는 날, 혹은 인드라신(제석천)이 사람들을 순시하는 날로 여겨서 목욕재계하고 근신하는 풍습을 불교에서 받아들인 것이다. 이것이 중국에서는 재앙을 피하는 의례로 수용되었다. 또한 재일에는 졸음을 쫓아내기 위하여 재미있는 이야기를 들려주기도 하였으므로, 불교 관련 이야기와 예능이 발달하는 장소가 되기도 하였다.

앞의 일화에서 신비적인 힘을 가진 비구니가 존중된 것에서 드러나듯 여성들 사이에서도 불교가 퍼져갔다. 불교를 신앙하는 황후들이 막대한 보시를 하여 비구니 사찰을 건립한 사례도 보인다.

5호 16국의 불교 수용

서진이 망하고 강남에 동진이 건국된 후로 화북지역은 북방민족이 지배하는 작은 나라들이 난립하여 항쟁을 이어가는 5호 16국 시대가 되었다. 이들 나라의 국왕들은 점차 한역 경전에 기초한 불교를 신앙하게 되었는데, 그들이 불교를 존중한 것은 신비적인 힘을 가진 고승을 데리고 있음으로써 나라의 위신을 높이고, 고승으로 하여금 조언이나 기원을 하게 하고, 또한 후계자의 교육을 담당하게 하기 위한 것이었다.

그러한 신비적인 승려의 대표적 인물이 불도징佛圖澄(232-348)이다. 쿠차 출신으로 출가하여 인도 북부의 카시미르[계빈罽賓]에서 불교를 수학한 불도징은 화북을 통일한 갈羯족의 후조後趙에 초청되어, 수도 낙양에서 다양한 예언과 군사적 측면의 조언을 하였다. 불도징은 많은 사원을 세우고, 포악한 왕에게 훈계하였으며, 한족의 출가를 허가하도록 하고, 승랑僧朗과 도안道安 등의 뛰어난 제자들을 많이 길러냈다.

도안(312-385)은 중국 고전에 대한 풍부한 교양을 가지고 있던 한족 승려의 대표적 인물로 유명하다. 때문에 승랑을 존중하였던 저氐족의 국가 전진前秦의 제3대 황제 부견苻堅(재위357-385)은 건원建元 15년(379)에 도안을 얻기 위해 10만의 군대를 파견하여 양양襄陽(현재의 호북성)을 공략하였다. 이후 도안을 장안으로 데려가 최대의 전리품으로 자랑하며 두텁게 보호하였다.

한족의 출가가 허가된 이후 출가자들은 스승의 성을 따라서 축竺(인도)·안安(파르티아)·강康(사마르칸드)·지支(대월지) 등의 성을 사용하였는데, 도안은 승려는 모두 석가모니의 제자이므로 '석釋씨'를 칭해야 한다고 제안하였다. 이후 '석도안'과 같은 형태로 이름을 붙이는 습관이 점차 확산되었다.

도안은 인도 불교와 중국 유교의 방식을 절충하여 경전 강의의 형식도 정비하였다.

교리 연구에 노력한 도안은 많은 번역 경전에 서문을 붙여 경전의 의의를 명확하게 하였고, 경전 번역의 방식에도 주의하여 '5실본五失本'(원본의 표현을 바꾸어도 좋은 다섯 가지 경우)과 '3불역三不易'(바꾸어서는 안 되는 세 가지 경우)의 원칙을 정하였다. 예를 들면 범어와 한어는 문법이 다르기 때문에 어순을 바꾸어 반역해도 좋다고 하는 것은 전자이고, 난해한 교리를 함부로 해석하여 알기 쉽게 이야기해서는 안 된다고 하는 것은 후자이다.

도안은 또한 한역 경론을 수집하여 『종리중경목록綜理衆經目錄』을 짓고, 중국에서 만들어진 것으로 생각되는 26부 30권의 경전의 존재를 지적하였다. 그중의 『비라삼매경毘羅三昧經』은 일상의 생활을 삼가하며 정진하면 오래 살 수 있고, 질병이 없으며, 병에 걸려도 일찍 낫게 되는 등의 열 가지 복이 있다고 하면서 불교의 개요와 재가신자의 마음가짐을 제시하고 있다. 또한 부처가 신통력으로 허공을 날고, 귀의한 왕이나 제자들도 하늘을 날게 되어 나라 사람들이 기뻐하였다고 하는 등 장수를 중시하고 하늘을 나는 선인을 동경하는 한족을 대상으로 한 내용으로 되어 있다.

도안은 평소에 『방광반야경』 등 기존에 번역된 경전의 불완전함을 안타까워하고, 자신이 부처가 돌아가신 후에 '변방의 나라'에 태어난 것을 슬퍼하였다. 인도에서는 갠지스강 중류 지역을 '마디아데샤'(중앙지역)라고 불렀는데, 한역에서는 이 말을 '중천축中天竺'으로 번역하는 경우가 많았지만 '중국'이라고 번역하는 경우도 있었다. 이 말에 세계의 중심인 '중화'를 자임해온 한족들은 충격을 받았다. 도안이 불교 경전을 심오한 것이라고 하여

'내전內典'이라고 부르고, 유교와 노장사상 등의 고전 문헌을 '외전外典'이라고 부른 것도 그러한 불교적 세계관의 한 사례이다.

당시 외전의 교양을 갖추고 있던 축법아竺法雅나 강법랑康法朗 등의 한족 승려들은 불교의 5계를 유교의 인仁·의義·예禮·지智·신信의 5상五常에 배당하는 등의 형태로 귀족과 사대부들에게 설명하여 인기를 끌었다. 이것을 '격의格義'라고 일컫는다. 도안은 때로는 스스로도 그러한 해석법을 활용하였지만 안이한 격의에는 반대하며 엄밀한 경전의 연구를 모색하였다.

고구려의 불교 전래

전진의 부견은 고구려의 소수림왕小獸林王 2년(372)에 사절을 파견하면서 불상과 경전, 그리고 승려 순도順道를 보냈다. 그 2년 전에 부견이 전진의 동쪽에 있던 선비족 국가 전연前燕을 멸망시켰을 때 전연의 귀족들이 고구려에 도망하였는데, 고구려에서는 그들을 잡아 부견에게 보냈었다. 이 때문에 부견은 포상으로 고구려에 불교를 하사하였다고 생각된다.

중국의 황제가 주변 나라에 불교를 전했다고 하는 것은 절을 지을 기술과 자재를 제공하고, 공부하러 올 유학승을 받아들이는 것을 의미하였다. 현대적으로 말하자면 최신의 군사기술을 제공하는 것과 유사한데, 친밀한 관계를 여러 나라에 과시하는 것과 같다. 이 해에 고구려에서는 유교의 교육기관인 태학太學을 설립하였고, 다음 해에는 율령을 공포하였다. 불교 도입은 그와 같은 중국식 국가체제 정비의 일환이었던 것이다.

한편 소수림왕 4년(374)에는 남조의 동진에서도 아도阿道라는 승려가 고구려에 들어왔다. 이 때문에 왕은 다음 해에 수도 졸본성에 초문사肖門寺를 창건하여 순도를 머무르게 하고, 다시 이불란사伊弗蘭寺를 창건하여 아도를 머무르게 하였다고 한다. 전진과 대립하고 있던 동진이 전진에 의한 불교의 증여를 알고서 고구려를 자기편으로 삼기 위하여 강남의 불교를 보냈다고 생각해도 무리는 없지만, 순도·아도라는 이름이 너무 유사하여 이상한 점도 있다. 다만 태녕太寧 연간(323-326)에 동진의 승려 축법심竺法深이 고구려의 도인(＝승려)과 편지를 주고받았다고 하므로 이와 같은 공식 전래 이전에 이미 불교가 전해져 있었음은 의심의 여지가 없다.

민간의 전래로는 전진의 승려였던 담시曇始의 사례가 있다. 양梁나라 혜교慧皎가 편찬한 『고승전』에서는 진흙길을 걸어도 발이 더럽혀지지 않아서 백족白足화상이라고 불렸던 담시가 4세기 말에 고구려에 들어가 불교를 퍼뜨린 것이 고구려 불교의 시작이라고 이야기하고 있다. 장안에 돌아온 담시는 불교를 탄압하고 있던 북위의 황제에 의해 호랑이 우리에 넣어졌지만, 담시가 호랑이들을 순종시켜 황제를 놀라게 하였다고 한다.

담시와 같은 승려가 고구려 불교의 처음이라고 전해진 것은 신통력을 가지고 맹수의 해로움을 없앨 수 있는 승려가 환영받았던 것을 의미한다. 고승이 호랑이를 데리고 다녔다고 하는 전설은 중국이나 베트남에도 보이고 있다. 이것은 맹수로 상징되는 무서운 산의 신을 불교가 굴복시키고 그 토지를 개간할 수 있게 되고, 작물의 일부가 사찰에 기진된 것을 시사한다. 불교는 상인과 관계가 깊었을 뿐만 아니라 고대에는 농업을 발전시키는 요인이기도 하였다.

백제의 불교 전래

중국의 북조와 관계가 깊었던 고구려와 대립하고 있던 한반도 남부의 백제에는 남조의 불교가 전해졌다. 침류왕枕流王 즉위년(384)에 동진에서 외국승려 마라난타摩羅難陀가 왔고, 다음 해에는 수도 한산에 사원을 건립하여 10명의 승려를 출가시켰다고 한다. 그 후 4세기 말에서 5세기 초에 걸쳐서 통치한 아신왕阿莘王은 불법을 믿어 복(＝공덕)을 구하라고 명령하고 있는데, 이 무렵부터 불교 수용이 시작되었다고 볼 수 있다. 다만 이 시기의 불교 유적이 거의 발견되지 않고 있는 것으로 볼 때 불교가 성행하게 되는 것은 실제로는 조금 뒤의 일이라고 생각된다.

3. 구마라집에 의한 대승불교의 주류화

구마라집의 활약

쿠차 국왕의 여동생과 인도에서 온 바라문 사이에서 태어난 구마라집(344-413)은 불교신앙이 두터웠던 어머니를 따라 카시미르에 가서 초기불교의 경전을 배웠다. 귀국 후에 다시 서투르키스탄으로 가서 카슈가르에서 아비다르마와 베다 등을 공부하고 야르칸드에서 대승불교를 공부하고 귀국하였다.

　구마라집의 명성은 중국에까지 전해져서 전진의 부견은 구마라집을 얻기 위해 건원建元 18년(382)에 여광呂光을 사령관으로 하는 군대를 서역에 파견하였다. 여광은 쿠차를 깨뜨리고 구마라집과 함께 귀국하려고 했는데, 고장始臧(현재의 감숙성 무위武威현)에 이르렀을 때 전진이 멸망하였다는 소식을 들었다. 여광은 이에 이곳에 정착하여 후량後涼을 건국하였다. 구마라집은 후량에서 지내는 동안에 한어에 익숙하게 되었다.

강족이 건국한 후진後秦의 제2대 황제 요흥姚興은 구마라집을 얻기 위해 후량을 공격하고 홍시弘始 3년(401)에 구마라집을 장안으로 맞아들였다. 요흥은 구마라집을 존중하면서도 우수한 후계자를 얻기 위하여 기녀들을 보내 억지로 파계하게 하였다. 이 때문에 구마라집은 불약다라弗若多羅가 암송한 설일체유부의 『십송율十頌律』을 한역하기는 하였지만 스스로는 절 바깥에 살았고 계를 주는 스승[수계사授戒師]이 되지는 못하였다.

구마라집은 한족 제자들의 도움을 받아 그때까지의 생경하고 이해하기 어려운 한역과 구별되는 유려한 번역문을 고안함으로써 현재까지도 사용되는 많은 불교 용어들을 만들어 정착시켰다. 구마라집이 번역한 경전으로는 반야경전 계통의 『마하반야바라밀경摩訶般若波羅蜜經(대품반야경)』과 그 주석서인 용수의 『대지도론大智度論』, 같은 용수의 『중론』과 『십이문론十二門論』, 용수의 제자인 제바提婆(3세기)의 『백론百論』이 있다. 『중론』, 『십이문론』, 『백론』은 '삼론三論'으로 총칭되며, 여기에 『대지도론』을 더하여 '사론四論'으로 부르는 경우도 있다.

구마라집의 편저로서의 경론

이들 중 『십이문론』의 경우는 범문과 티베트역 모두 전하지 않고 있는데, 용수 이후에 만들어진 『중론』의 개설서일 가능성이 높다. 원본의 문헌을 구마라집이 보완하였을 가능성도 지적되고 있다. 이 점은 불교사전처럼 사용된『대지도론』도 마찬가지이다. 구마라집이 번역한 경론 특히 논서는 독자적인 사상을 가지고 있으면서 설교도 뛰어났던 구마라집의 강의록의 성격을 가지고 있다.

구마라집은 한시로 응답할 수 있을 정도의 한어 실력을 가지고 있었을 뿐아니라 교양이 풍부한 제자들이 한역에 참여하였으므로 그의 번역은 중국풍의 색채를 띠게 되었다. 예를 들면 구마라집 번역의『묘법연화경妙法蓮華經』은 경전의 의도를 잘 살린 뛰어난 번역인데, 원문의 '삿다르마'(올바른 가르침)를 심오함을 표현하는 노장사상계통의 용어인 '묘妙'를 사용하여 '묘법'이라고 번역하고 있다.*

구마라집은 이와 같은 한역을 차례차례 세상에 내놓았을 뿐 아니라 아울러 먼 곳의 승려나 귀족 신자들과 편지를 주고받으며 대승불교의 의의를 강조하여 중국에서 대승의 우위를 확립시켰다. 그 밖에 경량부經量部의 입장을 위주로 하여 불교교리를 체계적으로 정리하면서 공空에 대하여도 논하고 있는 하리발마訶梨跋摩[하리바르만]의『성실론成實論』을 번역하였다. 이 책은 경전을 해석할 때의 기초 교재로 사용되었다. 다만 이『성실론』의 경우도 원문의 충실한 번역은 아니라고 생각되고 있다. 이 책은 후대에는 순수한 대승의 논서가 아니라고 하여 문제시되었다.

구마라집 제자들의 활약

후량에까지 가서 일찍이 구마라집에게 배웠던 승조僧肇(384-414?)는 현학을 불교학에 받아들였다. 그는 뛰어난 문체로『물불천론物不遷論』,『부진공론不眞空論』,『반야무지론般若無知論』,『열반무명론涅槃無名論』 등을 지어 역설적이면서

축법호는『정법화경正法華經』이라고 번역하였다.

대담한 논의를 전개하였다. 『부진공론』에서는 현상을 떠나서는 진리가 없고, 진리는 먼 곳에 있는 것이 아니라고 단언하였고, 『반야무지론』에서는 반야는 인식하는 쪽과 인식되는 쪽이라는 주객의 대립을 떠난 것이므로 반야에는 지혜는 없다고 말하고 있다. 이들은 나중에 『종본의宗本義』와 함께 묶여져 『조론肇論』으로 불리며 커다란 영향을 미치게 되었다.

『대지도론』 및 다른 책에 서문을 쓴 승예僧叡(혜예慧叡)는 석가모니를 인도에 출현한 화신으로 여기며 진리 그 자체인 형체가 없는 '법신法身'과 구별하는 설(이신설二身說)에 반대하며, 석가모니를 법신이면서 항상 사람들의 바람에 응하여 다양한 모습으로 나타나 교화·구제하는 존재라고 주장하였다. 이것은 현학과 관음보살 등을 융합한 석가모니관이다.

도안의 제자였던 혜원慧遠(334-416)은 30년 이상에 걸쳐 여산廬山(현재의 강소성)에서 나오지 않아 '여산의 혜원'으로 불렸다. 고전 교양에 풍부한 혜원은 아비다르마 연구와 선관(선정 중의 여러 관찰)을 열심히 하는 한편으로 구마라집에 대승과 다른 것들에 대해 질문하였다. 그들이 주고받은 편지는 나중에 편집되어 『대승대의장大乘大義章』이 되었다.

이 혜원은 동진 말기의 권력자였던 환현桓玄이 사문(승려)은 왕의 은혜를 입고 있으면서 왕에게 예의를 표하지 않고 부정한 생활을 하는 것은 예의에 위배된다는 이유로 원흥元興 원년(402)에 승려들을 단속하라고 명령하자 이에 반론하였다. 혜원은 부적절한 승려를 추방하는 것은 인정하면서도 승려는 사람들을 구제하는 존재로서 그들의 행동은 불충이나 불효가 아니라고 주장하여 명령을 철회시켰고, 나중에는 『사문불경왕자론沙門不敬王者論』을 찬술하였다.

혜원의 주장이 보여주는 것처럼 당시의 불교도들은 죽은 부모를 구제하는 불교는 '큰 효[大孝]'라고 하거나, 혹은 불교는 유교 이상으로 도덕적인 통치에 기여한다고 주장하는 것이 일반적이었다.

혜원은 '신멸불멸神滅不滅' 논쟁에서도 활약하였다. 인도의 초기불교에서 설한 윤회는 업의 존속을 인정하는 것이었지 윤회의 주체가 되는 무엇인가가 다시 태어난다고 하는 가르침이 아니었지만 후대에는 그에 가까운 교의를 설하는 부파도 있었다. 또한 중국에서 불교를 비판한 사람들은 전통사상에 기초하여 윤회설을 부정하고 '신神'(＝정신)은 육체와 일체이므로 죽어서 육체가 없어지면 정신도 없어진다고 주장하였다. 때문에 이에 대해 반론하는 승려나 재가신자들은 '신불멸'을 주장하게 되었다.

혜원은 『형진신불멸편形盡神不滅篇』과 『삼보론三報論』을 지어 정신의 불멸을 강조하고, 정신이 불멸이기 때문에 비로소 몸[신身]·입[구口]·생각[의意]의 행위가 가져오는 업(삼업三業)이 사라지지 않고 과보가 있다고 하였다. 또한 과보에는 현세에서 바로 과보가 있는 경우, 내세에 과보가 있는 경우, 그 이후의 생애에 과보가 있는 경우의 세 종류가 있다고 이야기하였다. 이에 따라 착한 사람이 일찍 죽고 악인이 잘 사는 사례를 설명할 수 있다고 하였다.

혜원은 승속의 동료들을 권유하여 후에 백련사白蓮社로 불리게 되는 염불결사를 조직하고 원흥 원년(402)에 여산 산속의 반야대 아미타불상 앞에서 함께 청정하게 수행하여 서방 극락에 왕생할 것을 서원하였다. 이 때문에 혜원은 후대에 정토신앙의 시조로 받들어지게 되었다. 하지만 혜원 당시의 염불은 '나무아미타불'을 외우는 것이 아니라 『반주삼매경』 등의 내용에 기초하여 아미타불을 마음속으로 그려내는 관상觀想을 실천하는 것이었다.

이와 같이 구마라집의 직접·간접 제자들이 활약하였는데, 그들은 한편으로 다른 외국 승려의 제자들과 충돌을 일으키기도 하였다. 북인도 출신으로 해로를 통해 산동반도에 온 선정과 계율에 정통했던 불타발타라佛陀跋陀羅[각현覺賢](359-429)는 구마라집의 소문을 듣고 홍시 10년(408)에 장안에 가서 종종 구마라집과 만나 이야기를 나누었다. 그런데 구마라집이 죽고 난후 그 제자들과 계율을 엄격하게 지키는 불타발타라 제자들 사이에 대립이 생겨 배척되었다. 이 때문에 그는 혜원에 의지하여 여산으로 갔고 이후에 동진의 수도 건강에서 활약하게 되었다.

불타발타라가 의희義熙 14년(418)부터 영초永初 원년(420)에 걸쳐 사람들에게 여래의 지혜가 침투되어 있다고 이야기하는 「성기품性起品」을 포함하고 있는 『화엄경』과 사람들은 번뇌에 덮여 있어도 몸속에 부처를 품고 있다고 이야기하는 『여래장경』 등을 번역하고 있는 것으로 볼 때 그는 '유有'의 측면을 중시하고 있었던 것으로 생각된다. 바로 이 때문에 반야경전과 『중론』을 중시하면서 '공空'의 사상을 강조하고 있던 구마라집의 제자들과 의견이 맞지 않았던 것이 아닌가 한다. 또한 계율 측면의 대립도 있었다고 생각된다.

4. 『열반경』의 충격

'불성'의 탄생

이 시기에는 인도로 향하는 중국 승려들도 늘어났다. 그 대표적 인물은 60세의 몸으로 융안隆安 3년(399)에 보운寶雲 등의 동료와 함께 인도로 향한 법현法顯(337-422)이었다. 법현은 여러 경전들, 특히 계율을 구하러 인도 여러 나라들을 돌아다닌 끝에 『대반니원경大般泥洹經』과 대중부의 『마하승기율摩訶僧祇律』 등의 범본을 구하였다. 이후 다시 스리랑카에서 2년간 체재하면서 화지부化地部의 『오분율五分律』과 법장부의 『장아함경』 등을 얻어서 의희 9년(413)에 해로로 청주青州(현재의 산동성)에 도착하였다.

법현은 장안으로 돌아가지 않고 동진의 수도 건강으로 가서 불타발타라와 함께 『마하승기율』을 한역하고, 대승 『열반경』의 초기 성립 부분으로 계율의 수호와 실천을 강조하는 『대반니원경』을 번역하였다. 법현은 또한 『불국기佛國記』라고도 불리는 『자기유천축사自記遊天竺事』를 지어 인도와 스리랑카 불교에 관한 상세한 기록을 남겼다. 이러한 불교의 견문기는 인도에는 전하지 않고 있다.

법현은 『대반니원경』을 번역할 때 모든 사람은 누구나 '붓다다투'를 가지고 있다고 하는 부분을 '일체중생개유불성一切衆生皆有佛性'(일체 중생은 모두 불성을 가지고 있다)으로 번역하였다. 앞 장에서 이야기한 것처럼 이 '붓다다투'는 본래 부처의 본질이나 원인을 의미하며, 나아가 부처의 뼈, 즉 불사리의 이미지도 갖고 있는 것인데, '불계佛界'나 '불골佛骨' 등으로 번역하지 않고 하늘에서 주어졌다는 의미가 강한 '성性'이라는 말로 치환하여 '불성'이라고 번역한 것이다.

중국에서는 맹자의 성선설과 순자의 성악설 논쟁이 고대부터 있었고, 이 시기에는 『논어』 「양화陽貨」편의 '성性은 서로 가깝고, 습習은 서로 멀다'(천성은 서로 비슷하지만 습관은 사람에 따라 다르다)는 구절에 대한 해석이나 청담에서의 인물비평 등이 활발하여 '성'이라는 말이 지식인들에게 익숙하였던 것으로 보인다.

법현이 번역한 『대반니원경』은 '불성'이라는 표현을 사용함으로써 모든 사람이 부처가 되는 천성을 가지고 있다고 하는 인간관을 드러내었다. 즉, 불성설은 중국사상으로서의 측면을 가지는 것으로서, 바로 그렇기 때문에 이후의 중국 불교, 나아가 동아시아 불교 전체의 주류로 되었던 것이다. 더욱이 『대반니원경』은 한편으로는 부처가 될 수 없는 최악의 이찬티카[일천제一闡提]가 있다고도 이야기하는 등 종교적 긴장감이 가득한데, 이 때문에 공의 사상에 익숙한 청담을 즐겼던 사람들에게 충격을 주었다.

담무참역의 『열반경』

대승 『열반경』의 번역과 유포를 염원하고 있던 인물은 담무참曇無讖(385-433)이었다. 담무참은 중인도에서 태어났고, 처음에는 부파불교를 배우다가 백발의 선사로부터 나무껍질에 쓰인 『열반경』을 받고 대승으로 전향하였다. 백발의 선사는 재가의 수행자였을 가능성이 있다.

담무참은 후량에서 자립하여 북량北涼의 황제가 되어 돈황을 포함한 하서 지역 전체를 지배하고 있던 흉노 출신 저거몽손沮渠蒙遜에 존중되어 그의 보호를 받으며 역경을 하게 되었다. 담무참은 대승의 『열반경』에 더하여 『금광명경』도 번역하였다. 『금광명경』은 참회멸죄의 효과를 강조하여, 참회의례인 참법이 유행하는 원인이 되었을 뿐 아니라 이 경전을 받들고 공양하는 국왕·인민·국토를 사천왕이 수호하여 편안하게 한다고 설하여서 동아시아 여러 나라에서 존중되었다.

담무참이 『열반경』의 한역을 시작한 것은 법현보다 앞섰지만 입수한 범본이 앞부분뿐이었으므로 호탄에 가서 뒷부분을 구하느라 법현역보다 늦게 40권으로 번역되었다. 이 번역에서는 원문과 대응하지 않는 부분에서도 '불성'이라는 말을 많이 사용하고 있다. 이 때문에 담무참에 의해 번역된 『열반경』은 '일체중생실유불성一切衆生悉有佛性'(일체의 중생이 모두다 불성을 가지고 있다)이라는 유명한 구절을 통해 이후의 동아시아 불교의 기조가 되었다.

보살계의 번역

담무참은 보살계(제1장 제4절 참조)에도 힘을 쏟았다. 『유가론』 중에서 보살계를 설한 부분을 포함하고 있는 「보살지菩薩地」 부분을 『보살지지경菩薩地持經』으로 번역하여 유포하는 데 노력하였고, 대승이 재가신자를 위한 『우바새계경優婆塞戒經』도 번역하였다. 담무참은 보살계를 받고자 간청하는 제자 도진道進에게 엄격한 참회를 요구하였다. 도진이 3년 후에 명상 중에 보살들을 이끌고 온 석가모니로부터 계를 받고 이를 담무참에게 보고하러 갔는데, 담무참은 도진이 말하기 전에 이미 그것을 알고서 증인이 되어주었다고 한다.

이후로 보살계는 도진에 의해 확산되었다. 전통적인 수계에서는 3사師 7증證이라고 하여 열 명의 정식 승려가 필요하였지만, 후대 중국에서 보살계는 받들어 지킬 것을 스스로 맹세하고 석가모니로부터 받는 것으로서 '자서수계自誓受戒'라고 불렸다. 더욱이 수계하기 위해서는 죄업을 없애기 위한 엄격한 회과悔過(=참회)가 요구되었고, 명상이나 꿈속에 석가모니나 다른 불보살이 나타나는 등의 '호상好相'(신비한 징표)이 필요하였다.

도생道生의 논쟁

여산 혜원의 제자로 구마라집에게 사사한 도생은 일천제는 성불할 수 없다고 하는 법현 번역의 『대반니원경』이 장안에 전해졌을 때 일천제도 성불할 수 있어야 한다고 주장하였다가 경전에 어긋난다고 배척되어 강남으로 돌아왔다. 후에 담무참이 번역한 『열반경』이 장안에 전해지면서 일천제에게도 성불의 가능성이 인정되었기 때문에 재평가되었다.

도생은 승조와 마찬가지로 현학의 용어를 많이 사용하였고, 궁극적인 깨달음의 세계를 중국풍으로 '이理'라고 칭하였다. 다만 일체의 구별이 없는 궁극의 경지여야 할 '이'를 단계적으로 깨달아 가는 것은 불합리하므로 깨달을 때에는 '돈오頓悟'(한 번에 깨달음)하여야 한다고 하여 『돈오성불의頓悟成佛義』를 지었다.

이에 대해서 구마라집의 제자 중 한 사람으로 강남 불교의 지도자였던 도량사道場寺의 혜관慧觀이 단계적인 깨달음인 '점오漸悟'를 주장하며 반론하였다. 이후 승려와 재가 지식인들이 돈오와 점오를 둘러싸고 활발한 논쟁을 벌였다. 도생은 '법신에는 형체가 없으므로 정토가 없다'는 등의 독자적인 이론을 전개하였고, 구마라집에 의해 중국풍으로 번역된 경전을 더욱 중국풍으로 해석하였다.

이 무렵부터 학승들 사이에서 다양한 성격의 부처와 다양한 가르침이 설해지고 있는 여러 경전들을 어떻게 분류하고 위치 지을 지가 문제로 대두되었다. 중국에는 성립 시기와 계통이 다른 대승·소승의 경전과 논서들이 단기간에 한꺼번에 전해졌는데, 중국은 역사서의 나라였으므로 경전이 설해진 순서, 연대, 의도 등을 애매한 상태로 두는 것은 있을 수 없었다.

그 때문에 도생은 (1)재가신자를 위한 「선정법륜善淨法輪」, (2)상대에 맞추어 삼승을 설한 「방편법륜方便法輪」, (3)성숙한 자들에게 진실을 밝힌 『법화경』의 「진실법륜眞實法輪」, (4)열반 직전에 여래상주와 불성을 설한 『열반경』의 「무여법륜無餘法輪」의 네 가지 분류를 이야기하였다. 이와 같이 다양한 가르침을 분류·정리하는 것을 '교판敎判'[교상판석敎相判釋]이라고 한다.

교판의 유행

이에 대하여 혜관은 두 종류의 교판을 제시하였다. 한 가지는 석가모니가 깨달은 직후에 그 깨달음의 내용을 그대로 설한 『화엄경』의 돈교頓敎와 녹야원에서 설한 사제의 가르침부터 열반 직전에 설한 『열반경』에 이를 때까지의 단계적 가르침인 점교漸敎의 둘로 구분하는 것이었다.

다른 한 가지는 그 점교를 (1)삼승 각각의 사람에 맞추어 다른 가르침을 설한 '삼승별교三乘別敎' (2)삼승의 사람들에게 동일한 반야사상을 설한 '삼승통교三乘通敎' (3)『유마경』과 같이 소승을 비판하고 대승을 선양하는 '억양교抑揚敎' (4)모든 가르침이 다 같이 『법화경』의 일승으로 귀결된다고 하는 '동귀교同歸敎' (5)여래상주를 분명하게 밝힌 『열반경』의 '상주교常住敎' 등 다섯으로 분류하는 것이다.

이후에 다양한 교판들이 제시되었는데, 『승만경』의 경우는 그때까지의 경전들과 내용이 중복되는 점과 다른 점이 있어서 위치 짓기 어려웠기 때문에 돈교도 아니고 점교도 아닌 '부정교不定敎'로 위치 지어졌다. 또한 설하는 방식의 차이 등에 의한 교판들도 주장되었다.

사령운謝靈運의 자연관

혜원 및 도생의 영향을 받은 대표적 인물이 남조 귀족의 명가인 사謝씨 출신으로 당시의 대표적 문인이었던 사령운謝靈運(385-433)이었다. 사령운은 혜관·혜엄慧嚴 등의 학승과 함께 법현 번역의 『대반니원경』과 담무참 번역의 『열반경』을 재편집한 『열반경』 36권(남본南本)을 완성하였는데, 강남에서는 이 책이 널리 읽혔다.

사령운은 『변종론辯宗論』을 지어 인도의 불교는 무한한 수행을 쌓아 성인이 되는 것인 반면 중국의 유교는 열심히 노력하여도 성인에 가까운 경지에 이르는 것에 불과하다고 하였다. 그러고 나서 돈오를 설한 도생의 '일극一極의 이理' 사상이야말로 양자를 절충할 수 있다고 하여 중국 승려 도생의 설을 인도의 경론 이상으로 높게 평가하였다. 이것은 중국 불교의 우월성을 이야기한 초기의 사례이다.

사령운은 불교 용어를 사용하여 한시를 짓고, 불교적 분위기에서 자연의 아름다움을 묘사한 산수문학을 창안하였다. 예를 들면 '등석실반승시登石室飯僧詩'(석실에 올라 승려에게 식사를 공양하는 시)에서는 '청소양부연淸霄揚浮煙 공림향법고空林響法鼓'(맑은 하늘에 덧없이 연기 올라가고 인기척 없는 숲에 절의 북소리 울린다)라고 읊고 있다. 사령운의 이러한 작품은 자연을 유교 도덕의 관점에서 파악하여 훈계의 재료로 묘사해온 종래의 한시 전통을 바꾸는 계기가 되었다.

3

폐불과 부흥

3 폐불과 부흥

중국에서 불교가 융성하게 됨에 따라 유교 측의 비판도 강화되었다. 유교 측은 자신들을 전설적인 하 왕조 이래의 문화를 유지해온 '중화'라 하고 주변 나라들을 '이적夷狄'(야만인)으로 보는 전통적인 '하夏·화華'와 '이夷'의 구별을 인도에도 적용하여, 이적의 가르침인 불교를 채용해서는 안 된다고 주장하였다. 남조에서는 고전에 대한 교양을 가지고 있던 불교 신자의 일부까지도 인도 습속의 채용에 반대하였다. 그러한 자세를 견지하게 되면 교리의 면에서도 중국풍의 불교가 형성되는 것은 당연하다고 할 수 있다.

불교의 경쟁 상대인 도교가 불교의 영향을 받으며 세력을 키워가면서 불교에 대한 비난이 더욱 격렬해졌고, 북위에서는 폐불이 실행되기에 이르렀다. 그 충격이 매우 커서, 폐불이 끝나자 불교 측은 불교 통제를 비판하는 한편 중국인의 요망을 반영한 의경들을 속속 만들어냈다. 수도 낙양에서는 장대한 사원이 계속 건립되고, 불교의 축일에는 성대한 행사가 거행되었다.

또한 이 시기에는 유식과 여래장사상을 설하는 경론이 차례로 번역되어 마음에 대한 탐구가 한층 발전되었다. 유교에서는 배려심 풍부한 인의 마음, 부모에 대한 효의 마음, 군주에 대한 충의의 마음 등이 중시되었지만, 마음 그 자체에 관한 상세한 논의는 행해지지 않았다. 노장사상에서는 유교의 그러한 마음은 작위적인 것으로 자연에 반한다고 비판하였지만, 그 경우에도 마음에 대한 분석은 하지 않았다.

거기에 불교가 정밀한 마음의 분석을 들여와 스스로의 번뇌와 집착에 대해 인식하게 했다. 또한 한편으로 번뇌 속에 있는 더럽혀지지 않은 '자성청정심自性淸淨心'이라는 새로운 개념도 가져와 주목을 끌었다. 본 장에서는 북위의 폐불과 그 후의 부흥 시기의 중국 불교에 대하여 살펴본다.

1. 반발의 고조

동진에서 유송劉宋으로

동진이 도교인 오두미도五斗米道 신도들의 반란으로 붕괴하자 승려 혜의惠義와 그 동료들의 지원을 받은 무인 유유劉裕가 영초 원년(420)에 송(＝유송)을 건국하고 무제(재위 420-422)로 즉위하였다. 그 무제를 비롯하여 유송의 역대 황제들은 불교를 신앙하였다. 특히 제3대의 문제는 원가元嘉 원년(414)에 광주廣州에 들어온 구나발마求那跋摩[구나바르만](367?-432)와 원가 12년(435)에 건강에 도착한 구나발타라求那跋陀羅[구나바드라](394-468) 등의 인도 승려를 초빙하여 특별히 우대하였다.

대승의 승려인 구나발마는 재회 때에 육식을 그만둘 수 없는 것을 염려한 문제에게 '도는 마음에 있지 현상에 있지 않다'고 단언하며, 천하를 다스리며 무익한 살생이나 과중한 노역을 줄이는 것이야말로 제왕의 역할이고, 고기 요리를 피하는 일 같은 것은 작은 일에 불과하다고 이야기하여 문제를 기쁘게 하였다. 구나발타라는 여래장사상 경전인『승만경』, 여래장사상과 유식설을 결합한 4권본『능가경』등을 번역하여 이후의 중국 불교, 특히 선종에 커다란 영향을 미쳤다.

　법현과 함께 인도에 건너갔다 귀국한 보운寶雲(375?-449?)은 유송 초기에 인도의 대표적 부처전기인 아슈바고샤의『붓다차리타』를 아름다운 문장의『불소행찬佛所行讚』으로 번역하였다. 이 책을 담무참의 번역이라고 하는 경우도 있는데, 이는 잘못이다.『불소행찬』에서는 출가를 원하는 석가모니를 단념시키려 하는 부왕의 명령으로 아름다운 기녀들이 태자를 유혹하는 장면을 비롯한 원문에 많이 나오는 농염한 표현들을 소극적으로 번역하고 있지만 그래도 상당히 관능적인 묘사들이 보이고 있다.

　동진 시기에 번역된『화엄경』「입법계품入法界品」에도 아름다운 아가씨가 태자에게 열렬하게 구애하는 장면이 들어 있는 등 불교 경전에는 젊은 남녀의 연애담과ㅡ인도에서는 일반적인ㅡ성적인 묘사가 자주 보이고 있다. 이들은 유교 도덕에 의한 제약이 엄격했던 중국에서 연애문학이 발전되는 하나의 계기가 되었다.

인도 풍습에의 반발

이 시기에는 왕족과 귀족들이 경쟁적으로 화려한 사원을 잇따라 건립하며 민중을 동원하였으므로 유교 측의 반발이 강하였다. 비판자들은 불교가 나라의 정치와 재정의 장애물이 되고 있음을 강조하고, 과거·현재·미래가 있어 행위로 생겨난 업에는 반드시 응보가 있다고 하는 '삼세업보설'은 옳지 않다고 비판하면서, 이적의 가르침인 불교를 채용하여서는 안 된다고 주장하였다. 그뿐 아니라 불교신자 중에도 당시의 불교의 모습을 비판하거나 인도 불교의 습관을 그대로 도입하는 것에 반대하는 사람들이 있었다.

유송의 중신인 범태范泰(355-428)는 자신의 광대한 저택 안에 산수가 아름다운 기원사祇洹寺를 짓고, 혜의를 주지로 삼아 활동하게 하였다. 그러나 혜의 등이 계율의 내용대로 행동하여 인도풍으로 쭈그리고 앉아서[踞坐] 음식을 손으로 집어먹는 것을 보고 크게 반대하였다. 범태는 성인의 가르침은 나라와 상황에 맞게 변하는 것이므로 계율도 마찬가지로 중국에서는 쭈그리고 앉아 먹는 것은 인정할 수 없다고 하였다. 또 계율은 깨달음에 이르기 위한 방편에 불과하며 도에 이르면 계율은 없애도 괜찮다고 주장하였다.

실제로 중국 불교는 남조와 북조 모두 인도풍 승려들의 생활양식을 전면적으로 채용하지는 않았다. 예를 들면 인도에서는 계단戒壇 등을 정화할 때 소똥을 늘인 것을 사용하였지만 중국에서는 물론 이를 사용하지 않았고, 경전을 번역할 때에도 '향니香泥' 등으로 애매하게 표현하였다.

이하夷夏 논쟁과 도교

이러한 중에 원가 12년(435)에 혜림慧琳(생몰년 미상)이 승려의 신분으로『균선론均善論』[백흑론白黑論]을 지어 당시 불교의 문제점을 지적하였다. 그러자 역학曆學의 학자로 유명한 하승천何承天(370-447)이 찬동하여『석균선론釋均善論』을 지었다. 그는 외래의 불교가 이야기하는 '자비와 보시'가 중국의 가르침과 다르지 않다고 인정하면서도 성질이 맑고 화목하며 인의仁義의 마음을 가지고 있는 중화와 거칠고 욕심이 많은 이적은 사람의 성질이 다르다고 하고, 바로 그렇기 때문에 불교가 오계를 제정한 것이라고 하였다.

이에 대하여 사령운에 버금가는 유명한 문인이었던 안연지顔延之(384-456)가 『정고庭誥』를 지어 반론하였다. 그는 보편적인 진리는 외국이나 중화나 다르지 않다고 하면서 사람의 본성에 내외의 구별은 없다고 단언하였다. 이것은 화이를 구별하며 유교 문화를 자랑해온 중국사상사에서 획기적인 발언이었다.

은사인 종병宗炳(375-443)도 하승천에게 『답하형양석난백흑론答何衡陽釋難白黑論』을 보내 반론하였다. 불교의 심원한 가르침을 믿는 이상 인도의 사람들도 맑고 화목한 기운과 인의의 마음을 가지고 있다고 이야기하였다. 산수시의 초기 대표자인 사령운과 마찬가지로 그림을 잘 그렸던 종병 역시 산수를 좋아하여 초기 산수화가의 한 사람이 되었다. 우아하고 귀족적인 강남 불교는 이러한 예술을 발전시켰다.

유송 말기에는 도교 측에서도 이 논쟁에 참여하여 도사인 고환顧歡(420경-438 이후)이 『이하론夷夏論』을 지었다. 강남의 도교인 오두미도는 반란을 염려한 조정의 경계를 받아 불교보다 열세였지만, 육수정陸修靜(406-477)이 개혁하여 '천사도天師道'를 칭할 무렵부터 점차 세력이 커져갔다. 이 시기의 천사도는 '대승'을 자처하면서 불교를 크게 받아들여 경전·의례·제도를 정비하면서 본격적인 도교의 모습을 갖추었다.

다만 생로병사를 모두 '고'로 보고 연기를 설한 불교와 달리 도교에서는 노병사만을 싫어하였고, 불로장생을 원하며 전통적인 '기氣'의 사상을 중시하는 등 기본적인 부분은 양보하지 않았다. 한편 호흡법과 참회의 방식 등의 면에서는 역으로 도교가 불교에 영향을 미치기도 하였다.

2. 북위의 폐불과 의경擬經

태무제의 폐불

동진 말에서 유송으로 넘어가는 5세기 전반에 화북에서는 선비족의 탁발拓跋씨가 건립한 북위北魏가 세력을 키워갔다. 제3대의 태무제太武帝(재위 423-452)는 북량을 멸망시키고 다시 태연太延 5년(439)에 화북을 통일하여 5호 16국 시대를 종결시켰다. 이로써 화북의 북위와 화남의 유송이 대립하는 남북조 시대가 시작되었다.

태무제는 담무참의 제자로 서역에서 온 사현師賢(생몰년 미상)을 비롯한 저명한 승려들을 수도 평성平城(현재의 산서성 대동大同시)으로 불러 우대하였다. 이 때문에 사현은 '황제가 현명하고 불교를 좋아하시니, 곧 현재의 여래에 다름 아니다. 사문들은 황제에게 예를 다해야 할 것이다'라고 주장하였다고 한다.

그러나 태무제는 한화정책을 추진하면서 한족 재상 최호崔浩를 중용하였다. 또한 불교의 영향이 강한 새로운 도교인 신천사도新天師道를 창시하고 태무제를 태평세대를 실현한 '진군眞君'과 동일시하여 권위를 부여한 구겸지寇謙之(365-448)를 존중하여 마침내는 구겸지를 국사國師로 하고 도교를 국교로 하였다. 440년에는 연호를 태평진군으로 바꾸기에 이르렀다.

태무제는 태평진군 7년(448), 반란을 진압하기 위해 장안에 갔을 때 승려들이 음주 등을 탐닉하고, 또 사원에서 대량의 무기가 발견된 것 등을 이유로 하여 폐불의 조서를 내리고, '호신胡神'의 신앙을 없애기 위하여 사원·불상·경론을 파괴하고 승려는 모두 구덩이에 묻으라고 명령하였다. 불교에 우호적인 왕족들의 저항으로 완전하게는 실행되지 않았지만 많은 승려가 피살되고 불교는 사회의 표면에서 거의 모습을 감추게 되었다.

그러나 정평正平 2년(452)에 태무제가 피살되고 문성제文成帝가 즉위하자 곧 불교 부흥의 조서가 반포되었다. 사찰을 각 주에 하나만 인정하고, 숫자를 제한하여 출가를 허락하였다. 사현이 도인통道人統이라는 최상위의 승관에 임명되었다. 이어서 사문통沙門統으로 개명된 승관에 담요曇曜(생몰년 미상)가 임명되어 불교 부흥을 위한 활동을 추진하였다.

담요는 석가모니 이래 불법이 계승된 경위를 기록한 『부법장인연전付法藏因緣傳』을 지어 법의 전승의 중요성을 강조하였다. 또한 화평和平 원년(460)에 운강雲崗(현 산서성)에 석굴사원을 조영하기 시작하여 절벽을 깎아 거대한 다섯 구의 대불을 조성하였다. 이때 네 구의 불상은 초대부터 제4대까지의 북위 황제의 얼굴로 하였고, 남은 한 구인 교각의 미륵보살상은 당시 황제인 효문제孝文帝의 모습으로 하였다. 황제와 여래를 동일시함으로써 불교를 보전하고자 하였던 것이다.

의경擬經의 작성

불교가 부흥되기 시작할 무렵에는 폐불이 일어난 것은 승려들의 파계와 교단의 타락도 하나의 원인이었다고 하는 반성이 생겨났다. 그러한 가운데 승려들에 의해 의경들이 작성되었다. 이러한 의경들은 폐불로 인해 사라진 경전을 보충하는 역할도 하였던 것으로 생각된다.

먼저 담요가 작성하였다고 하는 의경 『정도삼매경淨度三昧經』은 불교의 선행은 장수와 번영, 출세 등을 가져온다고 하고, 부처가 가르침을 마친 후 하늘로 날아가고, 기뻐하는 국왕과 신하들도 하늘로 날아올랐다고 하는 등 중국풍의 내용으로 되어 있다. 다만 부처가 스스로 "부처는 실제로 사람을 구원하지 않는다. 사람이 스스로 구원할 뿐이다."라고 이야기하고, 각자가 부처의 가르침과 계에 따라 실천할 때에 비로소 구원된다고 하는 등 흥미로운 부분들이 많다. 이러한 인간중심주의는 다른 일부 의경이나 후대의 선종에 영향을 미치게 된다.

거의 같은 시기에 담정曇靖(생몰년 미상)은 깨달은 직후의 석가모니에게 처음으로 식사를 공양하였다고 전해지는 제위提謂[트라프샤]와 파리波利[발리카]라는 상인들의 이야기에 기초하여 중국적 색채가 강한 『제위파리경提謂波利經』을 작성하였다. 불살생·불투도·불사음·불망어·불음주의 불교의 5계의 순서를 바꾸고 망어 대신에 화합을 어지럽히고 대립하게 하는 '양설兩舌'을 중시하여 이것을 계율의 마지막에 두었다. 또한 5계를 오행사상의 5방(동서남북과 중앙)에 배당하였다. 전대에 행해졌던 격의를 보다 민중적으로 활용한 것이다.

또한 장수를 위한 '부符'(부적)을 몸에 지니고자 한다면 불교의 삼승의 가르침이 바로 그것이라고 하고, 몸 안의 오장에 사는 각각의 신의 모습을 생각하는 도교의 명상법을 불교풍으로 바꾼 것 같은 관상 방식을 설하며, 나쁜 일을 행한 사람은 태산泰山의 지하에 있는 지옥에서 업보를 받는다고 하는 등 도교에 친숙한 북위의 민중을 불교로 끌어들이려고 궁리하여 작성되었다.

『제위파리경』에서는 또한 재일을 지키면 귀신의 재앙에서 벗어날 수 있다고 하고, 참회하고 계의 실천을 맹세함으로써 장수나 다양한 복, 나아가서는 열반을 얻을 수 있음을 도교풍의 표현으로 설하고 있다. 이 경의 인기는 매우 높아서 서민층에 퍼졌을 뿐 아니라 많은 저명한 승려들도 진경(진짜 경전)으로 활용하였다. 이 경은 점차 내용이 확대되어 도교에까지 영향을 미쳤다.

호국을 설하는 의경

폐불을 계기로 하여 생겨난 의경 중에 교리면에서 후대의 불교에 커다란 영향을 미친 대표적인 것으로 구마라집의 번역을 자처한 『인왕반야경仁王般若經』을 들 수 있다. 상권에서는 반야와 보살에 관한 여러 경전의 설명을 초록하면서 이 경을 수지하면 호국의 공덕이 있다고 설하고, 하권에서는 국왕과 대신 등이 신분을 이용하여 불교를 통제하는 것을 엄하게 비판하는 동시에 이 경을 독송하면 백 가지 귀신이 그 왕의 국토를 지켜준다고 도교 용어를 섞어가며 강조하고 있다.

『인왕반야경』은 불교 통제를 비판하는 부분은 무시되고, 호국 경전으로서 동아시아 나라들에서 활용되었다. 이 경은 여러 경전에 보이는 다양한 보살 수행의 단계를 정리하여 '십신十信 → 십지十止 → 십견十堅'이라는 '30심心'을 설하고 있다. 인도의 경전에서는 『십지경』과 같이 초지初地에서 십지十地까지의 보살의 수행단계를 차례대로 설하는 것도 있지만 다양한 수행이나 능력을 열 가지 열거하는 데 그치고 있는 것들도 많다. 그러나 관리의 위계제도가 발달한 중국에서는 여러 경전의 다양한 기술을 정리하여 여래를 정점으로 하는 상세한 계위설을 확립할 필요가 있었을 것이다. 경전을 해석할 때에도 이 보살은 어느 계위에 있는가 하는 것이 활발하게 논의되고 있다.

보살계와 효

담무참 등이 보살계를 중시하였음은 이미 앞 장에서 이야기하였는데, 이 시기의 의경 중에서 또 한 가지 중요한 종류는 그와 같은 보살계 경전들이다. 폐불의 기억이 남아 있던 5세기 중엽을 조금 지난 시기에 역시 구마라집의 번역이라고 자처하는『범망경梵網經』이 나타났다. 점차 동아시아 보살계의 주류로 자리 잡아간 이 경은 담무참이 번역한『열반경』,『보살지지경』등에 제시된 보살계에 기초하면서 여러 경전과 율 문헌에 보이는 죄에 관한 기술을 '14중重·48경輕'계戒의 형태로 정리하고, 출가와 재가에 공통되는 보살의 마음 자세에 대하여 설하고 있다.

　『범망경』은 부모를 섬기는 것이 효이고, 효는 부모에 순종하는 것이라고 하는 유교의 상식을 따라 '효순孝順'이야말로 최고의 법인 보살계라고 이야기하고 있다. 권력자에 의한 불교 통제를 엄하게 비판하고, 계본戒本(보살계의 조항)을 설한 하권이 먼저 화북에서 작성되고, 이후에 이 보살계는 석가모니가 노사나불의 깨달음의 경지에 있으면서 설했다고 하는 상권이 별도로 추가되어 만들어진 것으로 보인다. 상권에서는『화엄경』에서 별도로 설해지고 있는 십주十住·십행十行·십회향十廻向·십지十地 등의 수행의 내용을,

이 순서대로 승진하는 보살의 수행단계로 이야기하고 있다.

『범망경』에서는 주존인 노사나불이 석가모니에 대하여 자신의 변화신이라고 이야기하고 있다. 이 때문에 중국 불교에서는 후대에 법신인 비로자나불, 보신인 노사나불, 화신인 석가모니라고 하는 세 종류의 불신佛身[삼신三身]의 구별이 설해지게 되었다.

『인왕반야경』과 『범망경』을 의식하면서 5세기 말경에 『보살영락본업경菩薩瓔珞本業經』이 작성되었다. 이 경은 십주十住(습종성習種性)·십행十行(성종성性種性)·십회향十廻向(도종성道種性)·십지十地(성종성聖種性)·등각等覺(등각성)·묘각妙覺(묘각성)으로 구성된 '42현성賢聖'의 계위를 설하고 있다. 천태종을 확립한 천태지의天台智顗(538-597)가 이들 의경에 기초하여 새롭게 '십신·십주·십행·십회향·십지·등각·묘각'의 '52위'를 확립하였고, 이것이 중국에서의 보살 계위설의 표준이 되었다. 『인왕경』, 『범망경』, 『영락경』은 어느 시대에나 진경으로 여겨졌다.

환생에서 소생으로

이와 같이 폐불을 계기로 작성된 의경은 매우 많다. 다만 근년의 연구에 의하면 도교 등의 영향을 받아 중국에서 작성되었다고 판단되었던 의경 중에는 인도나 주변 지역에서 주술적인 민간신앙을 받아들여 작성된 경전을 음양오행사상이나 도교 등의 용어를 이용하여 번역하거나 설명을 부가한 경전들도 포함되어 있다고 한다. 백시리밀다라帛尸梨蜜多羅의 번역으로 전하는 『불설관정경佛說灌頂經』의 말미에 편입되어 있는 『관정발제과죄생사득도경灌頂拔除過罪生死得度經』도 그중의 하나이다.

이 경은 완전한 의경이 아니라 오래된 형태의 『약사경』을 중국풍으로 한역한 것일 가능성이 최근 지적되고 있다. 이 경에서 중요한 것은 범문에서는 사후의 환생으로 되어 있는 부분이 '오색신번五色神幡', '속명번續命幡', '속명신번續命神幡' 등의 깃발[번幡]을 만듦으로써 임종에서 소생한다고 번역되어 있는 점이다. 속명법이라고 불리는 이 의례는 중국과 일본에서도 활발히 행해졌다. 그런데 앞에서 이야기한 것처럼 인도에서는 사후에 보다 좋은 세계에 환생하는 것이 기대되었고, 소생하여 장수한다고 하는 이야기는 거의 없다. 또한 이 경에는 마야라자[염마왕閻魔王]가 등장하여 죽은 사람 명부의 관리를 주재한다고 되어 있는데, 이것이 후에 중국풍 지옥 이미지의 형성과 소생담의 유행에 영향을 미쳤다.

3. 부흥에서 번영으로

불상 조성의 유행

북위에서는 황제·왕족·귀족에서 관위가 없는 서민에 이르기까지 많은 사람들이 금속·돌·흙·나무·건칠 등의 다양한 재료로 크고 작은 불상을 만들었다. 금속이나 돌로 만든 불상에는 발원의 의도를 적은 명문이 새겨져 있다. 가장 많은 것은 부모나 기타 가족을 위하여 불상을 만들었다고 하는 것이다.

사후에 천상세계에 태어나 부처를 뵐 수 있기를, 혹은 서방의 안락한 불국토에 태어나 부처와 만날 수 있기를 바랄 뿐 아니라 그렇지 못한 경우에는 다시 인간세계에 태어나 왕후장상이 되기를 바라고 있다. 지옥·아귀·축생 등의 세계에는 태어난다고 하여도 곧바로 '해탈'할 수 있기를 바라는 명문도 있다.

'황제를 위하여'[봉위황제奉爲皇帝]라고 발원하는 것들도 상당히 있는데, 이러한 발원을 서두에 두고 부모 내지 칠세七世의 부모, 가까운 사람들, 나아가 일체중생의 성불을 바라는 형태로 열거하는 사례들도 많이 보인다. '황제를 위하여'를 서두에 제시한 명문은 황제 주위의 사람들이 조성한 불상 외에도 '의읍義邑'으로 불린 지역의 신앙집단이 공동으로 서원하여 만든 불상들에도 많이 보이고 있다. 그러한 의읍들은 승려에 의해 지도되었다. 즉, 승려가 불교 신앙과 황제에 대한 충의를 설하였던 것이다.

낙양 불교의 융성

태화太和 18년(494)에 북쪽의 평성에서 중국 문화의 중심인 낙양으로 천도하자 북위의 불교는 이제까지 이상으로 발전하게 되었다. 5세기 말에는 낙양과 그 주변에 1천 곳 이상의 사원이 있었다고 한다. 그 사원들은 인도나 중앙아시아의 벽돌 내지 석조 사원과 달리 중국의 목조건축 기술을 집대성한 것이었다. 정토를 의식한 정원은 봉래산 등의 신선사상의 영향을 받았다. 양현지楊衒之의 『낙양가람기洛陽伽藍記』에서는 선종의 보리달마인지 아닌지 명확하지 않지만 동명의 외국 승려가 이 정도의 장엄한 사찰은 없다고 말하며 예배하였다고 전하고 있다. 이 무렵부터 불교의 본가인 인도를 동경하면서도 인도보다 뛰어난 중국 불교의 융성함과 우수함을 자랑하는 경우가 조금씩 보이고 있다.

낙양에서는 경전의 강의가 대단히 성행하여 저명한 승려나 설법이 뛰어난 승려가 많은 사람들을 모아 강석을 열었다. 여러 사찰들은 건축의 화려함을 경쟁하였고, 불교의 축일에는 각각의 사찰에서 정밀한 기계장치로 움직이는 인형 등을 태운 거대한 산차山車*가 출발하고, 악대와 곡예의 배우들이 그것을 따라 큰 길을 줄을 지어 행진하였다. 행상行像이라고 불린 이 행사에는 매년 죽는 사람이 나올 정도로 많은 사람들이 모여들었다.

* 산차山車
축제 때의 퍼레이드에 사용하는 무대를 갖춘 수레.

보리유지·늑나마제와 지론학의 발전

영평永平 원년(508)에 낙양에 온 북인도 출신의 보리유지菩提流支[보디루치](?-527)는 『부증불감경不增不減經』, 『입능가경入楞伽經』, 『심밀해탈경深密解脫經』(현장역 『해심밀경』의 이역본)과 천친天親[세친]의 『십지경론』 등 본격적인 유식학 경론과 여래장 경전을 잇따라 번역하였다. 또한 정토교의 근본 문헌이 되는 바수반두婆藪槃頭[세친]의 『무량수경우파제사원생게無量壽經優婆提舍願生偈』(『정토론淨土論』)와 다수의 부처의 이름을 외워 멸죄와 현세 평안을 바라는 참회 경전인 『불설불명경佛說佛名經』 등도 번역하였다.

보리유지와 같은 시기에 온 늑나마제勒那摩提[라트나마티, 생몰년 미상]는 여래장사상을 집대성한 『보성론寶性論』을 번역하였다. 『보성론寶姓論』이라고 번역해야 할 것을 『보성론寶性論』이라고 번역한 것에서 알 수 있는 것처럼 이 한문 번역은 인도적인 성씨 개념인 '종성種姓[고트라]'이라는 용어를 직역하는 것을 피하고, 모든 사람이 '불성' 혹은 진리인 '진여眞如'를 가지고 있음을 강조하고 있는데, 이것이 후대의 중국 불교에 커다란 영향을 미쳤다.

보리유지와 늑나마제는 함께 『십지경十地經』의 주석인 세친의 『십지경론』

을 번역하였는데, 해석을 둘러싸고 대립하게 되어 따로 번역하였다고 전해진다. 『지론』이라고 약칭되는, 보살의 수행과 유심설에 대하여 해설하고 있는 『십지경론』은 교리를 솜씨 좋게 설명하고 있어서 환영받았다. 이 책을 이용하여 『열반경』이나 『법화경』 등의 대승경전을 해석한 북지의 승려들은 '지론사地論師'라고 불리었다.

지론사 중에서 유식설의 측면이 강했던 보리유지의 제자 도총道寵(477경-573경)의 계통을 '북도파', 여래장사상의 측면이 강했던 늑나마제의 제자 혜광慧光(468-537)의 계통을 '남도파'라고 부른다. 혜광은 법장부에서 전해지고 있던 『사분율四分律』 연구에 힘써 사분율종의 시조로도 간주되는데, 승려를 통괄하는 승통에 임명되어 광통율사光統律師라고 불렸다. 이후에도 혜광의 제자 법상法上(494-580)이 오랫동안 승통을 역임한 결과 북조에서는 남도파가 주류가 되었다.

남도파는 중요 경전의 요약집과 교리 개설서를 다수 작성하였고, 이 책들이 화북뿐 아니라 전국에 전해져 불교입문서 내지 사서로서 널리 이용되었다. 후대의 삼론종과 천태종은 지론사를 자주 비판하고 있지만, 이용할 수 있는 부분은 상식으로서 받아들였다.

보리유지의 번역서로 여겨지는 것들 중에는 그의 강의를 제자인 중국 승려가 편찬한 것으로 추측되는 『금강선론金剛仙論』과 같은 문헌들도 포함되어 있다. 『금강선론』에는 '불성진여' '불성법신' 등과 같은 특이한 표현도 사용되고 있다. 『금강선론』 이외에도 인도에서 성립된 진경과 중국에서 성립된 의경이라는 전통적 2분법으로는 실상을 파악할 수 없는 경우들이 있다. 인도 경론의 한역이라고 여겨지는 것들 중에는 인도적 요소와 중국적 요소가

뒤섞여 있는 중간적 성격의 문헌들이 다수 포함되어 있는 것이다.

『대승기신론』의 등장

그 중간적인 의경의 대표적 사례로 마명馬鳴이 짓고 화남에서 활약한 진제眞
諦삼장(499-569)이 번역한 것으로 전해져 온 『대승기신론大乘起信論』을 들 수
있다. 불교에서는 석가모니 때부터 마음을 중시하였지만, 마음에 대해서는
동요하는 것으로 보고 제어할 것이 권해졌다. 마음을 근본으로 하는 유식사
상에서도 나뉘어 활동하는 인식작용인 '식識'을 지혜[지智]로 변환시켜야 한
다고 설해지고 있다.

그런데 『대승기신론』에서는 대승이란 '중생심衆生心'(사람들의 마음)에 다
름 아니라고 단언하면서, 체體·상相·용用의 세 가지 측면에서 설명하여 근본
인 '일심一心'의 안에 언어를 초월한 진리의 측면과 흔들리며 생멸하는 측면
이 병존한다고 이야기하고 있다. 그리고 진여와 무명無明이 상호작용한다고
하여, 사람들이 본래 갖추고 있는 부처의 지혜인 '본각本覺'과 깨달음으로써
얻게 되는 지혜인 '시각始覺'은 구별되지 않는다고 하였다. 또 대승을 지향하
는 마음을 일으켜야 한다고 하고, 신심信心의 다양한 모습에 대하여 논한 후,
간편한 수행의 수단으로 아미타불을 마음속에 그리는 것을 이야기하고 있다.

이와 같이 매우 흥미로운 설들이 통합되어 이야기되고 있을 뿐 아니라
'본각'이라는 용어가 불성과 마찬가지로 대단히 중국적인 표현이었던 관계
로 『대승기신론』은 점차 중시되어 동아시아 불교의 기조가 되었다. 『대승
기신론』에 대해서는 이전의 연구에서는 역자 불명이라고 하고, 북지의 지
론사에 의한 위작이라는 설도 있었지만, 최신 연구성과에 의하면 보리유지·

늘나마제의 특색 있는 번역어가 다수 사용되고 있고, 화북에서 번역된 여러 경론의 필요한 부분을 따다가 중국풍으로 해석하여 활용하고 있는 것을 근거로 남도파의 교리가 확립되기 전에 보리유지 주변의 중국 승려가 정리한 것으로 추정되고 있다.

도교에서 정토사상으로

보리유지의 영향을 받은 많은 중국 승려들 중에 담란曇鸞(476-542?)은 처음에는 공의 사상을 설하는 『중론』, 『십이문론』, 『백론』, 『대지도론』의 사론과 불성설을 공부하고, 여래장설을 포함하고 있는 중기 대승경전인 『대집경大集經』의 주석에도 힘쓰다가 병이 들었다. 이에 불로장생의 신선술을 배운 후에 불교를 공부하려고 생각하여 강남에 건너가 의학의 대가로 강남의 도교를 집대성한 모산파茅山派의 시조 도홍경陶弘景(456-536)에게 사사하였다. 그런데 화북으로 돌아가던 도중에 낙양에서 보리유지와 만나 불교야말로 진짜 불사의 가르침이라는 이야기를 듣고 『관무량수경觀無量壽經』을 받게 되었다. 이에 담란은 선경仙經(도교 경전)을 태워 없애고 정토교에 전념하게 되었다고 한다.

담란은 석벽산石壁山(현재의 산서성)의 현중사玄中寺에서 활약하며 아름다운 문장으로 아미타불을 찬미한 『찬아미타불게讚阿彌陀佛偈』와 『무량수경우파제사원생게』(『정토론』)의 주석서 등을 지었다. 후자는 『논주論註』라고 약칭되는데, 말법의 시대에는 아미타불의 타력에 의한 정토왕생 이외의 성불의 길은 없다고 강조하고 있다. 당시는 원하는 바에 따라 시방十方 정토 중의 한곳에 왕생할 수 있다고 하는 의경 『시방수원왕생경十方隨願往生經』이 유행하고 있었는데, 담란은 서방 왕생의 우위를 강조하였다.

　다만 『논주』는 염불의 효용을 금주禁呪(주문 구절)에 비유하여 신병神兵에 의해 지켜진다고 이야기하는 등 강남에서 활동한 갈홍葛洪의 『포박자抱朴子』와 같은 도교 경전의 영향이 강하였다.

남제의 불교

강남에서는 구마라집이 번역한 『성실론』을 교리의 기본으로 한 대승경전의 주석과 교판이 성행하였고, 한편에서는 교리의 세밀한 분류를 행하는 아비다르마 연구도 활발하였다. 교판과 관련해서는 남제의 은사였던 유규劉虯(438-495)가 주목된다. 유규는 도생의 돈오설(제2장 제4절 참조)을 계승하면서, 『열반경』과 『대품반야경』, 『소품반야경』을 강의하고 『법화경』의 주석을 지었으며, 『법화경』의 서설에 해당하는 경전으로 여겨진 『무량의경無量義經』의 서문을 썼다.

　이 서문은 진의를 파악하면 수단인 언어에 구애되지 않는다고 하는 '득의망상설得意忘象說'과 돈오를 결합하는 등 중국적 해석에 특색이 있다. 유규는 『무량의경』을 중시하여 궁극의 근본인 '일극一極'을 설한 경전으로 보고서, 진실을 보여주는 경전인 『법화경』의 앞에 두고, 『열반경』을 보족으로 간주하는 7단계의 교판설을 제시하고 있다.* 『무량의경』은 돈오설을 옹호하기 위하여 유규 자신이 만든 의경으로 생각되고 있다.

　귀족과 문인들의 불교신앙도 발전하였다. 그 대표적 인물이 남제 무제의 둘째 아들인 소자량蕭子良(460-494)이었다. 문선왕文宣王으로 불리는 소자량은 반복되는 내용이 많은 인도 경전의 중요 부분을 모은 초경抄經을 다수 작성

* 유규劉虯의 7단계 교판설
화엄(돈교頓教), 삼승별교, 삼승통교, 억양교, 『무량의경』, 『법화경』, 『열반경』(이상 점교漸教).

하였다. 또한 참회를 축으로 하는 『정주자정행법문淨住子淨行法門』을 찬술하였다. 초경과 이 책 모두 일부분밖에 전하고 있지 않지만, 내용은 단순히 경전을 요약하는 데 그치지 않고 읽기 쉽도록 문장을 고치고, 재가신자의 수계와 수행에 도움이 될 수 있는 내용으로 구성하고 있다. 이들은 의경과 공통되는 성격이라고 할 수 있는데, 후대에는 '위망僞妄'(거짓) 경전으로 판정되기도 하였다.

소자량을 비롯한 당시의 문인들은 참회를 주제로 한 한시를 많이 지었는데, 이를 통해 스스로의 마음을 관조하는 문학이 생겨나게 되었다. 경론에 설해진 마음의 분석은 그러한 측면이 약한 유교에 만족하지 못하고 있던 지식인들에게 마음의 성찰을 촉진하게 하는 계기가 되었다.

4. 남북조시대 후반기의 불교

양梁의 불교

남제 말기에 이르러 포악한 정치가 행해졌으므로 황제 일족이었던 소연蕭衍이 군대를 일으켜 천감天監 원년(502)에 양梁을 건국하고 황제[무제武帝, 재위 502-549]가 되었다. 무제는 점차 불교에 빠져들어 천감 3년(504) 석가모니의 탄생일인 4월 8일에 도교를 버리고 불교를 받든다는 조서를 반포하기에 이르렀다. 이후 중국 역사상 처음으로 불교 신앙이 두터운 황제라고 불릴 정도로 불교를 존중하였다. 이 때문에 다수의 도사들이 북지로 도망갔다고 한다.

무제는 천감 10년(511)에 '단주육문斷酒肉文'을 발표하여, 술과 고기를 끊도록 승려들에게 권유하고, 절 안에서 사천왕四天王과 가비라迦毘羅 신에게 사슴 머리와 고기를 바치는 것을 금지시켰다. 승려들은 석가모니가 삼종정육三種淨肉(제1장 제4절 참조)에 한하여 신자들이 승려에게 고기 요리를 보시하는 것을 허락하였고, 율에서도 금지되고 있지 않다고 반론하였다. 하지만 무제는 고기를 먹는 것을 금하는 『열반경』과 보살계를 중시하여야 한다고 하여 자신의 생각을 관철시켰다. 채식은 부모의 상중에는 고기를 먹지 않는 유교의 전통에 기초한 측면도 있는데, 불교에서는 재가의 독실한 신자들로부터 확산되었다.

『열반경』의 한역에서는 '불성佛性'이라는 말을 부처의 본질, 부처가 되는 근거[불인佛因], 부처로서의 특질[불과佛果] 등 다양한 의미로 사용하고 있었으므로, 학승들은 불성을 여러 종류로 분류하면서 그 해석을 둘러싸고 논쟁하였다. 무제는 천감 8년(509)에 보량寶亮에게 방대한 『대반열반경의소』를 찬술하게 하고, 스스로 서문을 지었다.

양의 3대법사

『열반경』의 강의를 잘 하였던 개선사開善寺 지장智藏(458-522), 『십지경』, 『승만경』의 강의로 유명했던 장엄사莊嚴寺 승민僧旻(467-527) 그리고 『법화경』 해석의 제일인자였던 광택사光宅寺 법운法雲(467-529) 등의 3인이 양대의 '3대법사'로 일컬어진다. 법운의 『법화의기』는 『법화경』 전체를 「서序」, 「정설正說」, 「유통流通」의 세 부분으로 나누고, 다시 그 각각을 2중 3중으로 세분하여 해석하고 있다.

3대법사와 그 제자들은 『성실론』에 대해서는 순수한 대승의 책이 아니라고 알고 있었다. 하지만 앞에서도 이야기한 것처럼 부파불교의 학문인 아비다르마에 대한 연구가 활발한 상황이었으므로, 『성실론』을 대승과 소승을 포괄하는 유익한 논서로 평가하고 존중하였다.

보살계제자황제

무제는 『범망경』을 비롯한 여러 경전들의 보살계에 관한 부분을 발췌하여 정리한 책을 편찬하고, 천감 18년(519) 4월 8일에 그 법식에 기초하여 혜약慧約으로부터 보살계를 받았다. 그리고 칙명에 의해 그 책을 서사하여 보급시켰다. 이 무렵부터 무제는 '보살계제자황제菩薩戒弟子皇帝'(보살계를 받은 불제자인 황제)를 자칭하게 되었다. 이 호칭은 후대의 황제들에게 계승되었다.

중년 이후 노년까지 무제가 마음으로 불교를 신앙하고, 여성을 멀리하고, 소박한 생활을 즐기면서 정진에 노력한 것은 사실이다. 무제는 승려 못지않은 불교지식을 가진 '보살계제자황제'인 자신이 불교계를 지도하고, 그러한 황제로서 국내 전체를 통치하는 것을 당연한 것이라고 여겼다. 불교를 통하여 양과 외교관계를 맺고 교역하였던 해외의 불교국들은 무제를 '보살천자' 등으로 칭송하는 것이 통례였다. 동남아시아의 간타리국干陀利國은 외교문서에서 무제를 '구세대비救世大悲'라고 부르고 있다. 저명한 거사居士(식견이 풍부한 재가의 불교신자)였던 부대사傅大士 등은 무제에게 보낸 편지에서 무제를 '구세보살'로 부르고 있다.

무제는 많은 사찰을 세우고 경전의 강의 법회를 열고, 자신도 가승家僧으로 불린 가정교사역의 학승들을 두고 그들의 지도를 받으면서 경전을 강의하고 주석을 지었다. 『문선文選』의 편찬자로 유명한 황태자 소명태자 소통蕭

統도 불교신앙이 독실하였고, 동태사同泰寺에서 승속을 상대로 경전 강의를 하였다. 법운은 그의 강의에 대하여 크게 칭찬하였다. 무제는 그 동태사에서 대통大通 원년(527) 이후 여러 차례 자신을 '삼보三寶의 노예'라 칭하며 사신捨身하였고, 황태자와 많은 신하들이 막대한 돈을 내어 다시 사오는 형태로 절에 보시를 하였다.

북위의 분열과 양의 멸망

화남에서 양의 무제가 불교에 지나치게 빠져서 폐해가 눈에 띄게 될 무렵, 화북에서는 강대한 불교국가였던 북위가 분열하게 되었다. 한족화된 선비족 고환高歡이 동위東魏를 건국하였고, 흉노 계통의 우문태宇文泰가 서위西魏를 세웠는데, 두 나라 모두 오래 지속되지는 못하였다. 동위에서는 고환의 차남인 고양高洋이 즉위하여 천보天保 원년(550)에 북제北齊를 세웠고, 서위에서는 건덕建德 6년(577)에 우문태의 3남인 우문각宇文覺이 북주北周를 건국하였다. 다시 북주는 동쪽으로 침공하여 북제를 멸망시키고 화북을 통일하였다.

　호족화한 한족, 혹은 한족화한 선비계 귀족 출신으로 이야기되는 후경侯景은 북방민족의 용맹한 병사들을 거느리고 동위에서 활약하다가 반란에 실패한 후 양에 투항하였다. 하지만 양에서도 반란을 일으켜 수도 건강을 함락시키고 무제를 유폐된 상태에서 죽게 하였다. 후경은 천정天正 원년(551)에 황제에 즉위하여 한漢을 세웠지만, 양의 무장인 진패선陳覇先이 다음 해에 곧바로 후경을 토벌하고 진陳을 건국하였다.

　진에서는 불교에 열심이었던 양의 무제가 불행하게 죽고 나라가 멸망한 것을 고려하여 교리에 대한 연구보다는 호국의 측면을 불교에 기대하였다.

『금광명경』과『인왕반야경』등의 호국경전에 기초한 법회를 빈번하게 개최하였다.

북제의 불교

북제 불교의 특징 중 한 가지는『화엄경』이 중시되어 강설되었으며, 그 교주인 비로자나불의 불상과 불화가 활발히 제작되었다는 것이다. 그러한 비로자나불 중에는 몸 안에 천상세계, 인간세계, 출생, 아귀, 지옥 등의 다양한 세계가 그려져 있는 것들도 있는데, 우주를 품고 있는 부처로서 존숭되었음을 알 수 있다. 제1장에서 언급한 것과 같이 이러한 상은 서역의 여러 지역에서 나타났는데, 이 시기에는 산동반도 근처에까지 확산되었다.

북제에서는 관음신앙이 활발하였다는 것도 간과할 수 없다. 관음신앙에 대해서는 동진 사부謝敷의『관세음응험전觀世音應驗傳』, 유송 유의경劉義慶의『선험기宣驗記』, 남제 육고陸杲의『계관세음응험기繫觀世音應驗記』와 같은 영험기가 일찍부터 편찬되었고, 6세기에는『고왕관세음경高王觀世音經』과『관세음삼매경觀世音三昧經』등의 의경들도 다수 작성되었다.

『고왕관세음경』은 '고왕高王'이라는 이름의 관세음의 영력을 강조하고 있는데, 고환을 관음의 화신으로 선전하기 위하여 작성된 것으로 생각되고 있다. 이 경은 점차적으로 증보·개정되었는데, 당나라 때에 위경으로 판정되기는 하였지만 이후로도 널리 존숭되었다. 현재에도 동남아시아 화교사회와 베트남 지역에서 이용되고 있다.『관세음삼매경』은 관음이 보살이라는 것에 불만을 가진 신자가 작성한 것으로 보인다. 관음은 전세에서는 정법명여래正法明如來라는 부처로 석가모니가 전세에 그 부처의 제자가 되어 섬겼다고 이야기하고 있다.

　북제시대의 경전 번역 중에서 중요한 것은 유목민족 에프탈에 의한 북인도 불교 탄압 직후에, 바로 근처 카시미르 출신인 나련제야사那連提耶舍(490-589)가 와서 천통天統 2년(566)에 말법사상을 설한 『월장경月藏經』을 번역하고, 이것이 뒤에 『대집경大集經』에 「월장분月藏分」으로 첨가된 일이다. 이 경은 석가모니의 올바른 불법이 5백 년간 행해지는 '정법'의 시대와 올바른 불법과 비슷한 가르침이 1천 년간 지속되는 '상법'의 시대가 끝나면 올바른 가르침이 1만 년 동안 매몰되는 '말법'의 시대가 된다고 설하고 있는데, 여러 천신과 선신들만이 아니라 악귀들까지도 연달아 참회를 하여 정법의 수호와 존속을 추구하라고 촉구하고 있다.

서위의 지론학

서위의 최고 권력자가 된 우문태는 독실한 불교신자였다. 그의 일족 중에는 불교의 용어로 이름을 지은 사람들도 보이고 있다. 우문태는 불성문佛性門·중생문衆生門·수도문修道門·제제문諸諦門·융문融門의 '5문門'으로 구성된 대승경전의 요문집 『보살장중경요菩薩藏衆經要』를 편찬하게 하였는데, 이 중 융문은 『유마경』, 『열반경』, 『화엄경』, 『대집경』 등에 기초하여, 다양한 존재들이 융합되어 있는 것을 드러내는 법문을 가리킨다. 융문은 지론학파가 가장 중시하였던 법문이었다.

　이 시기의 지론학파에서는 연기설이 아니라 유위연집有爲緣集·무위연집無爲緣集·자체연집自體緣集이라는 세 가지의 연집설緣集說을 주장하고 있었다. 연기의 원어는 '프라티트야삼우트파다patītyasamutpāda'인데, 이 중 프라티트야는 '~에 의하여[緣]', 삼은 '모여서, 함께', 우트파다는 '일어나는[起] 것'을 의미한다. 전체적으로 원인·결과의 연쇄를 나타내는 것인데, 지론학파는 '법[존재]은 연[緣]에 의하여 모인다[集]'라는 의미로 '연집'이라는 말을 자주 사용하였던 것이다.

유위연집이란 윤회를 가져오는 연기이고, 무위연집은 열반의 경지에 이르는 연기이며, 자체연집은 여래장을 다양한 사물과 현상의 근원으로 보면서, 마치 물이 변화하여 파도가 되는 것처럼, 생사의 반복인 윤회와 거기에서 벗어나는 열반, 나아가 일체의 사물과 현상들을 모두 여래장·진여불성·법계체성法界體性 등으로 불리는 본성이 연에 의해 변화된 것으로 보는 것이다. 이것이 나중에 '여래장연기'로 불리는 사상인데, 모이고 흩어짐을 통하여 기체로도, 액체로도, 고체로도 변하는 '기氣'사상의 영향이 보인다.

여기에서 중요한 것은 '본체[體]와 그 본체 자체의 작용[用]으로서 본체와 불가분의 관계에 있는 현상'이라는 도식으로 표현되는 '체용론'이 근저에 자리 잡고 있다는 것이다. 이것은 수행의 근거로 여겨진 여래장이나 불성의 사상이 다양한 현상을 설명하기 위한 이론으로 전환된 것을 의미한다. 남북조 후기 이후 동아시아 불교의 중요한 특징 중 하나가 된 이 체용론은 유교와 도교에도 영향을 미쳤을 뿐 아니라 근대의 동아시아 나라들이 서양철학을 수용할 때에도 기반이 되었다.

이와 같이 지론학파는 불성·여래장설을 최고로 보고, 『열반경』을 가장 중시하였지만, 『대집경』 존중파나 『화엄경』 존중파와 같은 다양한 계통들도 있었던 것으로 보인다. 조금 뒤에는 남도파의 정영사淨影寺 혜원慧遠(523-592)과 같이 그러한 경전의 우열을 매기는 것을 비판하고 모든 경전은 평등하며 설하는 방식이 다를 뿐이라고 주장하는 사람도 나타났다.

스스로를 예배하라

『열반경』존중파 중에는 과격한 주장을 하는 사람들도 있었다. 돈황에서 발견된 사본 중 하나인 Φ180 등에는 불상과 부처의 그림, 종이와 비단 등에 쓰인 경전 등은 참된 불보나 법보가 아니라고 단언하고 있다. 그리고 자신이 장래에 성불하게 될 부처야말로 자신에게 가장 가까운 부처이므로, 예배한다면 바로 그 부처, 혹은 현재는 나의 몸 안에 법신으로서 존재하는 '자체불自體佛'을 예배하여야 하며, 현재의 여러 부처들은 '다른 사람의 부처'에 지나지 않는다고 주장하고 있다.

이 주장은 자신 이외의 부처를 존중하지 않는 점에서 선종과 통한다. 자신을 부처와 동일시하고, 바로 자신을 예배해야 한다고 하는 주장은 이미 『열반경』에 보이고 있으며(제1장 제4절 참조), 남조의 열반학에서도 주목되었었다. 남조에서는 교리상의 논의에 머물렀던 것과 달리 북조에서는 이것을 실천하는 사람들이 출현하였던 것이다.

114

4

중국 불교의 확립과 주변국의 수용

4 중국 불교의 확립과 주변국의 수용

근세 이전의 중국 불교는 번영과 폐불의 반복이었다. 폐불 때마다 반성이 행해지며 새로운 움직임이 생겨났다. 북주의 폐불 전후 시기에 주목된 것은 학파라기보다는 종파로 불러야 할 집단, 그것도 인도나 서역의 외국 승려를 개창조로 하지 않는 집단이 다수 생겨났다는 것이다.

선종은 그중의 예외로 보리달마로부터 시작한다고 하지만 실질적으로는 그 제자인 혜가慧可가 큰 역할을 담당하였다. 중국 불교사에서 가장 특이한 집단인 삼계교三階敎에서는 개창조인 신행信行이 보살로 여겨지고 신앙되면서 열렬한 종교운동이 전개되었다. 강남에서는 남악혜사南嶽慧思에게 사사한 천태지의가 남북의 교리와 선관을 융합하는 방대한 체계를 구축하였고, 후대에 천태종의 개창조로 받들어졌다. 정토교에서는 담란을 존숭한 도작道綽이 입으로 아미타불의 이름을 외우는 구칭口稱 염불을 강조하며 활약하였다.

신행, 혜사·지의, 담란·도작 모두 한역 경전에만 보이는 내용이나 의경을 중시하여 교리를 만들었으므로 중국의 독자적 불교가 확립되었다고 이야기해도 좋을 것이다.

이 시기에는 주변 나라들에도 불교가 확산되었고, 각 나라의 불교의 특징이 생기기 시작하였다. 이 장에서는 그러한 상황에 대하여 살펴본다.

1. 화북의 선종과 삼계교

선종

부처와 자신의 동일성을 강조하는 동향 중 하나가 화북에서의 선종의 탄생이다. 선종에 관한 현존하는 가장 오래된 기록인 도선道宣(596-667)이 편찬한 『속고승전』의 보리달마전에 의하면 남인도 바라문 출신인 보리달마菩提達摩(달마達磨라는 한자 표기는 후대의 것임)는 선정으로 유명하였고, 해로로 유송에 이른 후 북위로 옮겨갔다. 보리달마는 구체적인 방식으로 사람들의 마음을 편안하게 해주어 효과가 컸지만 그의 말은 부정적인 표현이 많고 난해하였다고 한다.

보리달마의 가르침을 제자가 기록하였다고 하는 『이입사행二入四行』에서는 수행을 크게 '이입理入'과 '행입行入'의 두 가지로 나누고 있다. '이입' 부분에서는 경전에 의해 범부와 부처가 모두 '동일한 진성[同一眞性]'에 근거하고 있음을 깊게 믿고, 벽관壁觀을 실천하여 자신과 부처가 '같음[等一]'을 체득하여, 다양한 설이 제시된 경전의 말에 미혹되지 않고 진리의 세계에 들어가라고 이야기하고 있다. 그리고 '행입' 부분에서는 주변의 사물이나 현상에 마음이 동요되지 않고 망상이나 집착에서 벗어나 수행을 실천해야 한다고 말하고 있다. 벽관이란 범부와 부처 모두 벽에 그려진 그림과 같이 마음이 그려낸 것이라고 보는 관찰을 의미한다고 하는 설도 있다.

이러한 입장을 더욱 발전시켜 오늘날 이야기되는 것과 같은 선종 특유의 교화법을 확립한 것은 후에 중국 선종의 제2조로 이야기되는 혜가(6세기 중엽)였다. 유교와 노장을 배운 후에 불교로 전향한 혜가는 북위 말기에 낙양에서 공부하여 자기 나름의 깨달음을 얻은 후 보리달마에게 사사하여 입장을 확립하였다. 영희永熙 3년(534)에 북위가 동서로 나뉘자 동위의 수도인 업鄴(현재의 하북성 임장臨漳현)으로 옮겨 활동하였다. 경전의 세밀한 해석을 다투는 풍조를 비판하고 실천존중을 주장하여서 전통파로부터 박해를 받은 것으로 보인다.

혜가와 그의 제자·손제자들의 언행을 기록한 『이입사행론장권자二入四行論長卷子』에 의하면 그들은 말로써 이것저것을 분별하여 생각을 부풀리고, 망상으로 부처를 바깥에서 구하는 것을 철저하게 비판하였다. 혜가는 불안하니 마음을 편안하게 해달라고 하는 사람에게 "그대의 마음을 가지고 오라. 그렇다면 너를 편안하게 해주겠다."라고 말하는 등 예상할 수 없는 박력 있는 문답으로 지도하였다고 한다.

삼계교

이보다 조금 뒤의 북지에는 중생을 부처 자체라고 보는 또 하나의 운동이 등장하였다. 북제의 신행(540-594)이 『열반경』의 불성설과 당시 확산되기 시작하고 있던 『월장경』의 말법사상(제3장 제4절 참조), 말법을 의식한 『상법결의경像法決疑經』 같은 의경류의 영향을 받아 창시한 삼계교이다.

중국 불교 중에서 가장 특이한 존재인 삼계교에서는 올바른 가르침이 행해지는 정법, 그것과 비슷한 가르침이 행해지는 상법, 올바른 가르침이 소멸하는 말법이라는 세 개의 시대를 '제1계·제2계·제3계'로 부르면서, 현재는 제3계인 말법의 시대에 들어왔다고 한다. 이 시대의 사람들은 능력이 떨어져 가르침이나 부처의 우열을 판단할 수 없고 불보살과 범부, 악마를 구별할 수도 없으므로, 일체의 부처, 일체의 가르침, 일체의 사람을 구별하지 않고 똑같이 공경할 수밖에 없다고 하면서 '보경普敬'(두루 공경함)의 실천에 힘쓰라고 하였다.

이것은 교리해석에 대해 다투기만 하고 있던 불교계에 대한 반성에 기초한 주장이었다. 신행은 석가모니가 "자신은 옛날에는 박학하였지만 이제二諦(진실의 모습인 제일의제第一義諦와 세속적 모습인 세속제世俗諦)를 둘러싸고 문수와 논쟁하다가 결착을 보지 못하고 사후에 지옥·아귀·축생의 삼악도에 떨어졌다."라고 이야기하면서 좌선의 실천을 강조한 『최묘승정경最妙勝定經』이라는 의경을 인용하고 있다.

이 때문에 삼계교도는 모든 사람을 머지않아 부처가 될 존재로 보며 예배한 『법화경』의 상불경보살常不輕菩薩을 본받아 세상의 모든 사람들을 '여래장불'이라고 예배하였다. 다만 자신에게 여래장이 있다고 자만하며 다른 사람을 무시하는 것을 방지하기 위하여 자신만은 극악極惡의 존재라고 보고서 오로지 참회에 전념하였다.

신행은 세속의 권력자들이 승려를 부리고, 자신에게 예배하게 하는 것을 격렬하게 비판하였다. '경전敬田'인 삼보[불·법·승]에 보시하는 것보다 '비전悲田'인 가난하고 곤궁한 사람과 의지할 곳 없는 사람들에게 보시하는 것이 공덕이 있다고 설하는 의경『상법결의경』을 존중하여, 노동을 금지하는 승려의 계율을 버리고서 처음으로 머리 깎고 수행하는 단계인 사미가 되어 사람들을 위한 노역에 힘썼다. 그 때문에 신행을 존숭하여 따르는 제자들이 늘어났다.

2. 강남의 섭론·삼론학파와 천태종

진제삼장의 역경과 섭론학파

남조에서는 보리유지가 활약한 북조보다 조금 늦게 유식설이 전해졌다. 서인도 웃자이나 출신으로 부남扶南에 있던 진제眞諦삼장이 양 무제의 초청으로 태청太淸 2년(548)에 건강에 이르렀지만 양나라 말기의 혼란으로 전란을 피해 각지를 전전하면서 중요한 경전들을 번역하였다.

진제는 아비다르마의 대표 문헌인 세친의『구사론』과 유식설의 근본문헌인 무착의『섭대승론』및 그 주석인 세친의『섭대승론석』등의 중요 경론을 다수 번역하였으며, 진제 자신의 강의도 책이 되었다. 진제는 인도의 여래장사상을 집대성한『보성론』을 존중하여 강의하였는데, 그것을 제자가 편집하였다고 생각되는 문헌이『불성론』(천친[세친]보살찬으로 일컬어짐)으로 전하고 있다. 이 책은 여래장과 부처의 종성에 대해 논하는 책인데, '불성'을 제목으로 하고 있다.

진제가 번역하는 곳에는 북지의 보리유지가 번역한 경론들도 전해졌으며, 그 영향이 보이는 번역 경전들도 있다. 마찬가지로 북지에서 진제 주변으로 전해졌다고 생각되는 『대승기신론』은 앞 장에서 언급한 것처럼 진제의 번역으로 여겨지게 되었는데, 이는 진제 문하의 섭론학파가 『섭대승론』의 교리에 기초하여 『대승기신론』의 주석을 짓고, 그것이 『섭대승론』과 함께 북지에 전해져 퍼져가는 가운데 진제역으로 여겨지게 된 때문으로 생각된다.

다만 『열반경』과 『반야경』 등에 친숙했던 강남 불교계는 진제가 번역한 유식 논서들을 받아들이지 않았다. 진제가 번역한 경론들이 평가된 것은 북주의 폐불을 피하여 강남으로 피신해온 담천曇遷(542-607)이 그 경론들을 보고서 폐불이 가라앉은 후 장안에 돌아가 『섭대승론』 강의를 하면서부터로 알려져 있다.

삼론학파의 활동

구마라집 문하에서는 『중론』, 『백론』, 『십이문론』 등의 삼론을 전문으로 하는 자, 『대지도론』을 포함한 사론을 전문으로 하는 자 등이 있었는데, 이 삼론학파의 학문을 강남에 전한 것은 고구려에서 화북에 유학하였던 승랑僧朗(생몰년 미상)이었다. 승랑은 구마라집 계통의 삼론학을 배운 후 전란으로 인해 5세기 말에 남쪽으로 피신하여 건강 근처의 서하사棲霞寺에 들어갔다. 승랑은 삼론과 『대품반야경』 이외의 경론은 요청이 있어도 강의하지 않았다고 하는 승전僧詮(생몰년 미상) 등의 제자를 길러냈다.

승전의 제자로는 좌선을 좋아하고 반야의 지혜에 기초한 공관空觀의 실천에 힘쓰며, 업鄴에서 혜가에게도 배웠다고 하는 혜포慧布(518-587) 등의 선 수행자 계통과 교리의 확립에 힘쓴 법랑法朗(507-581)의 계통이 있었다. 법랑은 진陳의 영정永定 2년(558)에 칙명으로 흥황사興皇寺에서 삼론과 『대품반야경』, 『화엄경』 등을 강의하였다.

법랑과 그 제자인 거사 부재傅縡(530년대-580년대), 파르티아계 상인의 아들로 중국에서 출가한 길장吉藏(549-623) 등에 이르러 삼론학파는 점차 첨예화되었다. 그들은 세밀한 해석에 대해 논쟁하는 학승들이 근거로 하고 있던 『성실론』에 대해 소승의 논서에 불과하다고 비난하고, 말에 사로잡혀 논쟁을 해서는 안 된다고 심한 말로 비판하여 반발을 불렀다. 즉, 논쟁을 그치라고 심한 어조로 비난, 공격하여 논쟁을 불러일으켰다. 부재 등은 황제에게까지 반항하였기 때문에 사형에 처해졌다고 한다.

회계會稽(현재 절강성 소흥紹興현)의 가상사嘉祥寺에서 활동한 길장은 『열반경』의 '일체중생실유불성'이라는 설을 중시하여 삼론이 강조하는 공의 사상과 절충하기 위하여 노력하였지만, 『열반경』을 최상으로 여기면서 『법화경』, 『대품반야경』 등의 경전을 낮추어 보는 풍조에 대해서는 엄하게 비판하고, 경전 각각의 설명방식을 중시하면서 대립을 벗어난 경지에 설 것을 강조하였다.

길장은 『중론』, 『백론』, 『십이문론』 등의 삼론 모두에 대해 주석하였고, 그 밖에 『법화경』, 『유마경』, 『대품반야경』, 『열반경』, 『승만경』, 『금광명경』 등의 경전에 관한 많은 학승들의 주석을 참조하면서 자세한 주석과 강요서를 지었다. 때문에 그의 주석은 학파의 차이를 넘어 동아시아 여러 나라에서 널리 읽혔다. 다만 준엄한 성격 때문인지 제자들은 길러내지 못하였다.

천태지의에 의한 남북불교의 융합

천태지의의 스승인 남악혜사(515-577)는 북위에서 태어났다. 북제시대에 선정을 실천해야 함을 강조한 의경『최묘승정경』을 보고 충격을 받아 여러 스승들에게 사사하며 다양한 선관을 배웠다. 혜사는『대지도론』에 의거하여 선관에 힘쓰는 동시에『대품반야경』의 공의 사상,『열반경』의 불성사상, 한역된『법화경』의 사상을 연결하여 이들을 통합하는 '법화삼매' 수행에 힘썼다. 혜사는『제법무쟁삼매법문諸法無諍三昧法門』을 지어 대립을 떠나야 함을 강조하였지만, 부재와 마찬가지로 저명한 승려들을 신랄하게 비판하여 박해를 받았다.

혜사가 강남의 대소산大蘇山(현재 하남성)으로 옮겨오자 지의는 그를 사사하여 선 수행에 힘써 법화삼매의 전반부를 체득하였다. 금릉(건강)에서 활약하던 지의는 38세에 교단을 해산하고 천태산에 은거하여 수선사에서 선관과 경론의 연찬에 힘쓰고, 좌선 입문서인『천태소지관天台小止觀』과 교리 개설서인『법계차제法界次第』를 지었다.

천태산 꼭대기의 화정봉華頂峰에서 크게 깨닫고『법화경』의 특질을 이해한 후로는『법화경』에 더 집중하게 되었다. 보살계 수계를 원하는 진陳 황제의 초청을 받아 수도에 나아가서는 양의 3대법사 중 한 사람인 광택사 법운의 설과 지론학파·섭론학파의 설을 비판하였다. 아울러 경전해석과 자신의 마음의 모습을 응시하는 선관을 통합하여『법화경』을 강설하였다. 이것을 나중에 제자인 장안관정章安灌頂(561-632)이 편찬한 것이『법화문구法華文句』이다.

3. 북주의 폐불과 수의 부흥

북주의 폐불

남쪽과 북쪽에서 다양한 형태의 새로운 불교가 모색되고 있던 이 시기에는 사찰의 남설과 승려의 타락 등으로 인한 불교계의 문제점들도 드러나서 비판도 커져 갔다. 일찍부터 예언으로 명성을 날리던 위원숭衛元嵩은 북주 무제 (재위 560-568)에 접근하여 천화天和 2년(567)에 폐불 정책을 상주하였다.

그 상주에서는 고대 성왕의 시대에는 불교가 없어도 나라가 편안하였던데 반하여 남조의 양 등은 불교가 번성하여 멸망하였다고 하면서, 부처의 마음이란 대비에 기초하여 백성을 안락하게 하는 것인데, 민중을 사원 건립에 동원하여 노역하게 하는 것은 부당하다고 비판하였다. 그리고 민중을 힘들게 하는 사찰을 없애고 인민을 편안하게 하여 국력을 증강하는 것이야말로 대승의 보살도에 부합하는 것이라고 하면서, 황제를 여래, 도시를 사원, 화합한 부부를 성중聖衆(=승가)으로 하는 '평연대사平延大寺'를 만들어야 한다고 제안하였다.

무제는 건덕建德 3년(574)에 이러한 위원숭의 제안에 기초하여 도교와 불교를 없애라는 명령을 내렸다. 정영사淨影寺 혜원慧遠은 무제의 면전에서 격렬하게 항의하였지만 무제는 폐불을 강행하였다. 북위 때와 달리 승려 살해는 명령하지 않았지만 4만 곳의 사찰이 보통의 집으로 바뀌고, 3백만 이상의 승려가 환속되고, 불상과 경전은 파괴되었다.

무제는 건덕 6년(577)에 북제를 정복하여 화북을 통일한 후 북제의 영역에서도 폐불을 단행하였다. 이 때문에 환속에 저항하는 승려들은 남조로 달아나거나 머리를 기르고 속인의 옷을 입은 채 산림에 숨어 몰래 독경과 수행에 힘썼다.

수隋의 남북통일과 불교부흥

북주 선제宣帝의 외척으로 실권을 장악했던 선비계의 양견楊堅은 대정大定 원년(581)에 정제靜帝의 양위를 받아 즉위하여 수隋를 건국하고 문제文帝(재위 581-604)가 되었다. 문제는 정제를 비롯한 황족 우문씨 일문을 모두 죽이는 한편 불교의 부흥에 힘썼다. 특히 북주가 정복한 북제 지역의 불교 부흥에 힘을 쏟았다.

문제는 새 수도로 장안에 조영한 대흥성大興城에 국사國寺인 대흥선사大興善寺를 세우고, 폐불에 저항한 승려들을 불러 모았다. 개황開皇 3년(583)에는 말법사상을 설하는 『월장경』, 『일장경』을 번역하고 있던 나련제야사(제3장 제4절 참조)를 불러 대흥선사에서 새로이 경전 번역을 하도록 했다.

문제 주변의 사람들은 문제가 반야사에서 태어나 장래 황제가 될 것을 예언한 비구니 지선智仙을 유모로 하여 자랐고, 어려서는 '나라연那羅延[나라야나]'(불법을 수호하는 강력한 신)이라는 이름으로 불렸던 것들을 강조하였다. 이러한 동향은 역경에도 반영되었다. 나련제야사가 개황 3년(583)에 번역한 『덕호장자경德護長者經』에서는 석가모니를 죽이려 하는 장자를 월광月光 동자가 만류하고, 석가모니가 이 동자에 대해 머지않아 대수국大隋國의 국왕이 되어 나라 백성들에게 불교를 퍼뜨리고 선행을 쌓게 할 것이라고 예언하였다고 하여, 국왕의 불교 수호를 강조하고 있다. 너무나 심하게 꾸며낸 내용이라고 할 수 있다.

여러 종파의 보호

문제는 개황 5년(585)에 주현州縣 별로 승사僧寺(비구 사찰)와 니사尼寺(비구니 사찰)을 세우게 하였고, 개황 9년(589)에 남조의 진을 공략하여 천하 통일을 이루고 나서는 불교 부흥의 태도를 한층 강화하였다. 문제는 개황 7년(587)에『섭대승론』강의로 유명한 담천,『화엄경』에 뛰어났던 혜장慧藏(생몰년 미상), 폐불에 저항했던 혜원 등 북제의 학승 여섯 명을 많은 제자들과 함께 초청하여 우대하였다. 그 밖에도 각지로부터 유명한 승려들을 초청하였다. 대흥선사에서는 혜원을 십지중주十地衆主, 선주善冑(생몰년 미상)를 열반중주涅槃衆主, 보습寶襲(생몰년 미상)을 대론大論(『대지도론』)중주衆主,『사분율』연구로 유명한 홍준洪遵(528-608)을 강율중주講律衆主로 임명하였다.

이러한 학파들은 일본에서는 나라시대부터 '종宗'으로 불리고 있다. 보리유지가 번역한『십지경』연구를 중심으로 하는 십지중, 구마라집이 번역한『대지도론』의 해석을 중심으로 하는 대론중이 보여주듯이 이 시기에는 '중衆'이라 불렸고, 외국에서 온 학승을 자기 학파의 개창조로 받들었다.

문제에서 양제로

문제는 세 차례에 걸쳐 각지에 사리탑을 건설하였는데, 인수仁壽 2년(602) 6월 13일 탄생일에 반포한 조서에서는 자신이 '삼보에 귀의하여 거듭 성교聖教를 일으킨다'고 선언하였고, 각 주에 사리를 나눠주어 사리탑을 세우게 하였다. 이것은 아쇼카왕을 본받으려고 한 것이었다.

열렬한 불교신자인 문제와 그 황후의 마음을 얻어 황태자가 되기 위해 차남인 진왕晉王 양광楊廣도 불교 보호에 노력하였다. 그는 진을 공략하여 강남을 통치하게 되자 천태지의를 초빙하여 양주揚州(현재의 강소성)에서 보살계를 받았다. 지의로부터 총지總持라는 법명을 받은 그는 지의에게 지자대사智者大師라는 법호를 주었다.

수의 유력한 무장이었던 이연李淵(후의 당 고조)이 전통적인 선 수행의 일인자였던 담숭曇崇(515-596)을 지원하여 장안에 청선사淸禪寺를 건립하자 진왕도 막대한 보시를 하는 한편 수차로 돌리는 방아 설비 등도 선물하였다. 당시의 커다란 사원은 최신의 농구·공구·기술을 가지고 있었고, 수차 방아를 정미·제분용으로 빌려주거나 스스로 작업을 청부하여 얻는 수입으로 사찰 운영 경비를 조달하였다.

진왕이 문제를 이어 제위에 올라 양제煬帝(재위 604-618)가 되었다. 양제는 '보살계제자 황태자 양총지'라고 자처하였지만 지나치게 번성하게 된 불교에 대한 관리를 강화하였다. 양제는 남북을 연결하는 대운하를 건설하여 산업을 발달시킬 기반을 만들었다. 하지만 과중한 노역과 세 차례에 걸친 고구려 원정으로 민중의 불만이 높아져서 각지에서 반란이 빈발하였고 마침내 살해되었다.

그러한 반란 중에는 말법사상을 배경으로 하여 자신을 미륵불이라고 칭하는 사례들도 있었다. 수말인 대업大業 6년(610)에는 수천 명이 향을 사르고 꽃을 든 채 '미륵불이 나타났다.'고 하면서 난을 일으키려고 하여 처형되었는데, 연좌된 사람이 천여 가家에 이르렀다고 한다. 대업 9년(613)에는 송자현末子賢이라는 사람이 매일 밤 누각 위에서 환등을 이용하여 부처의 모습을 비추며 '미륵불이 나타났다'고 하고, 나아가 뱀과 동물의 모습을 큰 거울에 비추고서 죄업에 의한 내세의 모습이라고 협박하여 신자들을 모으고 반란을 일으키려고 하였다.

삼계교의 발전

수나라 초기의 북지에서는 북주의 두 차례에 걸친 폐불로 인해 위기감이 높아지고 말법의 세상에 불법을 지키는 것에 열정을 품는 사람들이 출현하였다. 두 차례에 걸친 문제의 초빙에도 응하지 않았던 영유靈裕(518-605)가 개황 9년(589)에 보산寶山(현재 하남성)에서 석굴 조영을 시작하여 『월장경』 등의 경문을 석벽에 새겼다.

또한 말법의식이 강했던 남악혜사의 제자인 정완靜琬(?-639)이 대업연간(605-617)에 한역된 모든 경론을 집성한 일체경을 석판에 새겨 석경으로 영원히 남길 것을 발원하고 북경 남서쪽 교외의 방산房山에서 사업을 시작하였다. 양제의 황후 소蕭씨 등이 지원한 것을 계기로 하여 다양한 계층의 지원자가 늘어났다.

말법사상에 기초한 불교의 대표인 삼계교에 대해서는 앞에서 이야기하였는데, 개조인 신행이 개황 9년(589)경에 수의 중신이었던 고경高熲의 초빙을 받아 장안에 와서 그의 사저를 사찰로 바꾼 진적사眞寂寺에 새로 건립된 선원에 주석하며 활동하였다. 개황 14년(594)에 신행이 죽자 유언에 따라 유해를 장안 남동쪽의 종남산終南山 숲에 두어 새, 동물, 벌레 등에게 살과 피를 공양하고, 나중에 뼈를 모아 장사 지냈다. 『삼계불법三階佛法』, 『대근기행법對根起行法』 등 신행의 저작은 만년에 제자 배현증裴玄證이 필록한 것이다.

이후 신행을 보살로 받들던 신자들도 사후에 사신捨身을 행하였는데, 그들의 유골도 종남산 신행의 묘소 근처에 묻혔다. 이곳은 이후 삼계교의 성지가 되었다.

장안에 건립된 삼계교 사원에서는 보시가 권장되었다. 특히 진적사에서 이름을 바꾼 화도사化度寺에서는 모아진 방대한 재물을 '무진장법無盡藏法'으로 운영하며 사원·불상의 수리, 빈민의 구제, 어려운 신자 동료에 대한 대부 등에 사용하였다. 그러한 활동이 너무나도 특이하고 열렬하여서 불교계의 반발을 불러일으켰고, 개황 20년(600)에는 삼계교의 활동을 금지하는 명령 이 내려졌다.

지의에 의한 천태사상의 집대성

진왕[양제]에게 보살계를 주었던 천태지의는 진왕의 요청을 거절하고 양주 를 떠났지만, 그의 원조를 받아 형주荊州(현재 호남성)에 옥천사玉泉寺를 건립 하고 『법화경』의 뜻과 대승의 지관止觀(정신집중과 지혜에 기초한 관찰)에 관하여 강의하였다. 이 내용도 제자 장안관정이 정리하여 『법화현의法華玄義』 와 『마하지관摩訶止觀』을 편찬하였다. 이 두 책과 앞에 언급한 『법화문구』를 '천태 3대부'라고 하는데, 관정이 길장의 주석 등을 참고로 하여 추가한 부 분도 있다고 지적되고 있다.

지의는 남북의 교학과 선관을 통합하였고, 『열반경』과 『화엄경』의 내용 을 『법화경』 안에 녹여 넣고서 『법화경』을 모든 교리를 갖춘 '원교'와 깨달 음의 경지를 그대로 설한 '돈교'를 겸비한 경전으로 간주하였다. 나중에는 이에 기초하여 '5시8교五時八敎'*로 불리는 교판을 확립하였다.

또한 독특한 경전 해석방법을 제시하고, 그 해석법을 스스로의 마음을 응 시하는 실천과 중첩시켰다. 지의는 그때까지 논쟁이 이어지고 있던 이제설

천태의 5시8교五時八敎 5시五時는 경전을 설한 차 례에 따라 다섯 단계로 배 열한 것으로, ①『화엄경』 을 설한 화엄시, ②소승의 아함경阿含經을 설한 아함 시, ③초기 대승의 방등부 方等部 경전을 설한 방등 시, ④반야부 경전을 설한 반야시, ⑤『법화경』과 『열 반경』을 설한 법화열반시 이다. 팔교八敎는 부처님 의 가르침을 설법 형식 혹 은 설법 방법에 따라 네 가지로 구분한 화의4교化 儀四敎(돈교, 점교, 부정교, 비밀교)와 설법의 수준을 네 단계로 구분한 화법4 교化法四敎(장교藏敎, 통교通 敎, 별교別敎, 원교圓敎)이다.

二諦說 대신에 모든 것은 공空이라고 하는 공제空諦, 임시적으로 존재한다고 하는 가제假諦, 공과 가의 양면을 갖춘 중제中諦라는 '삼제三諦'를 제시하였다. 나아가 보살의 수행계위를 확립하였을 뿐 아니라 선관에 대해서도 초보적인 단계에서부터 고도의 선관으로 나아가는 단계를 제시하는 등 중국풍의 장대한 불교체계를 수립하였다.

지의는 또한 『법화삼매참의』, 『금광명참법』, 『방등참법』 등의 참회의례도 정비하여 중국의 모든 학파에서 존경받으며 그들에 커다란 영향을 미쳤다. 다만 지의는 어디까지나 한역 경론에 기초하여 사색을 심화시켰다. 선수행 중에 정신과 몸의 상태가 불안정하게 되거나 귀신을 보는 선병禪病에 대한 대처법을 설한 부분에는 중국 의학의 내용이 들어 있는 것에서 알 수 있듯 중국사상의 영향을 받은 측면도 많다.

지의의 특징적 사상 중 하나는 나중에 '여래성악사상如來性惡思想'으로 정리되는 사상이다. 지의는 악으로 가득한 중생에 대해 여래가 의도하지 않아도 저절로 대응하여 교화할 수 있는 것은 여래에게 실현되지 않는 악이 성性으로써 감추어져 있고, 이것이 범부가 가지고 있는 악과 마치 자석과 쇠붙이가 끌어당기는 것처럼 서로 감응하기 때문이라고 하였다. 『주역』의 감응사상과 『화엄경』의 '일즉일체'의 사상 등을 융합하여 독특한 불타관을 만들어낸 것이다.

정토교의 발전

북주에서 태어난 도작道綽(562-645)은 『열반경』에 정통하고, 계율과 선관에 전념하였다. 하지만 대업 5년(609)에 석벽현중사에서 담란의 사적을 기록한 비문을 보고 감명 받아 정토교로 전향하였다. 『관무량수경』을 2백 회 넘게 강의하고, 서방왕생의 가르침을 강조하는 『안락집安樂集』을 저술하였다.

현재는 말세·말법의 '탁세濁世'(혼탁한 세상)여서 정토문만이 실천 가능한 법문으로, 일생 동안 악업을 행한 사람이라도 임종할 때 아미타불을 열 번 염불하면 서방정토에 왕생할 수 있다고 주장하였다. 더욱이 콩 등을 이용하여 염불의 횟수를 세는 수량염불을 권하고 있는 것에서 알 수 있듯 종래와 같이 마음속으로 아미타불의 모습을 관찰하는 관상 염불이 아니라 쉽게 행할 수 있는 입으로 아미타불의 이름을 외우는 구칭口稱 염불을 제시하였다.

화북의 조상 명문에는 이미 6세기 전반부터 '무량수불' 대신에 '아미타불' 이라는 표기가 등장하게 되는데, 6세기 후반부터는 현세에는 관음보살, 내세에는 아미타불에 의지한다고 하는 역할 분담이 보이기 시작하고 있다. 그러한 토양에 말법사상을 설한 경전과 말법 세상의 도래를 통감하게 한 폐불 사건이 더해져서 도작의 정토교가 생겨나게 되었다.

담란이 정토교의 제1조, 도작이 제2조로 여겨진 것은 후대의 일이지만, 단순히 아미타불을 신앙하는 것이 아니라 중국 승려로서 도교적 색채가 농후했던 담란을 인도자로 존숭하고, 나아가 『수원시방왕생경隨願十方往生經』 등의 의경을 빈번하게 인용하고 때로는 그 문장의 뜻을 바꾸어 이용하면서 서방극락 왕생을 강조한 것에서 중국 정토교의 특색을 볼 수 있다.

4. 주변국에서의 전개

베트남

5세기 말에 교주交州(현재 하노이)의 선주산사仙洲山寺에 주석하고 있던 도선道禪(생몰년 미상)이 숲 속에서 수행하자 호랑이의 피해가 없어졌다고 전해지고 있는데, 이 시기에는 불교에 이러한 측면이 기대되고 있었음을 알 수 있다. 이 도선은 영명연간(483-493)에 중국으로 건너와 남제의 수도인 건강으로 가서 종산鍾山 운거하사雲居下寺에서 들어가 『십송률』에 의거하여 많은 사람들에게 계를 주고 소박한 생활을 하였다고 한다.

거의 같은 시기에 선주산사에 있던 혜승慧勝(생몰년 미상)은 산속에서 매일 『법화경』을 독송하였고, 외국 선사인 달마제바達摩提婆[다르마데바](생몰년 미상)에게 사사한 후 선관으로 유명하였다. 이 때문에 이 지방의 장관으로 부임하였던 남제의 유적劉績이 귀국할 때 혜승을 데리고 돌아가 금릉 교외의 우두산牛頭山 유서사幽棲寺에 주석하게 했다. 혜승은 평소에 걸식하고 어리석은 사람처럼 행동하였지만 선을 배우는 사람들은 혜승의 진면목을 알아보고 존숭했다고 한다. 이와 같이 교주의 승려들이 중국 남쪽 지역으로 와서 불교계를 지도하였다.

교주를 거쳐 인도로 가려고 한 승려들이 많았으며, 또한 전란을 피하기 위해 교주에 온 승려들과 남조에서 교주로 파견된 불교신자 고관들을 수행해온 승려들도 있었다. 이 때문에 이 지역에는 인도 및 동남아시아 불교와 중국 남조의 불교가 섞여 있었다고 생각된다.

수 문제가 인수 원년(601)에 각지에 사리탑을 세우게 했을 때에 교주에도 혜아慧雅 법사(생몰년 미상)를 칙사로 파견하여 선중사禪衆寺의 사리탑에 사리를 봉안하게 하였다. 그때의 명판과 석함이 최근 발견되었다.

고구려의 불교 수용과 학승의 활약

전래 이후의 고구려의 불교 상황은 잘 알 수 없는데, 5세기 초에 이 지역에 매장된 한족의 무덤 벽화 등으로 볼 때 중국 북지에서 건너온 한족들에 의해 불교가 퍼지고 있었던 것으로 보인다. 연가延嘉 7년(539)이라는 고구려 연호가 보이는 6세기의 금동불 명문에는 낙랑樂浪(현재 평양부근) 동사東寺의 신도 40인이 발원하여 미래에 나타날 천불千佛 중의 하나를 만들었다고 기록하고 있다.

평원왕 시기의 대승상으로 불교신앙이 두터웠던 왕고덕王高德이 북제의 무평武平 7년(576)에 유교와 현학에도 능통했던 승려 의연義淵(생몰년 미상)을 파견하여 북제의 최고 승관을 맡고 있던 지론학파의 법상法上에게 여러 가지 질문을 하게 하였다. 이 시기에는 여러 경론의 이설을 문제로 삼을 정도로 불교의 학문이 발전되어 있었음을 알 수 있다.

제2장에서도 이야기한 것처럼 고구려는 북조에 조공하는 한편으로 남조와도 교류하였다. 남북조에서 수로 변화하는 시기에 남조에서 활약했던 고구려 승려로는 진陳의 수도에서 지의에게 사사하고 수행에 힘썼던 파약波若(생몰년 미상), 북주의 폐불을 피해 강남에 온 담천과 교류하였으며, 아비다르마에 정통했다고 하는 지황智晃(생몰년 미상) 등이 있었다.

또한 고구려 승랑의 계통을 잇는 삼론학파의 실實 법사(생몰년 미상)도 고구려 출신으로 강남에서 대승경전을 강의하였다. 같은 고구려 승려인 인印

법사(생몰년 미상)는 실 법사가 죽은 후 사천 지방으로 옮겨서 삼론을 강의하였는데, 그 제자는 비판이 지나쳤기 때문인지 성실학파의 사람들에게 피살당하였다.

백제의 남조불교 수용

백제에서 불교가 번성하고 사찰의 유적이 확인되는 것은 6세기 초에 즉위한 무령왕武寧王의 시기부터이다. 이때는 양 무제가 불교중시 정책을 추진하여 주변 나라들과 불교외교를 전개한 시기로, 백제는 강남의 귀족불교를 받아들였던 것이다.

　무녕왕을 계승한 성명왕聖明王[성왕聖王]은 웅진熊津(공주)에 대통사大通寺를 세웠다. 이 절의 이름은 양의 연호인 대통大通·중대통中大通에 의한 것으로, 무제의 장수를 빌기 위해 건립되었다고 생각된다. 성명왕 16년(538)에는 웅진에서 사비泗沘(부여)로 천도하였고, 그 3년 후에 성명왕은 양에 조공 사신을 보내면서 '열반 등 경전의 주석서[열반등경소涅槃等經疏]'와 의사·공화사工畵師·유교의 박사 등을 요청하였다. '열반 등 경전의 주석서'를 요청한 것은 양 주변의 나라들이 무제의 경전주석을 하사해줄 것을 바란 것과 마찬가지로, 무제 자신의 강의를 정리한 『제지대열반경강소制旨大涅槃經講疏』의 하사를 요청한 것으로 보인다. 공화사도 장대한 사원 건립을 위한 높은 수준의 기술자가 중심이었을 것이다.

　백제는 이러한 불교외교를 통하여 양과의 교류를 발전시키며 고구려에 대항하기 위한 다양한 지원을 얻으려고 하였다. 일본에 빈번히 군사적 지원을 부탁하고, 불교를 전한 것도 이 시기였다.

중국에 가서 공부한 백제 승려도 많았는데, 양에서 30년 동안 수행하고 귀국하는 길에 관음의 영험을 견문한 발정發正(생몰년 미상) 등의 전기가 당나라 승상僧祥이 지은『법화경전기』에 실려 있다. 남악 형산衡山(현재 호남성)에 머물고 있던 혜사의 밑에서 공부한 현광玄光은 위덕왕 때(554-599)에 귀국하여 웅진의 절에서『법화경』에 기초한 수행을 펼쳤다.

길장의 형제제자로 삼론학파의 법랑法朗에게 사사하고『대승사론현의大乘四論玄義』등을 지은 혜균慧均(생몰년 미상)은 이제까지 중국 승려로 여겨졌지만 근래에 백제 승려였다는 것이 알려졌고, 이 책도 백제에 귀국한 후에 지은 것이 확인되었다. 한문에 조금 자연스럽지 못한 부분이 있기는 하지만 그 수준은 길장에 가까운 것으로, 백제에서도 교리연구가 심화되어 있었음을 알 수 있다.

하지만 6세기 백제 불교학의 주류는 남조불교를 상징하는 3대법사의 불교, 즉『성실론』에 기초하여『열반경』을 존중하면서 대승경전을 연구하는 계통이었다(제3장 제4절 참조). 이것은 진대陳代의 이 학파의 대표로서 주위와 충돌하지 않는 온화한 '무오無忤'(거슬림 없음)의 행동으로 유명하였고, 문제에게 존중되어 대승정大僧正에 임명되었던 보경寶瓊(504-584)을 '해동海東'(한국) 여러 나라가 존숭하여, (승려들이) 그의 모습을 그려서 가지고 귀국하여 '머리 숙여 절하며 멀리서 공경하였다[정례요경頂禮遙敬]'고 하는『속고승전』의 기사를 통해서도 추측된다.

신라의 불교 수용과 발전

한반도 남동부에 위치하여 중국 문화의 도입이 가장 늦었던 신라는 고구려

백제와 달리 중국에서 불교를 수용한 것이 아니라 고구려의 불교가 먼저 민간에 전해졌다. 신라가 불교를 정식으로 수용한 것은 법흥왕法興王(재위 514-540) 즉위 8년(521)에 백제의 중개로 양과 통교할 때 양의 사신이 오면서 의복과 향 등을 가져온 것이 계기였을 것이다.

고려 시대의 불교사서인 일연一然(1206-1289)의 『삼국유사』에 의하면 향의 사용법을 몰라서 어려워하고 있을 때 고구려에서 온 묵호자墨胡子라는 승려가 이것을 태우고 서원하면서 가장 신성한 존재인 삼보에 기도하면 공주의 병도 나을 것이라고 가르쳐주었다. 묵호자에게 그렇게 하게 하였더니 공주의 병이 곧바로 나았다고 한다. 이것은 몇 가지 계통의 이야기가 뒤섞인 후대의 전승이지만 향을 태워 서원하는 것이 위기를 구하는 최신 기술로 간주되었던 사례는 6~7세기의 한국 불교 및 그것을 도입한 고대 일본의 불교에 자주 보이고 있다.

법흥왕은 급속하게 불교신앙에 빠져들어 즉위 14년(527)에는 금성金城(경주)에 흥륜사興輪寺를 건립하기 시작하였고, 그 2년 후에는 살생을 금지하는 명령을 내렸다. 흥륜사 창건의 상황과 연대에 대해서는 이설들이 있는데, 한 불교신자 귀족이 일부러 건립을 반대하여 처형된 후 기적이 일어나 공사가 계속 진행될 수 있었다고 한다. 합의가 전통이었던 신라에서 법흥왕이 불교를 도입하며 왕권 강화를 추구하였기 때문에 귀족들이 반발하여 소동이 일어났던 것으로 보인다.

법흥왕의 경우 만년에 왕위에서 물러나 출가하여 흥륜사에서 생활하였고, 왕비도 법흥왕이 죽은 후에는 출가하여 자신이 세운 영흥사永興寺에 들어갔다고 한다. 법흥왕 다음의 진흥왕眞興王(재위 540-576)은 어린 나이로 즉위하였는데, 어머니인 지소只召태후가 섭정하면서 국민의 출가와 불교신앙을 허가하는 명령을 내렸다. 진흥왕 12년(551)에는 고구려에서 온 혜량惠亮을 초대 승통으로 임명하고, 승관제도를 정비하였다.

이와 같은 환경에서 자란 진흥왕은 신앙이 두터운 국왕이 되었다. 국내를 순시하며 석비를 각지에 세울 때에는 수행하는 승려 법장法藏과 혜인慧忍의 이름을 중신들 앞에 새기게 하였다. 용궁으로 불린 지역의 남쪽에 새로운 궁전을 건설하려 하였을 때 황룡이 나타나자 절로 바꾸어 진흥왕 27년(566)에 거대한 국사國寺인 황룡사를 완성하였고, 그 밖에 기원사祇園寺와 실제사實際寺도 준공하였다.

왕은 혜량에게 『인왕반야경』에 의거한 백고좌법회를 열어 호국을 빌게 하고 이웃나라와의 전쟁에서 죽은 병사들을 위해 7일간 팔관재를 개최하였다. 이 국가적 팔관회가 통일신라와 고려에 계승되었다.

이런 가운데 유교와 노장사상을 공부하였던 원광圓光(566-649)은 수나라에 건너가 금릉에서 장엄사 승민 제자의 불교 강의를 듣고서 승려가 되었다. 그는 최신의 학문인 『섭대승론』을 배우고 진평왕 22년(600)에 신라에 귀국하여 황룡사에 주석하며 국왕의 존숭을 받았다.

당시 신라는 고구려의 침공으로 시달리고 있었는데, 원광은 진평왕으로부터 수에 원군을 요청하는 문서 작성을 명령받고서 승려로서 망설이면서도 '걸사표乞師表'를 작성하였다고 한다. 또한 두 명의 젊은이가 전투에서의 마음가짐을 요청하였을 때에는 '부모를 섬기는 것은 효로 하라. 임금을 섬기는 것은 충으로 하라. 벗과 사귀는 것은 신뢰로 하라. 싸움에 임해서는 물러서지 않는다. 살생은 가려서 하라'는 '세속5계世俗五戒'를 주며 '살생을 가려서 하라'는 것은 번식할 때의 동물·가축·작은 동물의 살생이나 많은 살생은 피하는 것이라고 가르쳐주었다. 두 사람은 이에 따라서 싸우다가 공적을 세웠다고 한다.

원광이 중국에 유학할 때에 산신의 도움을 받았다고 하며, 그가 죽은 후 어떤 사람이 사산한 태아를 복덕이 있는 사람의 무덤에 묻으면 자손이 끊이지 않는다는 전승에 따라 태아를 원광의 무덤에 묻자 무덤이 흔들리며 이를 바깥으로 튕겨냈는데, 무덤은 파손되지 않았고 이로 인해 한층 더 존숭 받게 되었다고 한다.

이상의 일화들은 후대에 만들어진 전승이 포함되어 있지만 한국 불교의 특징이 되는 호국불교, 산신신앙, 풍수 등의 요소가 집중적으로 나타나고 있다. 산신의 경우 후대에는 호랑이가 신으로 여겨져 본당 뒤편에 산신각을 만들고 현세의 소원을 빌게 되었다.

일본에의 전래

일본에의 불교 전래에 대해서는 연대와 배경 모두 여러 가지 설이 있다. 다만 공식적인 전래는 고구려·백제·신라의 3국이 항쟁하는 상황 속에서 6세기 중반에 군사 지원을 바라는 백제 왕실로부터 야마토[大和] 조정에 전해주는 형태로 이루어졌고, 백제와의 강한 관계를 맺고 있던 대신大臣 소가蘇我씨의 주도하에 6세기 후반부터 발전되게 된 것은 의심의 여지가 없다.

대신이었던 소가씨는 비다츠[敏達] 천황 13년(584)에 백제에서 가져온 미륵 석상을 예배하기 위해 고마노 에벤[高麗惠便]이라는 도래계 환속승을 찾아내 승려로 삼고, 도래계인 시바 닷토[司馬達等]의 열한 살 딸과 다른 도래계 씨족의 딸 두 사람을 비구니로 삼아 미륵상에 예배하게 했다. 이는 당시에 비구니를 신을 섬기는 순결한 무녀처럼 여겼다는 것을 보여주는 것이다. 불상에 예배한 주된 이유는 이후의 사례들로 볼 때 천황의 장수와 질병 치료였을 것이다.

천황의 후계자 선정을 둘러싼 다툼과 여러 가지 정책적 대립으로 인해 불교추진파인 소가노 우마코[蘇我馬子]와 재래신앙을 존중하는 모노노베노 모리야[物部守屋]의 두 실력자가 싸운 결과 우마코 측이 승리하였다. 죽은 비다츠 천황의 황후였던 스이코[推古] 천황이 숙부인 우마코 대신과 부모 양쪽 모두 소가씨의 핏줄을 이은 조카 우마야도 왕자[厩戸皇子]의 지지를 받아 593년에 즉위하였다. 그 다음 해에 곧바로 '삼보를 발전시키라[興隆三寶]'는 조서를 반포하였다. 이것은 수에서의 불교부흥의 칙령을 의식한 것이다. 조서가 반포되자 조정에서 합의에 참여하는 신하들과 그 아래의 호족들은 '임금과 부모의 은혜[君親之恩]'를 위하여 '다투어 불사佛舍를 지었다'고 한다.

'다투어 불사佛舍를 지었다'는 것은 수식적 표현이고, 실제로는 저택 안에 불상을 예배하는 작은 건물을 세우는 정도였을 것이다. 이 시기에 커다란 사찰을 건립할 수 있었던 것은 백제에서 기술자를 초청한 소가씨 뿐이었고, 이후에도 그 친족이나 소가씨와 가까운 유력 도래계 씨족에 제한되어 있었다.

최초의 사찰은 우마코가 건립한 호코오지[法興寺](아스카데라[飛鳥寺])였다. 이러한 초기의 사찰은 교통의 요충지에 건립되어 높은 담장으로 둘러싸여 있었다. 유력 호족들을 위압하는 동시에 성채의 역할도 담당하였다.

불법을 발전시키라는 칙령에 보이는 '임금과 부모의 은혜[君親之恩]'에서의 은혜는 '음덕[蔭]'의 힘을 의미한다. 군주나 부모가 살아 있는 동안에 사찰과 불상을 만든 공덕으로 '음덕'을 더욱 많이 받을 수 있도록 그 힘의 증대를 바라고, 죽고 난 후에는 살아 있을 때의 은혜에 감사하여 추선에 힘썼다. 즉, 사찰을 짓는 것은 임금과 부모를 '받들기 위한[奉爲]' 행위로서, 불교신앙에 힘쓰는 것은 임금에의 충의, 부모에의 효도에 힘쓰는 것을 주위에 보이는 행위에 다름 아니었고, 또한 강제적인 것이었다.

『삼경의소三經義疏』와 불교외교

스이코 천황 11년(603)에 천황이 도요라[豊浦] 궁에서 오와리다[小墾田] 궁으로 옮기고 나서 불교흥륭과 함께 다양한 정치개혁을 추진하였다. 다음해에 우마야도 왕자가 직접 '17조 헌법'을 만들었다고 한다. 그 제1조에 나오는 '거슬림 없음을 으뜸[宗]으로 삼으라[以無忤爲宗]'에서의 '거슬림 없음[無忤]'은 앞에서 언급한 것처럼 『성실론』에 기초하여 대승경전을 연구하였던 양과 진의 주류 계통의 승려들이 중시하였던 덕목에 다름 아니었다.

상궁왕上宮王(우마야도 왕자)의 '사집私集'이라고 하는 『삼경의소』는 바로 그 양의 3대법사의 주석, 즉 광택사 법운의 『법화의기』, 장엄사 승민의 『승만경』 주석, 개선사 지장의 『유마경』 주석을 저본으로 하고 있다. 『삼경의소』는 이들 저본을 요약하면서 저자의 생각을 독특한 변격한문으로 표현하고 있는데, 7세기 초의 저작으로 보기에는 내용이 구식이고 초보자풍의 주석서이다. 가승家僧들의 지도를 받으면서 경전을 강의하고 주석을 지은 양무제를 모델로 한 것으로 생각된다.

야마토 조정은 불교를 부흥시키고 있던 수에 대한 외교를 모색하였다. 신라와의 관계가 악화되어 군대를 파견하였던 스이코 천황 8년(600)에 조정은 수에 사신을 파견하고 정치와 제도의 개혁을 추진하였다. 스이코 천황 15년 (607)에 다시 오노노 이모코[小野妹子]를 사신으로 수에 파견하려 하였는데, 오노노 이모코는 '바다 서쪽의 보살천자[海西菩薩天子]'가 불법을 부흥하였다고 듣고서 승려 수십 인에게 불법을 배우게 하기 위해 찾아왔다고 불교외교의 입장에서 이야기하였다. 이후 불교와 유교를 배우는 사람들이 유학할 수 있게 되었다.

쇼토쿠 태자의 변천사

우마야도 왕자는 나라 시대 중반 이후에 천황의 한자식 시호를 정한 오우미노 미후네[淡海三船](722-785)에 의해 '쇼토쿠 태자[聖德太子]'로 불리게 된 것으로 보인다. 신란[親鸞]이 '일본[和國]의 교주'라고 칭송한 것처럼 쇼토쿠 태자는 일본의 석가모니와 같은 존재로 받들어졌고, 불교의 새로운 움직임이 등장할 때마다 쇼토쿠 태자가 그 선구로 여겨졌다.

그 때문에 불교의 역사가 석가모니 이미지의 변천사인 것과 마찬가지로 일본 불교사는 쇼토쿠 태자 이미지의 변천사로 볼 수 있다. 일본에서 가장 먼저 그리고 가장 많은 전기가 찬술되었고, 신격화가 발전된 것도 쇼토쿠 태자이다. 『성덕태자전력聖德太子傳曆』을 비롯한 많은 태자의 전기는 다른 나라의 부처 전기에 해당하는 성격을 띠고 있다.

한편 근래에 들어와 사용되고 있는 '우마야도왕[厩戶王]'이라는 호칭은 초인적인 쇼토쿠 태자의 이미지에 얽매이지 않고 객관적으로 연구하기 위하여 생전에 불렸을 가능성이 있는 이름의 하나로서 오구라 토요후미[小倉豊文]가 제2차 대전 이후에 임시로 사용한 것으로, 고대의 문헌에는 전혀 나오지 않고 있다.

5

당대唐代 불교의 전성

5 당대唐代 불교의 전성

다양한 계통의 불교가 번성하고 있던 당대의 불교계에 충격을 준 것은 인도에서 귀국한 현장玄奘이 번역한 경전에서 이야기하고 있는 '오성각별설五姓各別說'이었다. 모든 사람은 불성을 가지고 있어서 장래에 부처가 될 수 있다고 하는 이제까지 중국 불교의 상식을 뒤엎고 사람들에게는 다섯 가지의 종성種姓[고트라]의 구별이 있어서 부처가 될 수 없는 사람도 있다고 하는 주장이 인도 불교의 최신 교리로서 전해진 것이다.

이로 인해 격렬한 논쟁이 일어났다. 당에 유학하고 있던 원측圓測 등의 신라 승려들도 현장의 번역과 주석 작업에 참여하여 활약하면서 논쟁에 가담하였다. 그 원측을 후원하고 있던 측천무후則天武后는 경전의 내용을 여제女帝 출현의 예언으로 볼 수 있다고 선전하여 중국 역사상 처음으로 여성 황제가 되었다.

이 무렵에는 선종이 장안과 낙양에 진출하고 있는데, 측천무후도 신수神秀·노안老安 등의 선승을 궁중에 초청하고 있다. 선종에서는 사람들의 본래 있는 그대로의 마음이 부처라고 단언하며 의표를 찌르는 행동으로 교화했던 마조도일馬祖道一과 같은 선승들이 잇따라 등장하여 급격히 세력을 확대하였다.

9세기 중엽에 무종武宗에 의해 폐불이 행해지면서 학문불교의 여러 학파들은 타격을 입었지만 선종은 전국으로 확대되어 당말에서 5대 10국 시대에 걸쳐 중국 불교의 주류가 되었다.

본 장에서는 중국 불교가 가장 발전했던 시기라고 하는 당대의 불교에 대하여 그 국제적 성격과 선종의 전개에 중점을 두어 살펴보고자 한다.

1. 당의 불교정책

당나라 초기의 도교 중시

수나라 말기 각지에서 반란이 일어나자 한족화한 선비계 씨족 출신의 유력 무장으로 양제의 사촌이었던 이연李淵이 군대를 일으켜 당을 건국하고 고조高祖(재위 618-626)로 즉위하였다[무덕武德 원년(618)]. 제2대 태종太宗(재위 629-649)은 정관貞觀 11년(637) 정월에 내린 조서에서 이李씨인 자신이 노자(본명 이이李耳)의 후손이므로 모든 의례에서 도사道士와 여관女冠(여성 도사)이 승려의 위에 위치하여야 한다고 선언하였다. 그 결과 세력을 얻은 도교 측과 반발하는 불교 측 사이에 격렬한 논쟁이 일어났고, 불교 측은 많은 도교 비판서를 만들었다.

태종은 또한 이 해에 '도승격道僧格'을 제정하여 도교와 불교 교단에 맡겼던 도사와 승려의 처벌 일부를 국가가 집행하도록 하였다. 이 시기에는 승려들로 하여금 황제와 부모에게 절하도록 명령한 조칙을 둘러싸고 이제까지 여러 차례 문제가 되었던 '사문불경왕자沙門不敬王者' 논쟁이 다시 일어났다. 불교 측은 도선道宣을 중심으로 격렬하게 저항하였다.

뒤에 이야기되듯 현장이 정관 19년(645)에 장기간에 걸친 구법 여행에서 돌아오자 태종은 그의 번역 작업을 적극적으로 후원하였다. 그리고 현장에게 환속하여 국정을 도우라고 요구하였다가 거절되자 그 대신 서역 경영에 도움이 될 수 있도록 『대당서역기大唐西域記』를 짓게 하였다. 여기에서 알 수 있듯 불교에는 무엇보다도 국정에 기여할 것이 기대되었다.

측천무후의 즉위와 무종의 폐불

태종에 이어 즉위한 고종高宗이 홍도弘道 원년(683)에 죽자 황후였던 무후武后는 담무참이 번역한 『대운경大雲經』[대방등무상경大方等無想經]에 나오는 정광천녀淨光天女가 여성의 몸으로 국왕이 될 것이라고 부처가 예언하는 부분에 주목하여 이것은 하늘에서 하생한 미륵에 다름 아닌 무후가 여성 황제로 즉위하는 것을 의미한 것이라는 주석을 퍼뜨렸다. 무후는 주周를 건국하고 성신聖神황제로 자처하며 중국 역사상 최초의 여성 황제가 되었다[천수天授 원년(690)]. 다음 해에는 승려를 도사·여관의 위에 위치하도록 명령하였다.

측천무후는 각지에 『대운경』을 독송하는 대운사를 건립하게 하였다. 또한 후술할 신수와 노안 등의 저명한 선종 승려들을 궁중에 초청하여 선종이 유행하는 계기를 만들었다. 그러나 편향된 정치가 비판받으면서 측천대성황제則天大聖皇帝라는 존호를 헌상받고 퇴위하게 되었다. 신룡神龍 원년(705)에 중종中宗이 즉위하여 당이라는 국호를 부활시켰지만, 실제로는 당은 한 차례 멸망하였었다.

선천先天 원년(712)에 즉위한 현종玄宗(재위 712-756)은 스스로『노자』의 주석[어주御注]을 지을 정도의 도교 신자로, 도교를 불교의 위에 두었다. 현종은 유교의『효경』과 불교의『금강반야경』에도 어주를 지었지만, 그것은 종교계의 정점에 서서 유·불·도 3교를 통괄하기 위한 것이었고, 점차 불교에 대한 통제를 강화해갔다.

현종 시기에는 국제적인 문화가 크게 발전하였지만, 천보天寶 14년(755)에 시작된 안록산安祿山·사사명史思明의 난(안사의 난)으로 국력이 쇠퇴하고 지방을 통치하는 절도사들의 자립이 촉진되었다. 그러한 가운데 도교에 열중하였던 무종武宗(재위 840-846)이 회창會昌 5년(845)에 불교와 삼이교三夷敎의 폐절을 명령하였다. 삼이교는 외래의 천교祆敎(조로아스터교), 경교景敎(네스토리우스파 기독교), 명교明敎(마니교)를 가리킨다.

이 '회창폐불'로 승려는 모두 환속 되고, 죽은 황제·황후와 관계되는 사찰 등을 제외한 막대한 수의 사찰이 폐지되었다. 불상과 경전이 파괴되고 사찰의 토지와 노비도 몰수되었다. 이 시기의 참상에 대해서는 당에 들어가 있던 일본 천태종 승려 엔닌[圓仁](794-864)의『입당구법순례행기入唐求法巡禮行記』에 자세히 서술되어 있다. 다만 반쯤 독립정권의 형태를 띠고 있던 하북 지방의 절도사들은 폐불의 명령을 받고서도 "황제폐하가 스스로 오셔서 태우신다면 할 수 없지만 우리들은 그러한 일은 할 수 없습니다."라며 거부하였다.

무종이 다음 해에 도교의 장생약을 너무 많이 먹어 죽으면서 불교는 다시 부흥하였다. 하지만 폐불로 받은 타격은 적지 않아서, 교리연구에 집중하던 법상종 등의 여러 학파는 세력이 위축되었다.

2. 학파·종파의 성쇠

천태종

천태종은 장안관정이 수 양제에 지나치게 접근한 탓도 있어서 당대에는 전국적으로 발전하지 못하였다. 다만 형주 옥천사의 홍경弘景(634-713)이 당대 천태종 승려로는 드물게 수도에서 역경에 참가하였고, 측천무후와 중종의 수계사가 되었다. 나중에 일본에 건너가게 되는 감진鑑眞(688-763) 등의 제자를 길러내기도 하였다. 또한 홍경에게 사사한 혜진惠眞(생몰년 미상)의 제자 중에 대연력大衍曆을 만든 것으로 유명한 일행一行(683-727)은 선무외善無畏[슈바카라싱하](637-735)에 협력하여 대표적 밀교 경전인『대비로자나성불신변가지경』(대일경)을 한역하고, 천태종의 교리를 활용하여 주석『대일경의석大日經義釋』을 지었다.

한편 천태산 불농사佛隴寺에서 천태지의의 교학에 대한 연구와 보급에 힘썼던 담연湛然(712-782)은 천태삼대부의 주석인『마하지관보행전홍결摩訶止觀輔行傳弘決』,『법화현의석첨法華玄義釋籤』,『법화문구기法華文句記』를 지었고, 생명이 없는 자연물도 깨달은 자의 눈으로 보면 부처에 다름없다고 하는 '무정성불설無情成佛說'을 이야기한『금강비론金剛錍論』등을 저술하였다. 다만 담연은 지의가 이용하지 않았던『대승기신론』의 교리를 받아들였고, 지의 이상으로『법화경』의 초월성을 강조하였기 때문에 지의의 사상과는 달라진 부분도 생겨났다.

현장이 가져온 충격

당시 중국의 유식학 연구에 만족하지 못하고 있던 현장은 한역되지 않은 유식학 경론이 있음을 알고 인도로 구법여행을 떠날 것을 결심하였다. 정관 원년(627)에 국가의 금령을 어기고 서쪽으로 향하였다. 고창에서는 국왕의 요청으로 『인왕경』을 강의하였고, 인도에서는 최대의 학문 사찰인 날란다 사에서 계현戒賢[시라바드라]에게 사사하여 최신의 유식학과 인명학을 배웠다. 이후 인도 각지를 돌아다닌 후 정관 19년(645)에 귀국하여 열광적인 환영을 받았다.

현장은 태종·고종의 보호를 받으면서 『해심밀경』, 『섭대승론』 등의 유식문헌, 『구사론』 등의 아비다르마 문헌, 『유마경』 등의 대승경전을 새롭게 재번역하고, 일부밖에 번역되어 있지 않았던 유식학 문헌 『요가차라부미』 전체를 『유가론』(1백 권)으로 번역하였다. 또한 6백 권의 『대반야경』, 2백 권의 『대비바사론大毘婆沙論』 등의 방대한 문헌을 처음으로 한역하였다. 그리고 진나陳那의 『인명정리문론因明正理門論』과 상갈라주商羯羅主의 『인명입정리론因明入正理論』 등의 인명 문헌을 한역하여 새로운 분야를 도입하였다.

이들 중에서 정관 23년(649)에 번역한 『불지경론佛地經論』에서는 사람에게는 아라한이 되는 '성문종성聲聞種姓', 독각이 되는 '독각獨覺종성', 부처가 되는 '여래如來종성'[보살종성], 어떤 것이 될지 정해져 있지 않은 '부정不定종성', 부처가 되는 능력이 없는 '무유출세공덕종성無有出世功德種姓'(세속에서 벗어날 공덕이 없는 종성)의 다섯 종류가 있다고 하였다. 그리고 다른 경전에서 일체의 사람들에게 불성이 있다고 한 것은 실제로 작용하는 것과는 관계없는 본질로서의 불성을 이야기한 것이거나 아니면 부정종성의 사람들을 격려하기 위한 방편으로서 '일체'라고 이야기한 것이라고 하였다.

현장의 번역 작업에 참여하고 있던 영윤靈潤(생몰년 미상)이 이 설을 비판하자 같이 번역에 참여하고 있던 신태神泰(생몰년 미상)가 영윤에게 반론하였다. 백제의 의영義榮(생몰년 미상)이 영윤의 견해에 찬성하며 신태의 설을 예리하게 비판하자, 현장 문하에 있던 신라 승려 신방神昉(생몰년 미상)이 『종성집種姓集』으로 반론하였다.

현경顯慶 4년(659)에 번역된 『성유식론成唯識論』에서는 종성의 구별에 대해 더욱 자세하게 논하고 있었는데, 『일승불성구경론一乘佛性究竟論』을 지은 법보法寶(627-705 전후) 등이 강하게 비판하면서 논쟁이 더욱 격렬하게 되었다.

현장 자신은 이 문제에 관한 책을 저술하지 않았는데, 서역의 위지尉遲씨 계통으로 장안에서 태어난, 현장 문하를 대표하는 기基(자은慈恩, 632-682)가 이전에 번역된 구역의 문헌들에 오류가 많다고 하면서 『성유식론술기成唯識論述記』, 『성유식론장중추요成唯識論掌中樞要』, 『법화현찬法華玄贊』 등을 지어 이 문제에 대해 자세히 논하면서 오성각별설의 정당성을 강조하였다. 기의 문인인 혜소慧沼(648-714)도 『성유식론요의등成唯識論了義燈』 등에서 기의 주장을 보강하여 법상종의 기초를 다졌다.

현장 번역의 문제점과 신라 승려의 활약

부처가 될 수 없는 종성에 대한 것은 인도의 문헌에 보이기는 하지만 '친광보살親光菩薩'이 지었다고 하는 『불지경론』과 '호법보살護法菩薩'이 지었다고 하는 『성유식론』은 범어 문헌을 직접 번역한 것이 아니다. 현장이 인도 유학 중 혹은 귀국 이후에 완성한 해석을 인도 논사들의 해석과 합하여 편집한 후 번역이라는 형태로 발표하였을 가능성이 높다.

혜소를 이은 지주智周(668-723)는 『성유식론연비成唯識論演祕』 등을 지어 기의 주장을 발전시켰다. 이후 이 계통은 화북에도 남았지만 오히려 신라와 일본에서 크게 융성하였다. 한편 혜소와 그 문하는 다리를 놓는 등의 사회사업에 힘썼다. 스스로가 부처가 되는 보살종성이라고 확신하였으므로 보살행에 힘썼다고 볼 수 있다. 고대 일본에서도 이런 종류의 사회사업을 행한 것은 일승이나 불성을 강조하는 파의 사람들이 아니라 도쇼道昭나 교키行基 등의 법상종 승려들이었다.

신역유식설에서 중요한 역할을 하였던 것은 신라 출신의 유학승으로 현장의 스승인 법상法常에게 사사하였던 원측圓測(613-696)이었다. 어학 실력이 뛰어나고 정밀한 학풍으로 명성을 날린 원측은 장안의 국제 불교센터였던 서명사西明寺에 머무르며 유식 관련의 많은 주석서들을 지었고, 측천무후의 존중을 받았다. 원측도 오성각별설을 설하였지만, 세력 경쟁을 하고 있던 기의 제자들로부터는 현장의 설에 어긋난다고 비난받았다. 이 때문에 『해심밀경소』, 『인왕경소』, 『반야심경찬』 등의 일부 저작밖에 남아 있지 않다. 『해심밀경소』는 티베트어로도 번역되었다. 원측의 문하에는 현장의 번역 작업에 참여하였던 승장勝莊(생몰년 미상) 등의 신라 승려들이 있었고, 인명 관련 서적을 찬술한 문궤文軌(생몰년 미상)도 원측과 동문의 신라 승려였다.

종남산의 남산율종

수 문제에 의해 불교가 부흥되면서 종남산에 숨어 있던 승려들 다수가 장안에 초빙된 것은 앞 장에서 이야기하였는데, 그 후에도 종남산은 장안에서 비교적 가까운 산림수행의 장소로 중시되었다. 여러 학파의 승려들이 종남산을 본거지로 하여 활약하였다.

남산(종남산)율종의 개조로 여겨지는 도선道宣(596-667)도 당나라 초기에 종남산 정업사淨業寺에서 수행과 연구에 힘쓰며 종남산과 장안을 왕래하였다. 도선은 부파불교의 계율인『사분율四分律』과 대승의 정신을 지키는 입장을 강조하는 보살계가 공존할 수 있도록『사분율행사초四分律行事鈔』를 지어 중국 사찰의 생활규범과 수계의례를 정비하였다. 이후의 중국 불교는 율에서는『사분율』을 근본으로 하게 되었다.

도선은 도교와의 서열 경쟁 및 승려들로 하여금 황제와 부모에게 예경하도록 한 명령을 둘러싼 논쟁 때에는 불법을 수호하기 위한 활약을 하였고, 이후 관련 자료들을 모아『광홍명집廣弘明集』을 편찬하였다. 또한 경론 목록인『대당내전록大唐內典錄』을 편찬하고, 승려들의 전기인『속고승전』, 영험담인『집신주삼보감통록集神州三寶感通錄』등을 지은 대표적 불교사가이기도 하다.

도선의 영향을 받은 의정義淨(635-713)이 함형咸亨 2년(671)에 해로로 출국하여 25년 동안 인도와 스리랑카 각지를 돌아다니다가 해로로 귀국하였다.『근본설일체유부율根本說一切有部律』등의 계율과『금광명최승왕경金光明最勝王經』,『미륵하생성불경彌勒下生成佛經』,『공작왕경孔雀王經』등의 경전을 번역하였고, 그 밖에『남해기귀내법전南海寄歸內法傳』을 지어 계율에 관한 상황을 포함한 인도 불교의 실상을 전하였다.

삼계교 금압

삼계교가 종남산 신행의 묘소를 성지로 하고 있었음은 앞 장에서 이야기하였는데, 그들이 주로 활동한 곳은 장안과 낙양이었다. 장안에는 많을 때에는 55곳의 삼계교 사원이 있었다고 한다. 화도사에서는 방대한 보시를 무진장으로 운영하였고, 고관 중에도 신자들이 늘어났는데, 이로 인해 반발이 생겨났다. 측천무후의 증성證聖 원년(695)에는 부처의 뜻에 어긋난다고 하여 삼계교의 책들이 몰수 되었다. 성력聖曆 2년(699)에는 걸식·장재長齋·지계持戒·좌선 이외의 활동이 금지되었고, 화엄종의 법장法藏(643-712)에게 장안의 화도사와 낙양의 복선사福先寺 무진장을 감사하도록 명하였다.

나아가 현종의 개원開元 13년(725)에는 삼계교 승려가 독립하여 다른 승려와 별도로 거주하는 것을 금지하고, 신행의 저작 등을 '위경'이라고 하여 파기하였다. 이러한 금압으로 삼계교의 세력이 위축되었지만 신자들의 활동은 여전히 계속되었다. 일본에도 『삼계불법三階佛法』 등의 삼계교 서적이 전해졌다.

화엄종의 성립

영유에게 수학한 지론학파의 정연靜淵 또한 북주의 폐불 때에 종남산으로 달아나 산 중턱에 지상사至相寺를 세웠다. 그 지상사에서 활약한 대표적 인물이 27세에 『화엄경』 주석서 『수현기搜玄記』를 지어 『화엄경』을 최고의 '종宗'으로 하는 교판을 세운 지엄智儼(602-668)이다.

지엄은 불성을 세밀하게 분류하고, 여래장과 번뇌의 관계를 자세하게 논하던 지론종 남도파(제3장 제3절 참조)에 불만을 느끼고 여래장사상의 원천인 『화엄경』 성기품의 종교성을 회복하려고 하였다. 즉, 지엄은 일체중생은 과거생에 이미 부처가 되었지만 무한히 수행·성불·열반을 반복하는 것이라고 주장하면서, '동시同時'라는 점을 강조하는 독자적인 시간론을 전개하였다.

신라에서 유학 와 지엄을 사사하였던 의상義湘[義相으로도 표기](625-702)은 지엄이 죽기 직전에 『화엄일승법계도華嚴一乘法界圖』를 지었다. 이 책은 『화엄경』의 '마음과 부처와 중생, 이 셋은 차별이 없다'는 사상을 시로 정리하고, 이를 처음부터 끝까지 끊어지지 않고 빙글빙글 돌아가는 모양으로 배치하여, 출발점의 중생과 귀착점의 부처의 동시성을 드러냈다.

사마르칸드 이주민 3세로 지엄에게 사사하였던 법장은 『화엄오교장華嚴五教章』, 『화엄경탐현기華嚴經探玄記』 등을 지어 화엄종의 교판을 정비하였다. 그는 측천무후와 관계가 긴밀하였고, 실차난타實又難陀(652-710)와 함께 80권본 『화엄경』을 번역하였다. 법장은 불성·여래장이 사물과 현상의 근본이라고 주장하는 지론학파와 달리 각각의 사물과 현상이 다른 일체의 사물과 현상을 포함하고, 일체를 포함하는 그러한 사물과 현상이 다시 다른 사물과 현상을 포함하고 있다는 '중중무진重重無盡'의 모습을 화엄의 세계로 강조하였다. 다만 법장은 화엄종의 중요 개념으로 여겨지는 '사사무애事事無礙'(현상과 현상이 서로의 들어가고 들어와 막힘이 없음)라는 말을 사용하지는 않았다.

법장은 『화엄경』보다 낮은 수준으로 간주한 『대승기신론』 주석인 『기신론의기起信論義記』에서는 서위의 지론학파 이래의 '여래장연기'(제3장 제4절 참조)를 최고의 교리라고 하면서, 여래장사상을 설하는 경론인 『대승기신론』, 『능가경』, 『승만경』 등을 최상위의 여래장연기종으로 하는 4종판四宗判을 제시하였다. 『대승기신론』의 문장 해석에서는 신라 원효의 『기신론소起信論疏』를 크게 수용하였지만, 여러 이론을 조화시키려 했던 원효와 달리 유

력한 신역유식설을 유식법상종으로 칭하며 여래장연기종의 아래에 위치시
켰다.

이러한 종남산·장안의 화엄종과 다른 계통의 화엄종을 전개한 인물이
오대산五臺山 근처 태원太原(현재 산서성)에서 활약하였던 거사 신분의 이통
현李通玄(635-730)이었다. 이통현은 범어를 읽을 수 있었던 지엄이나 법장과
달리 번역된 한문만을 보고서 생각하였으며, 『주역』과 『노자』의 사상을 『화
엄경』 내용과 결합하여 실천적인 해석을 제시하였다. 중국사상의 색채가
짙은 『신화엄경론新華嚴經論』 등의 저작은 후대의 선승과 유학자들에게까지
널리 읽혔다.

법장과 이통현의 영향을 받은 징관澄觀(738-839)과 그 제자 종밀宗密(780-841)
은 모두 선종의 가르침도 계승하였고, 중국사상의 영향을 크게 받았다. 국
사가 되었던 징관은 실차난타가 번역한 『화엄경』 주석 『신화엄경소』와 그
보주補註 『연의초演義鈔』를 지었다. 또한 스스로 반야般若삼장(733?-?)과 함께
40권본 『화엄경』을 번역하였다. 한편 반야삼장이 『대승본생심지관경大乘本生
心地觀經』을 장안의 예천사醴泉寺에서 번역할 때에 범어를 받아 적고[필수筆受],
한문으로 번역하는[역어譯語] 역할을 한 것은 당에 유학하였던 일본 승려 레
이센[靈仙](759?-827?)이었다. 레이센은 원화元和 6년(811)에 '삼장 법사'의 칭
호를 수여받았다.

종밀은 『대승기신론』에 기초한 의경 『원각경圓覺經』을 중시하였고, 여래
장연기를 음양오행설 등의 중국사상과 결합하여 『원인론原人論』 등에서 만
물의 발생을 설하는 이론처럼 활용하고 있으며, 이러한 이해가 중국 불교에
영향을 미치게 되었다. 종밀은 또한 당시 선종의 동향을 정리한 『선원제전

집도서禪源諸詮集都序』등을 지었는데, 하택신회荷澤神會 계통의 선종인 하택종荷澤宗(후술)을 옹호하고 마조도일馬祖道— 계통의 홍주종洪州宗을 비판하였다. 후에는 홍주종이 융성하고 하택종은 차츰 쇠퇴해갔다.

정토교

당대 정토교의 대표자인 선도善導(613-681)는 젊어서 종남산 오진사悟眞寺에 들어갔다가 나중에 진양晉陽(현재 산서성 태원시)에 있던 도작에게 사사하여『관무량수경』에 의거한 정토교를 배웠다. 현장이 귀국한 정관 19년(645)에 도작이 죽자 장안에 돌아와 포교를 시작하였다. 주저인『관경소觀經疏』에서는 죽은 사람을 아미타불·보살·비천 등이 다 같이 맞이하러 오는 왕생에서부터 아무도 맞이하러 오지 않는 왕생에 이르는『관무량수경』에서 이야기하는 9종의 왕생은 모두 범부의 왕생에 대해 이야기한 것이라고 하고, 입으로 외우는 구칭염불이야말로 아미타불의 본원本願에 맞는 것이라고 하였다.

선도는 정토교의 확립과 의례의 정비에 힘썼을 뿐 아니라 적극적으로 포교 활동을 하였다. 정토를 묘사한 그림 3백 부를 그리고『아미타경』수만 권을 서사하였으며, 청중을 매료시키는 설법을 하였다. 이 때문에 설법을 들은 직후에 절 문 바깥의 나무에 올라가 서방왕생을 발원하며 투신자살하는 사람까지 나왔다고 한다.

밀교

동인도 출신의 선무외善無畏는 개원 4년(716)에 장안에 도착하여『허공장구문지법虛空藏求聞持法』,『소바호동자경蘇婆呼童子經』,『소실지갈라경蘇悉地羯羅經』등의 밀교 경전을 번역하였다. 칙명으로 번역되지 않은 범어 경전을 찾은 끝에, 위에서 이야기한 것처럼 『대일경』을 얻어 일행과 함께 번역하였다. 하지만 밀교 승려로서 특별한 대접을 받지는 못하였다.

밀교라는 개념이 정착한 것은 남인도에서 스리랑카, 자바를 거쳐 개원 7년(719)에 장안에 들어와 『금강정유가경金剛頂瑜伽經』 등을 번역한 금강지金剛智[바지라보디](671-741)가 승속의 사람들을 위해 '관정灌頂'을 실시하면서부터이다. 관정에는 제자에게 밀교의 법을 전하는 전법관정, 일반신자에게 밀교와의 인연을 맺게 하는 결연관정 등 다양한 종류가 있다.

소그드계라고 하는 불공不空[아모가바즈라](705-774)도 금강지에게 사사하고 활발히 관정을 행하였다. 또한 불공은 그림의 명수였으므로 현란한 만다라나 독특한 법구를 사용하여 행하는 의례를 정비하여 밀교를 세상에 널리 알렸다. 금강지가 죽은 후에는 『금강정경金剛頂經』의 완본을 찾아 스리랑카와 인도 남부에 건너가 용지龍智 삼장(생몰년 미상)으로부터 여래장사상을 밀교화한 태장부胎藏部와 금강(다이아몬드)과 같이 견고한 대일여래의 지혜를 상징하는 금강계부金剛界部의 전법관정을 받았다고 한다. 천보天寶 5년(746)에 장안에 돌아와 현종에게 관정을 주고, 『진실섭경眞實攝經』, 『금강정경』 같은 현세에서의 성불을 이야기하는 중요한 밀교 경전들을 번역하였다.

불공은 만다라 수법修法*에 관한 경전을 번역하거나 기존에 번역된 경전을 다시 번역한 것도 많은데, 실제로는 불공의 편집·저작에 가까운 것들이 많다. 그 밖의 번역들에도 원전에는 없는 국왕수호 등의 내용이 포함된 것이 있다. 불공에게 가탁된 경전이나 의궤儀軌(수법修法의 매뉴얼)도 많다. 불공은 소그드인들의 지지를 받았고, 만년에는 오대산에 금각사金閣寺를 건립

수법修法
재난을 막고 복을 불러오기 위하여 밀교에서 행하는 기도와 같은 행법. 목적에 따라 본존, 단壇의 갯수, 진언, 수인 등이 다르게 규정되어 있으며 이를 엄격하게 지켜야 한다.

하고 문수신앙 선양에 힘썼다.

불공의 제자인 혜과惠果(748-806)는 다음에 이야기할 북종선에서 전향하여 불공을 사사하였다. 혜과는 태장부와 금강계부라는 서로 다른 계통을 태금불이胎金不二의 양부로 통합하여 인도에는 없는 밀교를 만들어냈다. 혜과는 자바의 변홍辯弘(생몰년 미상)에게 태장법, 신라의 혜일惠日·오진悟眞(생몰년 미상)에게 태장법과 제존지념교법諸尊持念敎法을 전하였고, 많은 중국의 승려와 속인들에게도 다양한 법을 전하였다. 한편 죽기 직전에 찾아온 일본의 구카이[空海]에게 태장·금강계의 법을 전하였다.

3. 선종의 발전

선종흥륭의 기반이 된 의경

의경이 동아시아 불교의 형성에 미친 영향의 중요성에 대해서는 앞에서도 이야기하였지만, 수에서 당까지의 시기에 특히 주목되는 것은 의경·의론의 급격한 증가이다. 양나라 승우僧祐가 편찬한 『출삼장기집出三藏記集』(515)의 <의경록疑經錄>에는 46부·56권이 수록되어 있었는데, 수나라 법경法經이 편찬한 『중경목록衆經目錄』(594)에는 번역자가 명확하지 않거나 번역자가 의심스러운 '의혹疑惑'부와 명백한 중국 찬술로 그 내용이 의심스러운 '위망僞妄'부를 합하여 196부·382권으로 증가하였다.

그리고 다시 당나라 지승智昇이 편찬한 『개원석교록開元釋教錄』(730)에는 총계 1천 76부·5천 48권 중 '의혹재상疑惑再詳'(의심스러워 다시 살펴야 함) 항목이 14부·19권, '위망난진僞妄亂眞'(거짓으로 참을 어지럽힘) 항목이 392부·1천 52권에 이르고 있다. 권수로는 5분의 1을 조금 넘고, 부수로는 3분의 1을 조금 넘는다. 당시 널리 읽혔던 경전의 절반 정도 혹은 그 이상이 중국에서 성립되었던 것이다. 더욱이 진짜 경전으로 여겨진 것 중에도 『인왕반야경』이나 『범망경』과 같은 중요한 의경이 상당수 포함되어 있었을 뿐 아니라 경전목록에서 위경이라고 판정된 문헌 중에 저명한 승려나 서민들에게 중시된 것들도 적지 않다.

의경은 질과 내용의 측면 모두 실로 다양하다. 예를 들면 당나라 이전에 성립된 의경인 『심왕경心王經』에서는 "부처가 중생을 구제하고, 중생이 부처를 구제할 때에 비로소 평등이라고 말할 수 있다."라고 단언하면서, 중국풍의 형태로 부처와 중생의 평등을 이야기하고 있다. 선종의 선구라고 할 수 있는 주장들을 제시한 것으로 볼 수 있다. 나아가 당나라 초기에 성립된 의경인 『구경대비경究竟大悲經』에 이르면 스스로의 번뇌야말로 부처인 이상 번뇌를 끊어 깨달음을 구하려 하는 것은 부처를 죽이는 것과 같다고 단언하고 있다. 이러한 자세와 대담한 표현이야말로 후의 임제의현臨濟義玄 같은 선승들이 출현할 수 있는 기반이었다.

동산법문

선종에서는 혜가 이후의 계보가 명확하지 않다. 선종의 활동이 활발해져 관련 기록이 증가하는 것은 무덕武德 7년(624)에 기주冀州(현재 호북성) 황매현黃梅縣의 쌍봉산雙峯山에 들어가 제자를 키운 도신道信(580-651)부터이다. 도신은 중생과 부처가 동일하고, 마음이야말로 부처라고 강조하는 한편 노장풍의

'임운任運'(흐름에 맡김)이나 도교적인 '수일불이守一不移'(진리인 일一을 지키며 흔들리지 않음)를 설하였고, 이러한 입장을 선정 중에서만이 아니라 일상생활 속에서도 관철해야 한다고 주장하였다.

도신을 이어서 '동산법문東山法門'이라고 불리게 된 홍인弘忍(601-674)은 저술을 전혀 짓지 않고 신변의 사물을 활용한 구체적인 교화를 행하였다고 한다. 두 개의 부젓가락을 보여주며 "어느 것이 길고, 어느 것이 짧은가?"라고 묻거나, "부처에게 32상相[특징]이 있다면, 기둥에도 또한 32상이 있는가?"라고 하였다고 한다.

홍인 문하의 신수神秀(?-706)는 측천무후·중종·예종睿宗의 존숭을 받고 궁중에 초청되어 천하에 선의 법문을 알렸다. 신수에 대해서는 '그대는 종을 치는 소리가 들리는가. 그 소리는 치는 때에 있는 것인가, 치지 않을 때에도 있는 것인가', '다리가 흐르는 것이고 물이 흐르는 것이 아니다' 등의 말이 전하고 있다. 사람들은 이러한 말을 제시해달라고 다투어 간청하였다고 한다. 신수가 죽자 보적普寂(651-739)이 그 뒤를 이었다.

신수와 마찬가지로 측천무후 등의 존숭을 받고 초청되었던 인물이 숭산崇山(현재 하남성)의 회선사會善寺에서 활약하였고, 장수하여서 노안老安이라고 불렸던 혜안慧安(582-709)이다. 혜안은 돈오(단박의 깨달음)를 강조하였고, 제자의 질문에 대해 『능가경』의 내용과 같이 눈을 깜박여 대답하거나 거친 말로 꾸짖는 등 후대의 선종풍의 지도를 하였다.

'남종 대 북종'이라는 도식

홍인의 수많은 제자들 중 대표로 여겨진 것은 신수였다. 그는 처음에 낙양에 진출하여 초조 달마, 2조 혜가, 3조 승찬僧璨, 4조 도신, 5조 홍인으로 이어지는 계보를 설하여 선종을 퍼뜨렸다. 그 밖에 숭산 소림사少林寺의 법여法如(638-689), 남방에서 활약한 혜능慧能(638-713), 고구려 승려 지덕智德(생몰년 미상) 등도 유력한 지도자로 인정받았던 것으로 보인다. 이후에는 법지法持(635-702)의 계통이 삼론학파의 영향이 강한 우두종牛頭宗을 형성하였다.

그런데 보적을 사사하려다가 냉대 받고서 중국 남단의 조계曹溪(현재 광동성 소관韶關시)로 가서 혜능을 사사한 하택신회荷澤神會(684-758)는 이러한 세간의 평가를 정면으로 부정하였다.

자신의 스승인 혜능이야말로 홍인으로부터 달마 이래의 가사를 물려받은 정통 후계자인 6조六祖이며, 돈오를 설하는 점에서도 남천축의 달마의 전통을 올바르게 이은 '남종南宗'이라고 하였다. 이에 비하면 신수 등은 방계로서, 서서히 번뇌를 제거해가는 점오漸悟의 '북종北宗'에 불과하다고 비판하였다. 신회는 좌선을 선정과 동일시하는 것을 부정하고, 본성을 깨달은 후 일상생활에서 생생하게 활동하면서 적정寂靜(고요함)한 모습이야말로 선이라고 주장하였다.

이로 인해 논쟁이 일어났는데, 안사의 난으로 북종선의 지지층이 약화된 것과 달리 신회는 성대한 수계법회를 개최하고 반란 평정을 위한 군자금을 모아 헌납하였으므로 하택종이라고 불린 신회의 주장이 널리 퍼졌다. 그 결과 다양한 계통의 선승들이 점차 혜능의 제자로 위치 지어지게 되었다. 신회와 그의 제자들은 초조 달마와 6조 혜능에 관한 전설을 잇따라 창작하여, 『육조단경六祖壇經』 등에 수록된 후대의 전통적인 선종사관禪宗史觀을 형성하였다.

마조馬祖에 의한 중국선의 확립

남종인 혜능 계통의 선승들 중에서 주류를 형성해간 것은 노안에게 참선한 후 혜능의 밑으로 갔던 남악회양南嶽懷讓(677-744)에서 마조도일馬祖道一(709-788)로 이어지는 계통과 혜능에게 사사한 청원행사靑原行思(?-740)에서 석두희천石頭希遷(700-790)으로 이어지는 계통이었다. 전자는 뒤에 임제종臨濟宗이 되었고, 후자는 조동종曹洞宗을 이루게 되는데, 실제로는 당시 두 계통은 활발하게 교류하였다.

그중 마조는 홍주洪州(현재 강서성)의 개원사로 옮겨 홍주종이라 불리는 선풍을 퍼뜨렸다. 소승의 선관을 부정하고 여래청정선如來淸淨禪을 설한 『능가경』을 자재하게 변화시켜 임기응변의 교묘한 교화를 행하여 많은 제자들을 길러냈다. 일반적으로 이야기하는 '선종'은 마조에 의해 확립되었다고 해도 좋을 것이다.

본체[체體]와 그것에 기초한 작용[용用]을 완전히 동일한 것으로 간주한 마조는 '즉심시불卽心是佛'(마음이야말로 부처이다)이라는 말의 뜻을 알 수 없다고 하는 제자에게 "어떤 마음이 부처가 아니라고 의심하는가. 그것을 가리켜보라."라고 꾸짖고, "마음을 알고 싶은가? 바로 지금 이야기하고 있는 것이 그대의 마음에 다름 아니다. 이 마음을 부처라고 하는 것이다. … 이 마음을 떠나서 따로 부처가 있는 것이 아니다."라고 단언하였다. 이러한 입장을 단적으로 나타낸 것이 '평상심이 곧 도[平常心是道]'라는 마조의 말이다. 인간 긍정의 극치라고 말할 수 있을 것이다.

그리고 때로는 자각이 부족한 제자의 코를 잡아 비틀거나 자신에게 예배하는 제자를 차서 넘어뜨리거나 하는 등 자재한 교화를 하였고, 이것이 선종의 특징으로 계승되었다. 마조가 죽은 후 그의 말을 구어 그대로 기록한 것이 <어본語本>으로 불리며 곧바로 유포되었다. 이후에도 마조의 제자들이나 후대의 선승들의 어록이 계속하여 세상에 나타나게 되었다.

굴절된 석두계

한편 마조보다 조금 늦게 남악 형산衡山에서 활동한 희천은 마조와 같은 전면적인 인간긍정이 아닌 단순한 이분법으로 해결되지 않는 부정의 형태로 제시하는 경우가 많았다. "달마가 중국에 온 의도는 무엇입니까?"라는 제자의 질문에 "노주露柱(둥근 기둥)에 물어보라."라고 대답한 후 제자가 다시 "저는 알 수 없습니다."라고 하자 "나는 더욱 알 수 없다."라고 한 문답이 그 전형적 예이다. '이것이다'라고 결정하여 안주하는 자세를 끊임없이 경계하는 선풍으로, 제자들이 이를 계승하였다.

흥미로운 것은 이러한 복잡한 인물이었던 석두가 죽은 후 미이라로 만들어져서, 부근에 가뭄이나 홍수, 역병이 있을 때 사람들이 그의 육신에 기도하면 반드시 효과가 있었다는 것이다. 고승의 유해를 옻칠한 천으로 싸서 절에서 예배하는 일이 남북조 무렵부터 때때로 행해졌는데, 홍인·혜능 및 다른 선승들의 경우도 유해가 옻칠한 천으로 싸여 있었다고 전해진다. 혜능의 육신상은 조계의 남화사南華寺에 현존하고 있다.

당나라 선禪의 두 계통

이후 마조의 문하에서 백장회해百丈懷海(749-814)가 나와 농사 등의 '보청작무普請作務'(다 같이 일함)를 선 수행 자체로 위치 짓고, 선종 독자의 계율에 해당하는 '청규淸規'의 기초가 되는 규칙을 제정하여 생활양식을 정하였다. 백장의 주요한 제자 두 사람 중 위산영우潙山靈祐(771-853)는 앙산혜적仰山慧寂(814-890)을 배출하여 위앙종潙仰宗의 개창조가 되었고, 황벽희운黃蘗希運(?-850경)은 "모든 불경들은 똥을 닦는 휴지에 지나지 않는다.", "부처를 만나면 부처를 죽이고, 조사를 만나면 조사를 죽이라."라고 이야기한 임제의현臨濟義玄을 길러냈다. 이러한 말들을 기록한 『임제록』은 널리 환영받았고, 이 임제의 계통이 선종의 주류를 이루는 임제종이 되었다.

석두의 계통은 제자인 약산유엄藥山惟儼(745-828)의 문하에서 동산양개洞山良价(807-869)와 그 제자인 조산본적曹山本寂(840-901)이 나왔는데, 이 흐름이 조동종이 되었다. 천황도오天皇道悟(748-807)의 계통에서는 강남에서 큰 세력을 이루는 설봉의존雪峰義存(822-908)이 나와 활약하였다. 그의 제자인 운문문언雲門文偃(864-949)의 문하가 운문종을 이루고, 또 다른 뛰어난 제자인 현사사비玄沙師備(835-908)의 법계에서 지식인 선승인 법안문익法眼文益(885-958)이 나와 법안종을 만들었다. 이상이 선종의 5가五家(임제종·위앙종·조동종·운문종·법안종)인데, 이는 당말에서 오대 시기의 상황에 의거하여 후대에 만들어진 분류이다.

실제로는 마조 문하의 남전보원南泉普願(748-834)에게 사사하고, 조주趙州(현재 하북성)에서 활약하며 임제의현과 함께 칭해졌던 조주종심趙州從諗(778-897) 등의 영향력 있는 선승들이 많았다. 조주는 "부처는 무엇입니까?"라는 질문에 "그대는 누구인가?"라고 대답하였고, 선의 근본에 대해 묻자 '뜰 앞의 잣나무[庭前柏樹子]'라고 대답하는 등 살활殺活 자재한 응답을 하였다.

당나라 전반기에 융성하였던 여러 학파들은 회창 폐불로 큰 타격을 받았지만, 본래 산림의 사원에서 자급자족에 가까운 생활을 하고, 경전에도 의지하지 않았던 선종은 피해의 정도가 크지 않았다. 또한 매력적인 선승들이 잇따라 출현하여 의표를 찌르는 형태의 교화를 펼치고, 중국사상의 영향도 강하였으므로 환영받게 되었다.

9세기 중엽 이후에 활약하였던 앙산혜적은 『능가경』에서 이야기하는 대승의 여래청정선보다도 조사로 불린 중국 선승들의 조사선을 더 높이 평가하였다. 즉, 중국 선승들의 어록이 인도의 경전, 석가모니에 가탁한 선종계 의경, 보리달마에 가탁된 주석이나 의론들 이상의 지위를 점하게 되었던 것이다. 다만 석가모니를 완전히 부정할 수는 없었으므로, 선종의 이러한 자세는 '교외별전教外別傳'(아난이 전한 경전 이외에 석가모니는 언어를 떠난 진리를 전함), '이심전심以心傳心'(언어를 매개하지 않고 마음에서 마음으로 전함), '불립문자不立文字'(통상의 언어에 의한 설명·논증을 하지 않음) 등의 말로 정식화되었다.

또한 오성각별설을 비판하고 불성설을 강조하면서 아난을 연모한 여성의 이야기에서 시작하여 마음에 의한 외계의 인식문제를 흥미로운 형태로 서술한 의경 『수능엄경』이 8세기 초 무렵에 만들어진 후 선승과 유교 지식인들에게 애독되면서 선종을 상징하는 경전으로 여겨졌다. 『수능엄경』에는 널리 독송되는 '능엄주楞嚴呪'도 설해지고 있다.

4. 당대 문화에 미친 영향

불교 문화의 여러 모습들

창도唱導
대중들을 상대로 경전의
내용이나 불교의 가르침
을 이야기하는 것.

남북조 시기에 승려들의 창도唱導*가 과장되어 청중들의 감정을 지나치게 자극한다고 하는 비난이 있었는데, 당대에는 인기 있는 경전을 일반인을 대상으로 강의하는 '속강俗講'이 오락의 하나로 자리 잡았다. 속강은 강사가 읊으면 청중들이 그에 대응하여 읊는 형식으로 진행되는, 음악법회와 같은 형태를 띠었다.

시간이 지나면서 청중들이 좋아할 만한 묘사가 늘어났고, 이야기로서의 측면이 강화되면서 경전은 소재에 불과한 작품들도 나타났다. '변문變文'이라고 불리는 이야기 중에는 늙은 석가모니가 무상을 한탄하면서 젊었을 때에는 칼을 휘둘러 천축을 통일하였다고 회고하는 등 『삼국지』의 영웅과 같이 묘사되는 경우도 있다.

큰 사찰에는 멋진 불상이나 불화가 봉안되었을 뿐 아니라 벽에는 정토와 지옥, 부처의 전기, 대승의 여러 부처와 보살, 경전의 유명한 장면들이 그려졌다. 또한 꽃과 나무로 유명한 사찰도 많았다. 장안의 대자은사는 모란과 등나무꽃의 명소로 알려졌는데, 특히 모란꽃이 피는 계절에는 수많은 사람들이 몰려들었다.

상업적으로 사경이나 불상을 거래하는 가게들도 생겨났다. 개원 2년(714)에 반포된 조서에는 장안·낙양의 시장 안에서 민간 업자가 삼가지 않는 태도로 사경을 하거나 불상을 주조하고 있다고 이야기하면서 이를 금지시키고 있는데, 실제로는 완전히 억제할 수 없었을 것이다. 당시에는 민중들 사이에서도 불상이나 경전에 대한 수요가 높아졌고, 부모의 추선 법요를 위해 불상을 훔치다 잡혀 정상이 참작된 사례도 있다.

장례 의례도 정비되어 다양한 상황의 회향문 매뉴얼이 유포되었다. 죽은 사람이 남편인 경우, 아내인 경우, 아들인 경우뿐 아니라 가축용까지 있었다. 개가 죽은 경우에는 개의 평소의 충성심을 칭찬하며 정토왕생을 기원하는 회향문도 보이고 있다.

문학에의 영향은 대단히 컸다. 당대를 대표하는 문학자 중 이백李白은 도교신자였고, 한유韓愈는 불교에 강경하게 반대한 복고주의 유학자였는데, 그 한유조차도 표현의 측면에서는 한역 경전의 영향을 받고 있다. 또한 두보杜甫, 백거이白居易, 왕유王維, 유종원柳宗元 등은 모두 선종에 마음을 기울인 사람들이었다.

예를 들면 백거이의 <장한가長恨歌> 중 서두에 양귀비가 온천에서 목욕하는 장면은 부처의 전기인『불소행찬』의 표현을 이용한 것으로, 미녀가 목욕하며 남성을 매혹시키는 것은『불본행집경佛本行集經』등의 경전에도 묘사되고 있다. 유교의 제약이 강하였던 당시까지의 중국 문학에서는 그러한 표현은 볼 수 없었다.

선종의 전국적 발전

당나라 말기에는 절도사들의 자립이 진행되었고, 농민과 소금 밀매인의 반란이 이어졌다. 특히 건부乾符 2년(875)에 시작된 황소黃巢의 난으로 통일 왕조로서의 당이 와해되고 화북에는 후량後梁·후당後唐·후진後晉·후한後漢·후주後周의 다섯 왕조, 화중과 화남에는 10국으로 총칭되는 지방정권이 출현하였다.

이 시대에 선종이 주류가 되어 각지에 진출하였다. 설봉의존의 제자인 현사사비는 고향 복주福州에서 존숭받아 활동하면서 이 지역에 선종을 퍼뜨렸다. 선종의 계보가 작성되고, 현재의 선종 이미지의 기초가 정비된 것은 이 5대 10국 시기였다.

이전부터 선종이 발전하였던 강남에서 937년에 후당을 건국한 이변李昪은 앞에서 이야기한 선종 5가 분류의 근원이 되는 『종문십규론宗門十規論』을 지은 문익을 수도 금릉으로 초청하였다. 화엄교학을 중시하면서 여러 학파가 의거하는 경전의 가르침과 선종의 입장이 일치한다고 하는 '교선일치敎禪一致'를 주장했던 문익은 사후에 법안대사로 추증되었다. 같은 강남의 항주를 중심으로 한 오월吳越의 국왕 전錢씨 일족도 법안 계통의 승려들을 중시하였는데, 이들이 법안종이 되어 번성하였다.

영명연수永明延壽(904-976)는 문익의 종풍을 계승하여 선종문헌과 화엄종·천태종 등의 문헌을 모두 모아 융합한 『종경록宗鏡錄』 1백 권을 지어 후대 선종에 큰 영향을 미쳤다. 연수는 고려 광종光宗(재위 949-975)의 요청으로 승려 36명을 받아들였고, 그 결과 고려에도 법안종이 확산되었다.

오월왕 전홍숙錢弘俶은 경전도 중시한 법안종의 천태덕소天台德韶(생몰년 미상)를 초청하여 국사로 삼았는데, 덕소는 전란으로 없어진 천태의 전적을 구하기 위해 일본 천태종의 좌주인 엔쇼[延昌](880-964)에게 편지를 보냈다. 엔쇼는 제자 니치엔[日延](생몰년 미상)을 시켜 1천 권의 책을 보내주었고, 니치엔은 전홍숙이 만들어 유포시키고 있던 『보협인다라니경寶篋印陀羅尼經』과 보협인탑 등을 일본에 가지고 돌아왔다. 이를 계기로 이 경전과 탑이 유행하게 되었다.

6

동아시아 불교의 정착

6 동아시아 불교의 정착

당대에 선종이 유행하자 베트남에서도 선종이 주류가 되었다. 다만 베트남은 중국과 인도의 중간에 위치하는 나라였으므로 그러한 상황을 반영한 선종 계보가 나타났다.

한국에서는 불교의 도입이 늦었던 신라의 약진이 두드러진다. 당에 들어가 활약한 승려들이 많았다. 앞 장에서 이야기한 현장의 신역 유식설을 둘러싼 논쟁이 격화되는 가운데 원효는 여러 경론의 이설과 중국·한국 승려들의 논쟁을 조화시키기 위한 지침을 『대승기신론』에서 발견하고, 주석을 지었다.

신라에서는 또한 지론학파의 영향이 강했던 화엄교학, 재래신앙과 결합한 정서적인 정토신앙 같은 특색 있는 불교가 전개되었다. 불교미술과 불교 예능도 발전하였다.

일본에서는 불교의 주도자가 소가씨에서 천황으로 바뀌었다. 나라 시대에는 여러 지역에 국분사國分寺·국분니사國分尼寺가 설치되었고, 큰 사찰에서는 각각의 학파들이 '종宗'으로 정비되었다.

헤이안 시대에는 천태종과 진언종이 형성되었다. 천태종에서는 계율을 버리고 보살계만으로 정식 승려가 될 수 있다고 하였으며, 나아가 풀과 나무도 성불할 수 있다고 하는 '초목성불설草木成佛說' 같은 일본의 독자적인 이론이 발전하였다. 진언종의 성립으로 밀교가 유행하자 천태종도 『법화경』과 결합하는 형태로 밀교에 힘을 쏟았다. 귀족들 사이에서는 밀교의 기도와 본각本覺사상에 기초한 우아한 불교가 확산되는 동시에 말법의 자각에 기초한 정토신앙도 확대되었다. 불교의 영향은 문학과 신기神祇 신앙에도 미쳤다. 이 장에서는 동아시아의 상호 교류 속에서 각국의 불교가 점차 뿌리내려 가는 상황을 살펴본다.

1. 베트남 지역의 선종 유행

선종의 도입

당나라 고조는 무덕 5년(622) 용편龍編(현재의 하노이 주변)에 교주총관부交州總管府를 설치하고 통치를 강화하였다. 이 시기에는 당에 유학하는 승려들이 많았으므로 당에서 유행하고 있던 여러 계통의 불교가 베트남에 도입되었을 것으로 생각된다. 하지만 베트남에는 오래된 불교 자료가 남아 있지 않아서 14세기의 진조陳朝 때에 편찬된 『선원집영禪苑集英』에 의해 선종의 역사를 살펴볼 수 있을 뿐이다.

이 책에 따르면 베트남 선종의 시조라고 하는 비니다류지毘尼多流支[비니타

루치](생몰년 미상)는 남인도 출신으로 중국에 건너가 북주의 폐불로 사공산 司空山(현재 안휘성)에 숨어 지내던 선종의 3조 승찬을 만나 깨달음을 얻은 후, 승찬의 지시에 따라 남쪽으로 향하였다고 한다. 북주의 대상大象 2년 (580)에 교주의 법운사法雲寺에 이르러 법현法賢(?-626)에게 법을 전하였고, 이후 3백여 명의 승려가 모여 선종이 발전하게 되었다고 한다. 아마도 선종이 베트남에 도입되어 성행하게 된 후에 교주에서 경전을 번역하였다는 기록이 있는 비니다류지를 승찬에 연결시켜 계보를 만든 것으로 생각된다.

비니다류지로부터 제14대에 해당하는 네 명의 선사 중 한 사람으로 10세기 중엽에 활약하였던 친애사親愛寺의 마하마야摩訶摩耶 선사(생몰년 미상)는 선조가 베트남 중부의 참파인이고, 부친은 범어 경전을 필사하는 일을 하였다고 한다. 마하마야도 중국어와 범어에 능통하여서 부친의 직업을 계승하여 일하다가 시력을 잃었다. 그 후 선종 승려를 만나 그의 지시로 『대비주大悲呪』를 3년 외운 후 시력을 되찾았다. 귀신을 신앙하던 마을 사람들을 신통력으로 감화시켜 불교에 귀의하게 하였다고 한다. 중국의 선종이 정착한 후에도 참파에서의 이주자 등을 통하여 계속하여 인도 불교의 영향을 받고 있으며, 밀교와 습합된 선종의 수행에 힘쓰고 있음을 볼 수 있다.

베트남 선종의 또 하나의 계통은 무언통파無言通派이다. 시조 무언통無言通 (생몰년 미상)은 과묵하면서도 다양한 일들에 정통하여서 이런 이름으로 불리게 되었다. 그는 마조도일의 제자인 백장회해에게 사사하고서 젊은 시절의 앙산혜적을 지도하였으며, 원화 15년(820)에 교주의 건초사建初寺로 왔다고 한다. 중국 측 자료에서 이에 해당하는 인물로는 젊은 시적부터 과묵하여 불어통不語通이라고 불렸던 선승이 있다. 불어통은 백장회해에게 사사한 후 6조 혜능이 주석하였던 남화사에서 활동하며 앙산혜적의 머리를 깎아준 스승이 되었다. 다만 중국 측 자료에서는 불어통이 베트남에 건너갔다는 내용은 보이지 않는다.

베트남 승려의 인도 지향

당대에는 인도나 스리랑카에 건너간 베트남 승려들이 많았다. 궁충窮沖(생몰년 미상)은 당나라 승려 명원明遠과 함께 스리랑카에 건너갔으며, 서인도에서 당나라 승려 원조元照와 신라 승려 현각玄恪을 만나 함께 불적을 순례하다가 왕사성에서 죽었다고 한다. 대승등大乘燈(생몰년 미상)은 장안으로 가서 현장을 사사한 후 인도 순례에 나서 동인도에서 의정과 알게 되었으며, 상인의 일행을 따라 중인도를 순력한 후에 석가모니가 입멸한 곳에서 죽었다고 한다.

자바에 간 베트남 승려도 있었다. 운기運期(생몰년 미상)는 7세기 중엽쯤에 당나라 승려 담윤曇潤과 함께 인도의 칼링가 사람들이 이주해 살고 있던 자바의 칼링가[가릉訶陵]로 건너가 즈냐나바다라[약나발타라若那跋陀羅]에게 사사하였다. 칼링가에 온 성도成都 출신의 중국 승려 회령會寧이 즈냐나바다라와 함께 『아함경』 중의 석가모니 입멸 부분을 한문으로 번역하자 운기는 그의 부탁으로 그것을 가지고 당에 가서 고종에게 헌상한 후 교주를 거쳐 칼링가에 돌아왔다고 한다.

이와 같이 베트남 승려들은 한자 문화권에 속하면서도 인도 지향이 강하였고, 동남아시아나 동아시아 나라의 승려들과도 교류하였다. 동서 교역루트는 그대로 불교교류 루트였던 것이다.

2. 통일신라 불교의 융성

고구려와 백제

당의 고조는 고구려가 열심히 도교를 수용하려 한다는 것을 듣고서 무덕 7년(624)에 도사에게 도교의 최고신인 원시천존元始天尊의 상을 가지고 가서 『노자』를 강의하게 하였다. 영류왕榮留王(재위 618-642)과 신하들이 그 강의를 들었다. 정관 17년(643)에 보장왕寶藏王이 유·불·도 3교를 발전시키려 하였을 때 재상 천개소문泉蓋蘇文(연개소문)은 도교만을 발전시키자고 건의하였다. 승려 보덕普德은 이것을 나라가 멸망할 전조로 보고 반대하였지만 받아들여지지 않자 영휘 5년(650)에 신통력으로 절을 통째로 옮겨 백제의 완산주로 갔는데, 얼마 지나지 않아 고구려가 멸망하였다고 한다.

　이것은 도교를 적대시하는 후대 불교 측의 전승이지만 수의 거듭되는 침략으로 시달렸던 고구려로서는 강대한 당이 천하를 통일하고 도교를 중시하는 정책을 펼치자 그것에 대응하지 않으면 안 되었을 것이다. 실제로 이 시기의 저명한 고구려 승려는 7세기 후반 경에 당을 거쳐 인도에 간 현유玄遊(생몰년 미상)밖에 알려져 있지 않다.

　한편 백제의 무왕武王(재위 600-641)은 당이 건국되자 곧바로 조공하였고, 무덕 7년(624)에 대방군왕·백제왕으로 책봉되었다. 무왕은 부친인 법왕法王이 수도 사비에 건립하기 시작한 장대한 왕흥사王興寺를 완성하였고, 다시 수도의 남쪽에 미륵사를 건립하였다. 미륵사는 익산에 있는 용화산龍華山 기슭의 연못에서 미륵삼존불이 나타난 것을 계기로 무왕이 왕비의 요청을 따라 연못을 메우고 절로 만든 것이다. 동·중앙·서에 각각 탑과 금당, 회랑을 갖추면서 서로 연결된 형태로 한 것은 장래에 미륵보살이 도솔천에서 하생下生하여 세 차례 설법한다고 하는 『미륵하생경』 등의 내용을 고려한 것이다.

이는 이곳이 장래 미륵이 하생할 땅이 되어 불교의 중심이 되기를 바라는 희망 내지는 그렇게 될 것이라고 하는 자부심에 의거한 것으로 생각된다. 백제에서는 그 밖에도 미륵보살상이 많이 만들어졌다. 역사서에 보이는 천신강림의 기록으로 볼 때 미륵신앙은 그러한 재래신앙과 습합된 것으로 생각된다.

신라의 호국불교

수에서 당나라 초기에 걸쳐 많은 신라 승려가 중국에 건너갔다. 그 대표적 인물은 자장慈藏(생몰년 미상)으로, 선덕여왕 12년(643)에 귀국하자 여왕은 그를 대국통大國統으로 임명하였다. 자장은 양산梁山에 통도사通度寺를 건립하고 금강계단金剛戒壇을 만들었으며, 호국을 위해 황룡사에 거대한 9층탑을 세우게 하였다.

신라는 불교를 진흥하기 시작한 무렵부터 국력이 강해져 한반도 남부의 가라加羅 지역을 병합하였고, 660년에는 당나라의 도움을 얻어 일본이 지원하고 있던 백제를 멸망시켰다. 나아가 668년에는 수의 침공을 격퇴하였던 고구려를 당이 공격할 때 도와서 한반도를 통일하게 되었다. 당으로부터 신라국왕으로 책봉되기는 하였지만 당나라 군대를 물리치고 자립하기 위해 당과 싸워 승리하였다. 당은 676년에 통치기구인 웅진도독부熊津都督府와 안동도호부安東都護府를 요동으로 옮기고 한반도에서 물러갔다.

이와 같은 중국과의 복잡한 관계는 신라불교에도 영향을 미쳤다. 예를 들

면 자장은 오대산에서 문수보살을 만나 "너희 나라의 왕은 천축의 찰리종剎
利種[크샤트리아]으로 부처로부터 장래에 성불할 것이라는 예언을 들었으므
로 동이의 야만인들과는 다르다. 너희 나라의 황룡사는 석가모니와 가섭불
이 설법했던 곳으로 좌선하였던 연좌석宴坐石이 남아 있다."라는 이야기를 들
었다고 한다. 이것도 후대의 설화이지만 신라 왕실은 석가모니와 같은 고귀
한 집안이라는 것으로 국왕의 권위를 높이고자 하였고, 불교 후진국이던 상
황을 뒤집어 과거에는 이곳이 불교의 중심지였다고 주장하려 하였던 것으
로 생각된다.

원효와 의상

당과의 교류가 활발해진 결과 신라의 불교는 급속히 발전하였다. 유식과 인
명 등의 최신 분야에서는 당에 필적할 수준에 이르렀다. 그 때문에 현장의
신역 유식설을 둘러싼 논쟁이 신라에 전해지자 곧바로 당과 마찬가지로 오
성각별과 인명의 해석에 관한 논쟁들이 전개되었다.

그러한 논쟁의 조화에 힘쓴 인물이 원효(617-686)이다. 원효는 현장의 귀
국 소식을 듣고서 의상과 함께 당에 가려고 하였지만 실패하여 돌아온 후
많은 주석과 논서를 지었다. 원효는 남편을 잃은 국왕의 여동생과 결혼하여
환속하였고, 설총薛聰이라는 아들을 두었다. 이후에도 계율을 지키는 승려들
로부터 비판될 수 있는 언동을 하였던 것으로 보인다. 설총은 후에 유학자
가 되어 독특한 한문 독해방식인 '이두吏讀'를 만든 것으로 유명하다.

서로 다른 이론들을 모순되지 않게 설명하는 것을 '회통會通'이라고 한다.
부처가 '무상사無上士'(그보다 뛰어난 사람이 없는 사람)라고 불리는 것은 '무

쟁無諍’(다툼이 없음)이기 때문이라고 한 원효는 경론에 보이는 다양한 설들은 각각의 입장에서 이야기된 것으로서 모순 없이 회통될 수 있다고 생각하였다. 그리고 그 근거를 찾은 끝에 여러 설들을 함께 제시하고서 이들을 근원적인 '일심一心' 속에 통합한 『대승기신론』에 도달하였다. 원효는 최초의 주석인 『대승기신론별기』에서는 『대승기신론』을 대승경전 중 최고의 논서라고 단언하고 있다. 역자와 그 진위에 대해 논의가 많았던 『대승기신론』이 이 정도로까지 높이 평가된 것은 동아시아에서 처음 있는 일이었다.

원효는 이후 『대승기신론』과 관계가 깊은 여러 경론의 주석과 『이장의二障義』 등의 『대승기신론』 중의 개별 문제를 다룬 저작들을 지은 후 그 성과에 기초하여 『대승기신론소(해동소海東疏)』를 저술하였다. 또한 『무량수경종요無量壽經宗要』의 해석에서도 『대승기신론』을 활용하는 내용이 있는데, 능력이 낮은 사람, 나아가 부처를 의심하는 사람들까지도 극락에 왕생할 수 있다고 논하고 있다. 원효의 방대한 저작 중 26부가 중국에 전해졌고, 일본에도 많이 전해져서 존중되었다.

한편 『대승기신론』에 대한 특이한 주석으로 용수가 짓고 벌제마다筏提摩多가 번역한 것으로 전해지는 의론擬論인 『석마하연론釋摩訶衍論』에 대해서는 신라 승려의 위작이라는 기록이 있다. 원효의 『기신론소』의 영향을 받은 당나라 법장의 『기신론의기』가 신라에 전해진 후 원효·법장·의상의 영향을 받은 신라 승려가 『석마하연론』을 짓고, 그것이 다시 당에 전해진 것으로 보인다. 마명이 짓고 진제삼장이 번역하였다고 전해지는 『대종지현문본론大宗地玄文本論』도 『석마하연론』과 마찬가지로 신라에서 작성되어 중국에 전해진 것으로 생각된다.

원효에게는 저명한 제자가 없었지만 8세기 중엽에 활약한 태현太賢(생몰년 미상)은 신역 유식설의 입장을 취하면서도 원효의 저작들도 참조하여 '고적기古迹記'라는 제목의 주석들을 다수 찬술하였다. 그중에서 『범망경고적기梵網經古迹記』는 널리 읽혔는데, 특히 일본에서는 근세에 이르기까지 보살계의 대표적 주석으로 존중되었다.

당나라에 유학하여 지엄의 문하에서 공부한 의상은 지엄이 죽자 총장總章 원년(668)에 귀국하여 경상북도 지역에 부석사浮石寺를 개창하고 화엄종을 퍼뜨렸다. 법장이 찬술한 것으로 알려진 『화엄경문답華嚴經問答』은 실제로는 의상과 제자들의 문답을 기록한 것이다. 이 책에서는 지론학파 중의 과격파(제3장 제4절 참조)의 영향을 받아 자신이 장래에 될 부처야말로 자신을 수행하게 해주는 가까운 부처라고 하면서 '자체불自體佛'을 예배해야 한다고 이야기하고 있다. 종남산에서 선종과 삼계교의 영향을 받았던 의상은 자신의 '오척五尺'의 몸을 통하여 『화엄경』의 진리를 실현해가려고 노력하였던 대단히 실천적인 인물이었다.

민간신앙 색채가 강한 불교

신라에서는 미륵신앙과 함께 아미타불의 서방정토 신앙이 활발하였다. 법위法位, 의적義寂, 현일玄一 등이 범부의 왕생을 중시한 특색 있는 주석을 지었다. 그러나 신라의 특색을 보다 명확하게 볼 수 있는 것은 신라의 언어로 지어진 정서적인 '향가鄕歌'를 이용한 민간의 정토신앙이라고 할 수 있다.

예를 들면 일찍부터 불린 향가의 하나에는 "서쪽으로 지금 달이 가고 있습니까. 무량수불에 전해주세요. 왕생하기를 원합니다. 왕생하기를 원합니다. 이와 같이 염불하는 사람을 빠뜨리시면 48원을 이룰 수 없습니다."라고 달에게 호소하는 내용이 있다[원왕생가顯往生歌].

또한 경덕왕 19년(760)에 태양이 둘이 함께 뜨는 이변이 계속되었을 때, 불교 의례로 이변을 없애기 위해 궁정에 초빙된 월명月明(생몰년 미상)은 자신은 승려이기는 하지만 '국선國仙의 무리', 즉 청소년의 학문과 무예 수양집단인 화랑花郎의 일원이어서 향가밖에 할 수 없다고 말하고 '도솔가兜率歌'를 불러 이변을 없앴다고 한다. 이 노래에 부가된 해석에서는 미륵을 '도솔의 대선가大仙家'라고 적고 있는데, 유교·불교·도교·고유신앙 등이 습합되어 있던 화랑의 성격을 보여준다.

그 밖에도 아미타불 내지 관음보살의 화신인 여자 노비가 손바닥에 구멍을 뚫고 새끼줄을 넣어 고정한 채 좌우로 움직이며 염불에 힘쓴 지성으로 하늘에 날아갔다고 하는 샤마니즘적인 정토신앙의 모습도 보이고 있다.

8세기 중엽에 활동하였던 진표眞表는 『대승기신론』에 의거한 점복占卜을 설하는 의경 『점찰경占察經』을 중시하였는데, 미륵의 손가락뼈로 만든 두 개의 간자를 포함하는 189개의 간자를 미륵에게서 받은 후 미륵의 하생을 기다리면서 금산사金山寺에서 『점찰경』에 의거한 참법을 행하는 점찰법회를 보급시켰다고 전한다. 이것은 미륵신앙과 사리신앙 그리고 신라의 전통적인 성골聖骨 숭배신앙이 융합된 것이라고 생각된다.

또한 신라 말에 활동한 도선道詵(827-898)은 왕건王建의 고려 건국을 예언하였고, 인체의 혈穴에 침을 꽂는 것처럼 국토의 요소에 절과 탑[寺塔]을 세우면 평안해진다고 하는 '비보사탑설裨補寺塔說'을 주창하였다. 백제와 그 영향을 받았던 신라에서는 이른 시기부터 풍수설의 근원이 되는 지리술이 성행하였는데, 도선이 그것을 불교와 결합하여 고려 불교에 큰 영향을 미쳤던 것이다.

선종의 전래

선종을 신라에 전한 것은 4조 도신道信에게 사사했던 법랑法朗(생몰년 미상)이고, 그의 제자인 신행神行이 북종선을 전하였다고 하지만 자세한 상황은 알려져 있지 않다. 남종선의 전래는 마조도일의 제자인 서당지장西堂智藏(735-814)에게 오랜 기간 사사한 후 헌덕왕憲德王 13년(821)에 신라로 돌아온 도의道義(생몰년 미상)였다고 전해진다.

같은 지장에게 사사한 홍척洪陟(생몰년 미상)은 귀국하여 지리산에 실상사實相寺를 개창하였다. 이것이 신라에서의 본격적인 선종 사찰의 시초인데, 고려 시대에 들어와 형성된 9산선문九山禪門의 분류에서는 '실상산파'로 불리게 되었다. 한편 도의를 시조로 하는 파는 '가지산파迦智山派'로 불리었다. 역시 지장에게 사사한 혜철慧徹[혜철惠哲로도 표기함](785-861)은 문성왕文聖王 원년(839)에 귀국하여 동리산桐裏山의 대안사大安寺에서 선법을 홍포하여 이후 '동리산파'로 불리게 되었다. 그 밖에도 마조 문하에서 사사한 승려들에 의해 봉림산파鳳林山派, 사굴산파闍崛山派, 사자산파師子山派가 형성되었다. 9산 중 유일하게 조동종曹洞宗을 전한 수미산파須彌山派는 운거도응雲居道膺(?-902)의 법을 계승한 이엄利嚴(생몰년 미상)에 의해 시작되었다.

이런 가운데 앙산혜적仰山慧寂에게 사사한 오관산五冠山의 순지順之(생몰년 미상)는 경문왕景文王 14년(874)에 귀국하여 위앙종潙仰宗을 전하였다. 그런데 원圓을 일필휘지로 그린 일원상一圓相을 중시하여 빈번히 논하였던 순지는 중국의 선문헌에는 종종 이름이 보이고 있지만 한국의 선문헌에는 보이지 않고 있다.

불교 조각과 불교 예능

신라의 불교미술은 초기에는 고구려와 백제의 영향이 강하였지만 6세기 후반에 들어서는 두 나라에 못지않은 불상들이 나타나게 되었다. 보살의 반가 사유상들이 늘어나고, 금동상에는 깊은 정신성이 보이고 있다. 7세기부터는 아미타상도 늘어나고, 8세기 중엽에 이루어진 석굴암(현재 경주시)의 석조여래좌상은 당당한 체구와 기품을 갖춘 동아시아를 대표하는 불상의 하나로 평가된다.

예능의 측면에서는 승려 내지 거사의 모습을 한 불교계 예능인의 활동이 보이고 있다. 중국에서도 예능인에 가까웠던 창도승唱導僧들이 인기를 끌었는데, 당나라 때에는 서역에서 건너온 비파를 켜며 『법화경』을 읊조리는 맹인 예능인들도 있었다. 신라에서는 일본의 비파법사琵琶法師의 원류가 되는 비파거사琵琶居士가 존재하였다.

신라시대에는 전사한 병사들의 영혼을 위로하기 위하여 진흥왕이 시작하였던 팔관회八關會가 성행하였는데, 그때에는 다양한 음악·예능도 공연되었다. 가무를 금지하여야 할 팔관회에서 그러한 공연이 가능하였던 것은 죽은 사람을 추모하기 위한 가무의 전통이 있었던 데다가 불교와 관련되는 내용이 중심이었기 때문일 것이다.

3. 일본의 수용과 종파 형성

천황의 불교 주도와 후지와라藤原不比씨의 대두

소가씨의 옹립으로 즉위한 조메이[舒明] 천황은 이카루가에서 멀지 않은 지역에 백제천百濟川을 사이에 두고 마주보는 형태로 백제대궁百濟大宮과 백제대사百濟大寺를 건립하였다. 백제대사는 천황이 건립한 최초의 관사官寺였다. 고교쿠[皇極] 천황 4년(645)에 나카노오오에[中大兄] 왕자(후의 덴치[天智] 천황)은 나카토미노[中臣](＝후지와라) 가마타리[鎌足]의 도움을 받아, 실권을 장악하고 있던 대신 소가노 이루카[蘇我入鹿]를 궁중에서 암살한 후 곧바로 소가씨의 씨사氏寺인 아스카데라에 들어가 성채로 삼고, 소가씨의 본거지를 공격하여 소가씨 본가를 멸망시켰다. 즉위한 고도쿠[孝德] 천황은 지금까지 소가씨가 주도해온 불교를 앞으로는 천황이 주도한다고 선언하였다.

천황에 의한 불교 주도를 더욱 진전시킨 것은 단기간이지만 승려 생활을 한 경험이 있는 덴무[天武] 천황(재위 673-686)이었다. 덴무 천황은 불교 통제를 강화함과 동시에 여러 지역에 명하여 방생회放生會를 개최하도록 하고, 승려를 파견하여 호국경전인 『금광명경』과 『인왕반야경』을 강독하게 하는 등 지방에의 불교 보급을 꾀하였다.

덴무 천황은 약시지[藥師寺]를 건립한 것에서 알 수 있듯이 『약사경』을 존중하였다. 이것은 국가적인 신기신앙의 확립과도 관계되어 있다. 덴무 천황은 신들의 궁을 각 지역에 건설하게 하고, 천하의 죄를 없애고 정화하는 '오오하라에[大解除]' 의례를 거행하게 했다. 오오하라에는 중국 민간신앙의 요소를 포함하는 당시 일본의 하라에[祓え](속죄의례)에 죄업의 제거를 설하는『약사경』의 내용을 융합하여 만들어낸 의례였다. 덴무 천황은 사역寺域을 청정하게 유지하도록 명하여 일본 불교가 케가레[穢れ](부정不淨)를 꺼리게 되는 주요 원인을 제공하였다.

국분사國分寺와 도다이지[東大寺]

나라 시대의 열렬한 불교신자들은 당나라 불교계에서 평가를 받고자 하였다. 나가야[長屋]왕 등은 '국토는 달라도 풍월風月은 같은 하늘 아래입니다. 불제자 여러분들에게 아룁니다. 이 가사로 내세의 불연佛緣을 맺기 바랍니다. [山川異域 風月同天 寄諸佛子 共結來緣]'라는 구절을 옷깃에 자수로 새긴 가사 1천 벌을 당에 보냈다. 이것은 일본 불교의 발전을 보여주는 사례로 유명한데, 감진이 일본에 오는 이유의 하나가 되었을 정도였다.

나가야왕은 후지와라씨의 음모로 살해되었지만 후지와라 후히토[藤原不比等]의 딸 고묘시[光明子](701-760)를 억지로 쇼무[聖武] 천황의 황후로 세웠던 후지와라씨 내부에서 반란을 일으키는 자가 나오자 쇼무 천황(재위 724-749)은 텐표[天平] 13년(741)에 명령을 내려 지역별로 국분사國分寺와 국분니사國分尼寺를 건립하게 하고, 국분사는 '금광명사천왕호국지사金光明四天王護國之寺' 국분니사는 '법화멸죄지사法華滅罪之寺'라고 이름 붙였다. 『금광명경』과 그것을 확대한 『금광명최승왕경金光明最勝王經』에서는 사천왕에 의한 호국과 길상천吉祥天을 본존으로 한 회과悔過(참회)에 의한 멸죄滅罪를 이야기하고 있는데, 이 두 경전에 의거하여 정월에 거행된 수정회修正會는 오곡의 풍년을 기원하는 예능적 성격이 짙은 의례였다.

역병과 기상이변 등이 계속되는 가운데 쇼무 천황에 의해 야마토[大和]

지역의 국분사로 도다이지[東大寺]가 건립되고, 『화엄경』의 교주인 노사나불 (비로자나불)의 거대한 금동상이 만들어졌다. 텐표쇼호[天平勝寶] 4년(752)에 거행된 장대한 대불 개안開眼(＝점안) 법회 때에는 오대산 순례를 위해 중국에 왔다가 일본에 초빙된 인도 승려 보리선나菩提僊那(704-760)가 도사導師를 담당하였다. 또한 해외 여러 나라의 음악이 봉납되어 이 대불 조성의 공덕으로 사람들이 충의忠義를 다하고 천황가가 평안할 것을 기원하는 노래가 불려졌다. 헤이안 시대 초기의 불교설화집인 약시지 교카이[景戒]의 『일본영이기日本靈異記』가 충신의 이야기로 시작하고, "불효한 중생은 반드시 지옥에 떨어지고, 부모를 효도로 봉양하면 정토에 왕생한다."라고 이야기하는 것에서 알 수 있듯 충의와 효행 모두 불교와 결합되었다.

도다이지 대불은 국민 모두가 '지식知識'(신앙동료)이 되어 건립하는 형태를 취하였으며, 정식으로 출가하지 못하였던 교키[行基](668-749)가 대승정大僧正에 임명되어 여러 지역을 돌아다니며 참여를 권유하였다. 법상종에서 공부한 교키는 기나이[畿內]* 지역에서 신자집단을 조직하여 많은 도량, 사원, 저수지, 다리 등을 만드는 활동을 하다가 정부의 경계를 받고 종종 활동을 금지당하였는데, 그러한 동원 능력을 인정받아 발탁되어 일본 최초의 대승정이 되었던 것이다.

도다이지를 개창한 로벤[良辨](689-773), 교키, 조도다이지사[造東大寺司]** 차관 구니나카노 키미마로[國中公麻呂], 대불에 칠할 황금을 동북 지방에서 발견한 구다라오 게이후쿠[百濟王敬福] 등은 모두 도래계 씨족이었고, 대불 건립을 지원하였던 하치만신[八幡神]도 도래계 씨족의 신이었다. 쇼무 천황이 대불건립을 선언하자 구리광산과 관계 깊은 신라계의 신인 우사[宇佐] 지역의 하치

기나이[畿內]
수도 나라奈良의 주변 지역.

조도다이지사[造東大寺司]
도다이지[東大寺] 건립을 위해 설치된 관청. 도다이지가 완성된 이후에는 사찰의 운영과 관리를 담당하였다.

만신이 건립을 지원한다고 여러 차례 신탁을 하였다. 그로 인해 이 신에게 봉호封戶 8백호와 위전位田 60정町이 지급되었고, 대불이 완성된 후에는 하치만신의 분령分靈이 도다이지 근처의 데무카야마[手向山]에 모셔져 도다이지를 지키는 수호신이 되었다.

나라시대에는 다양한 학파의 학문을 전문적으로 공부하는 승려들이 조직되어 있었다. 간고지[元興寺]·호류지[法隆寺]·다이안지[大安寺] 등의 재산을 기록한 자재장資財帳에는 섭론종攝論宗·삼론종·성실종·별別삼론종·유식종·율종·수다라종修多羅宗 등의 이름이 보이며, 각각에 매년 일정한 재물이 지급되고 있다. 도다이지에는 삼론종·법성종法性宗(법상유식종)·율종·성실종·구사종俱舍宗·화엄종의 6종이 존재하였는데, 이것을 '남도南都6종'이라고 부른다. 『성실론』에 기초한 성실종은 『성실론』을 비판적으로 연구한 삼론종에 부속되어 있는 우종寓宗이었고, 『구사론』에 의거한 구사종은 그것을 기초 교학으로 하는 법상종에 부속된 우종이었다.

감진鑑眞의 초빙과 쇼토쿠 태자 혜사惠思 후신설

계사戒師*로 초빙되었다가 여러 차례 고난을 겪은 끝에 텐표쇼호 5년(753)에 일본에 도착하여 쇼무 천황의 존경을 받았던 당나라 승려 감진은 율사律師에 임명되어 수계授戒에 관한 일을 전담하게 되었다. 하지만 『범망경』에 의거한 자서수계自誓受戒(제2장 제4절 참조)를 주장하는 사람들의 반발이 있어, 그 임무가 해촉되었다. 그 후 감진은 새로 창건된 도쇼다이지[唐招提寺]에 주석하며 계단戒壇을 설립하고 수계를 행하였다.

감진의 제자인 중국 승려 사탁思託(생몰년 미상) 및 사탁과 가까웠던 오미

계사戒師
승려들이 정식으로 출가할 때에 그들에게 구족계를 주는 승려. 감진 이전의 일본에는 자격을 갖춘 정식 계사가 없었다.

노 미후네[淡海三船]는 중국의 남악혜사가 여러 차례 전생하여 마지막으로 일본에 태어났다고 하는 전승에 착목하여 그 일곱 번째가 바로 쇼토쿠 태자라고 강조하였다.

그 오미노 미후네는 당대에 다시 번역된 『대승기신론』에 대한 주석을 써서 당에 보냈는데, 영월靈越(현재 소흥紹興시) 용흥사龍興寺의 승려였던 우각祐覺이 그것을 칭찬하는 한시를 쓸 정도로 실력이 있었다. 미후네는 자신과 마찬가지로 환속한 거사로서 『대승기신론』 및 『대승기신론』에 의거한 의경 『금강삼매경』의 주석을 쓴 신라의 원효를 존경하였다. 그 때문에 원효의 손자인 설중업薛仲業이 호키[寶龜] 10년(779)에 외교사절로 일본에 오자 크게 환대하였다. 설중업은 신라에 귀국하여 미후네의 말을 전하였고, 이로 인해 원효에 대한 평가가 높아져 미후네의 말을 기록한 원효 현창비(서당화상비誓幢和尚碑)가 경주의 고선사高仙寺에 세워졌다. 비는 근대에 일부가 결락된 형태로 발견되었다.

미후네는 호키 10년(779)에 중국에 유학했던 가이묘[戒明]가 앞에서 언급한 『대승기신론』에 대한 용수의 주석이라 전하는 『석마하연론』을 가지고 귀국하자 내용을 살펴본 후 위작이라고 판정하였다. 가이묘는 도쿠세이[得淸] 등과 함께 호키 3년(772) 당에 들어갔을 때 양주에 이르러 쇼토쿠 태자의 『삼경의소』 중 『법화의소』 4권과 『승만경의소』 1권을 감진의 제자인 용흥사의 영우靈祐에게 헌정하였다. 양주 법운사法雲寺의 천태종 승려 명공明空은 『승만경의소』를 입수한 후 그에 대한 주석서인 『승만경의소사초勝鬘經義疏私鈔』 6권을 지었다. 후에 엔닌[圓仁]이 오대산에서 이 책을 입수하여 일본에 가지고 왔다. 일본의 저작에 중국 승려가 주석을 붙인 사례는 이것밖에 없다. 쇼토쿠

태자의 혜사 후신설은 중국에도 퍼졌고, 보리달마가 일본에 건너왔다고 하
는 설도 확산되었다.

천태종·진언종의 성립

백제가 멸망할 때에 일본에 망명하여 구다라오[백제왕百濟王]라는 성을 하사
받은 일족의 여성을 모친으로 하여 태어난 간무[桓武] 천황(재위 781-806)이
엔랴쿠[延曆] 13년(794)에 헤이안쿄[平安京](현재 교토)로 천도한 이유 중 하나
는 법왕法王이 되어 권세를 휘둘렀던 도오쿄[道鏡]의 사례를 고려하여 승려의
정치개입을 예방하기 위해서였다. 때문에 큰 절들이 경쟁하듯 서 있는 불교
도시였던 헤이조쿄[平城京]와 달리 헤이안쿄는 본래 나성문羅城門 근처의 대로
양측에 관사인 도오지[東寺]와 사이지[西寺]만을 두고 그 밖의 절의 건립은 허
락하지 않았다.

종파들이 각각 계율을 지키며 교리 연구에 힘쓸 것을 기대한 간무천황은
엔랴쿠 17년(798)의 조칙으로 수계 후에 12개 조항을 시험보아 7개 조항 이
상에 합격한 사람을 수자竪者(승진을 위한 구두시험의 수험자격자), 복강覆講
(강사의 보조역), 각 지역의 강사講師로 임명하도록 정하였다. 그 결과 그때
까지 이상으로 경론과 중국·한국·일본의 주석들에 대한 연구와 문답을 통
한 논의가 활발히 이루어지게 되었다. 이러한 학문 중시의 풍조는 이후에도
점차 강화되었다. 이 때문에 나라 시대 이래의 유력한 사찰 사이의 유식학
해석을 둘러싼 논쟁 및 법상종과 삼론종 사이의 논쟁이 이전보다 더 심화되
어 갔다.

후한 헌제獻帝의 후손이라고 자처하는 도래계 씨족 미츠노오비토[三津首]씨

출신의 사이초[最澄](766-822)는 법상·삼론의 논쟁을 해결할 수 있는 것은 포괄적인 천태의 교의뿐이라고 강조하여 간무 천황의 관심을 끌었다. 사이초는 엔랴쿠 23년(804)에 당나라에 들어가 천태의 교학과 함께 우두종의 선을 배웠고, 월주越州(현재 절강성 소흥紹興현)에서는 단기간이지만 밀교를 배우고 선무외의 손제자인 순효順曉에게서 관정을 받았다. 귀국 후에는 천태종보다도 최신의 동향인 밀교가 주목되어 그 육성이 기대되었다.

젊어서 유·불·도 3교에 관한 책을 지었던 구카이[空海](774-835)도 사이초와 함께 견당사의 일행으로 당나라에 들어갔다. 장안에서는 반야삼장에게 사사하여 『대승이취육바라밀경大乘理趣六波羅蜜經』, 『수호국계주다라니경守護國界主陀羅尼經』 등의 밀교경전을 얻고, 불공삼장의 제자인 혜과惠果에게 사사하여 전법아사리위의 관정을 받고서, 밀교경전과 만다라, 법구 등을 가지고 다이토오[大同] 원년(806)에 귀국하였다.

사이초와 구카이는 한동안 서로 협력하였지만 사이초가 빈번히 구카이에게 편지를 보내 밀교 문헌을 빌리자, 구카이는 밀교는 스승에서 제자에게 직접 전수하지 않으면 불법이라고 하며 거절하였다. 거기에 더해 사이초가 기대하고 있던 제자 타이한[泰範]이 히에산[比叡山]*을 떠나 구카이 밑에 머무르는 일이 겹치게 되어 두 사람의 교류는 끊어지게 되었다.

일승설一乘說과 보살계를 둘러싼 논쟁

사이초는 코닌弘仁 8년(817)에 도코쿠[東國]** 지방을 방문하여 그 지역에서 활약하고 있던 법상종 승려 도쿠이츠[德一]와 불성설 및 일승·삼승설을 둘러싸고 격렬한 논쟁을 벌였다. 사이초는 『법화경』의 일승의 가르침을 실천하는

히에산[比叡山]
교토 북쪽의 산으로 사이초가 이곳에 엔랴쿠지[延曆寺]를 짓고 천태종의 근본 도량으로 삼았다.

도코쿠[東國]
지금의 도쿄 및 그 동쪽의 간토[關東] 지방.

참 보살승이 아니면 말법의 재난을 없애고 사람들을 구할 수 없다고 주장하면서, 인도나 중국과 달리 소승불교가 유포되지 않은 일본이야말로 궁극의 대승인『법화경』이 보급될 토지라고 논하였다.

또한 모든 조항을 포함하는 전통적 계율인 구족계를 버리고 스스로『산가학생식山家學生式』을 정하여, 천태종에서는 나라의 사찰에서 소승의 계율에 의거하여 수계하는 것을 중단하고 히에산에서『범망경』의 보살계를 받는 것만으로 정식 승려로 인정한다고 주장하였다. 이에 대한 비판들에 대해서는『현계론顯戒論』을 지어 반론하였다. 이러한 조치들은 사이초가 죽은 직후에 칙령으로 허가되었다.

코닌 14년(823)에 도오지가 구카이에게 하사되자 구카이는 이곳에 진언종 승려 50명만을 배치하고, 다른 종파 승려는 두지 않겠다고 선언하였다. 사이초와 구카이의 이러한 대립으로 일본 불교의 학파는 종파로서의 성격을 강화해갔다. 구카이는 또한 도다이지 별당別當*의 직책을 맡았고, 고오야산[高野山]에 공고부지[金剛峰寺]를 개창하였다.

구카이는 진리 그 자체인 법신도 설법한다고 하고, '육대六大'로 불리는 사람의 구성요소인 지地·수水·화火·풍風·공空·식識이 그대로 대일여래라고 하여 '즉신성불卽身成佛'을 설하는 등 독자적인 사상을 전개하였다. 만년의『십주심론十住心論』에서는 중국사상을 포함하는 3단계의 세속의 마음과 성문·연각·법상종·삼론종·천태종·화엄종으로 진전되는 6단계의 마음을 '현교顯教'라 하고, 그 위에 열 번째 단계의 마음으로 '비밀장엄심秘密莊嚴心'이라는 밀교를 두고서『석마하연론』을 활용하여 장대한 사상체계를 구축하였다.

별당別當
본래는 율령제도에 정해지지 않은 특별 관청의 책임자를 의미하는 용어였는데, 도다이지[東大寺]·고후쿠지[興福寺]·호류지[法隆寺] 등의 나라시대 주요 사찰의 사무寺務를 총괄하는 책임자들도 별당이라고 하였다.

천태밀교[태밀台密]의 전개

사이초는 천태 교학, 밀교, 선종을 포함한 선수행, 보살계 등의 네 가지 측면을 완전히 통합하지 못한 채 죽었지만 이후에 그의 제자, 손제자들이 밀교를 중심으로 이것들을 발전시켜갔다. 이에 대하여 진언종에서는 구카이가 체계를 완성시켰으므로 교리 측면에서의 발전은 그다지 보이지 않게 되어 후대에는 거꾸로 태밀台密(천태밀교)과 정토교의 영향을 받게 되었다.

사이초가 죽은 후 천태종을 주도한 승려들은 앞에 언급한 쇼토쿠 태자의 혜사 후신설을 강조하였다. 또한 이 시기에는 당나라 천태승들에게 밀교와 『법화경』의 관계 및 초목草木이 실제로 발심·수행하여 성불하는지 등의 문제에 대하여 여러 차례 질문하여 '당결唐決'이라 불리는 회답을 받고자 하였다.

그런 가운데 당에 들어간 엔닌圓仁(794-864)은 밀교와 천태지관을 배운 후 방대한 문헌과 만다라 등을 가지고 돌아왔다. 귀국 후에는 『법화경』과 밀교가 일치한다고 이야기하고, 오대산에서 배운 염불에 몰두하는 수행법을 전하여 음악적 요소가 있는 '상행삼매常行三昧'를 히에산에서 시작하여 커다란 영향을 주었다.

또한 엔친[圓珍](814-891)도 당에 들어가 장안의 청룡사에서 법전法全(생몰년 미상)에게 사사하여 금강계·태장 양부의 관정과 그 양부를 완성시킨 진언의 작법作法을 설하는 소실지법蘇悉地法을 배우고, 다량의 밀교 문헌과 만다라, 도상 등을 가지고 귀국하였다. 엔닌·엔친의 이러한 활동으로 태밀은 도오지로 대표되는 진언종의 밀교인 동밀東密을 능가하는 세력이 되었다.

히에산에서는 그 토지의 신을 '산왕山王'이라고 부르며 제사 지냈는데, 엔닌은 귀국할 때 들렀던 산동반도의 신라인 마을에서 제사 지내고 있던 적산

신赤山神을 수호신으로 모시고 왔다. 당에 들어갈 때에 신라·당·일본의 교역을 지배하고 있던 신라인 장보고張寶高(張保皐로도 표기) 등의 협력을 얻었고, 당에서 신라인의 길안내 등을 받았으므로 밀접한 관계를 맺었던 것이다. 엔친이 중수하여 이후 엔친 문하의 거점이 되어 히에산 엔랴쿠지[延曆寺]와 대립하게 된 온조지[園城寺](미이데라三井寺)에서는 엔친이 당에서 귀국할 때 모시고 온 신라명신新羅明神을 수호신으로 하였다. 후대에는 어느 신이 근본인지를 둘러싸고 엔랴쿠지와 온조지 사이에 다툼이 있었다.

안넨[安然]에 의한 집대성

천태 교학과 밀교를 통합하려고 한 사이초 문하의 노력을 집대성하여 일본의 독자적인 천태 교학을 형성하는 데 큰 역할을 하였던 인물이 안넨[安然](841-915?)이었다. 안넨은 밀교의 우위를 설하며 자신의 입장을 진언종이라고 하는 경우도 있었지만 밀교의 해석에 천태교학을 집어넣어 양자의 융합을 촉진시켰다.

안넨은 『대승기신론』의 영향을 받은 담연의 천태교학에 화엄교학, 밀교 등을 융합하여 사람들은 부처의 덕을 드러나지 않는 형태로 갖추고 있다고 하는 '본각사상本覺思想'을 발전시켜, 본래 그대로 부처라고 하는 사상을 강조하였다. 또한 생명을 가지고 있는 자만이 부처가 된다고 하는 『열반경』이나 깨달은 부처의 눈으로 보면 산하대지의 무정물도 성불해 있다고 설하는 중국의 무정성불無情成佛사상(제5장 제2절 참조)을 더욱 밀고나가 풀 한 포기, 나무 한 그루가 실제로 발심하고 수행하여 부처가 된다고 하는, 자연이 풍부한 일본적인 초목성불설草木成佛說(초목국토실개성불草木國土悉皆成佛; 초목과

국토가 모두 다 성불한다는 설)을 완성시켜 이후의 일본 문화에 커다란 영향을 주었다.

안넨은 또한 『교시쟁教時諍』에서는 '천축과 당에서는 여러 종파들이 번성하고 쇠퇴하였다. 9종이 함께 행해지고 있는 것은 오직 우리 일본뿐'이라고 단언하고 있다. 9종이란 남도의 6종에 천태종·진언종·선종을 더한 것이다. 현장과 의정의 보고를 통해 불교가 쇠퇴하였다고 알려진 인도나 새로운 불교가 번성하면서 옛 학파가 쇠퇴해간 중국·한국과 달리 불교 후진국이었던 일본은 이미 유행이 지난 교리도 계속 유지되고 있었으므로 이러한 주장이 제시될 수 있었던 것이다.

정토신앙의 발전

동밀·태밀에 의한 장엄 하고 화려한 호국법회가 활발히 개최되는 가운데 밀교는 귀족의 사적인 발원에 부응하는 수법修法을 통하여 확산되었다. 한편 나라 시대 말기부터 삼론종이나 법상종 승려들 사이에서 정토경전에 대한 연구가 진행되면서 관상觀想 염불이 아니라 아미타불의 이름을 외우는 구칭口稱 염불이 성행하게 되었다. 또한 히에산 상행당常行堂에서 행해진 음악성 풍부한 부단不斷염불이 점차 각지에 퍼져가게 되면서 히에산의 요코가와[橫川], 나라의 토우노미네[多武峰], 교토의 호쥬지[法住寺] 등에도 상행당이 건설되었다.

천태종의 좌주座主* 료겐[良源](912-985)은 왕족 및 유력 귀족들과 교류하며 사찰과 불상 조성에 힘쓰고 있던 그들에게 정토신앙을 지도하였는데, 『구품왕생의九品往生義』에서는 신라 승려 의적義寂의 설을 수용하여 범부라도 임종할 때에 10념+念의 염불을 하면 하품하생의 왕생이 가능하다고 강조하였다.

스승 료겐과 달리 귀족들과의 교류를 피하고 요코가와에 은거하였던 제자 겐신[源信](에신[惠心], 942-1017)은 학승이면서도 자신을 '악세惡世의 범부'로 위치지었다. 그리고 말법이 다가오는 지금이야말로 벗어날 길을 추구해야 한다고 하면서 염불결사인 25삼매회二十五三昧會를 조직하여 정토신앙에 몰두하였다. 겐신은 제자가 송나라로 들어갈 때 자신이 지은 『왕생요집往生要集』과 함께 질문의 형태를 취하면서 자신의 견해를 제시한 『천태종의문27조天台宗疑問二十七條』를 전하게 하여 산가파의 사명지례四明知禮에게서 회답을 받았다.

정토교의 확산

10세기 중엽 무렵부터 말법의식이 고조되고 구칭염불이 성행하자 그 실천과 유포에 힘쓰는 사람들이 출현하였다. 시성市聖이라고 불린 구우야[空也](903-972)는 아미타불의 이름을 외우며 각지를 돌아다니며 다리와 도로를 만들고 시주자들을 모아 불상 조성에 힘썼을 뿐 아니라 법회에 모인 사람들에게 염불을 외우게 하였다.

천태종의 료닌[良忍](1072-1132)은 『화엄경』의 '일즉일체一卽一切' 사상에 기초하여 한 사람의 염불이 모든 사람들의 염불에 통한다고 하면서 사람들에게 염불을 권하여 '융통融通염불'이라고 불리었다. 료닌은 성명聲明*에도 힘썼는데, 그 전통이 어산성명魚山聲明으로 현재까지도 계승되고 있다.

정토교의 영향은 진언종에도 미쳤다. 무사의 아들로 태어난 가쿠반[覺鑁](1095-1143)은 닌나지[仁和寺]에서 출가하여 공부한 후 고오야산에서 밀교를 수학하였다. 쇠퇴한 고오야산의 부흥을 뜻하였지만 산내 대중의 반발을 사

성명聲明
경전에 음절을 붙여 부르는 것.

196

머물던 곳이 불태워진 후에는 호엔[保延] 6년(1140) 기슈[紀州]의 네고로산[根來山]에 은거하여 학문과 제자 양성에 힘썼다. 『오륜구자명비밀석五輪九字明秘密釋』에서는 아미타 염불에만 고집하는 풍조를 비판하고 '아미타불이 곧 대일여래[彌陀卽大日]'라고 보는 밀교의 아미타관을 제시하며, 오륜五輪 만다라로 즉신왕생卽身往生이 가능하다고 주장하였다. 이로써 신의진언종新義眞言宗이 성립하였고, 네고로지[根來寺]가 점차 유력하게 되었다.

귀족의 우아한 불교

섭정攝政·관백關白
나이 어린 천황이 즉위하였을 때 천황을 대신하여 정무를 주관하는 사람을 섭정攝政이라 하고, 천황이 나이가 들어 물러난 섭정을 관백關白이라고 한다. 관백이 된 뒤에도 권력을 내려놓지 않고 계속 영향력을 행사하는 경우가 많았다.

와카[和歌]
일본어로 읊는 짧은 시가.

10세기 후반 이후에는 섭정攝政·관백關白*을 배출하는 섭관가攝關家, 즉 후지와라 북가北家의 미치자네[道長]와 그 아들 요리미치[賴通] 등의 계통이 천황 이상으로 정치와 불교 모두를 주도하는 시대가 되었다. 그들이 주최하는 법회는 얼굴과 목소리가 좋은 승려들을 참석시키고 음악과 세련된 장식물로 장엄하는 등 최고의 풍류를 갖추었다.

성대한 법회의 중간에는 승려와 귀족들이 『법화경』의 내용을 한시나 와카[和歌]**로 지어 읊었다. 젊은 귀족들 중에는 지루함을 견디기 위해 『법화경』 독송의 우열을 겨루는 '경전 다툼'이라는 놀이를 하는 사람들도 있었다. 또한 죽은 사람의 편지를 녹여 만든 종이에 『법화경』 등을 서사하여 절에 봉납하는 '소식경消息經'이라는 습관도 생겼다. 『법화경』은 일본인들에게 존중되는 경전이었을 뿐 아니라 미적인 정서를 만족시켜주는 소재이기도 하였다.

11세기 후반이 되면 일찍 퇴위한 상황上皇이 젊은 천황의 후견인이 되어 원정院政을 펴면서, 천황의 종교적 제약을 벗어나 섭관가 이상의 권력을 휘두르는 사례가 많아졌다. 시라가와[白河] 법황 등은 가호[嘉保] 3년(1096)에 삭발하고 법황法皇이 되어 종교 측면에서도 권위의 정점에 섰다.

사원 세력의 성쇠

그 시라가와 법황조차도 '가모가와[鴨川]의 물, 주사위놀이[쌍륙雙六], 산법사山法師(히에산의 승병)'의 세 가지만은 마음대로 되지 않는다고 탄식하였다고 할 정도로 히에산을 대표로 하는 여러 사찰의 승병들은 강경한 태도로 조정에 영향력을 행사하고, 때로는 무력까지 휘둘렀다. 이 시기에는 밀교의례가 발달하였고, 현교와 밀교를 아우른 '현밀顯密'로 불리는 천태종·진언종 및 나라 지역의 주요 사찰들이 거대한 장원영주가 되었다. 이들 유력한 사찰들은 왕족 및 유력 귀족 자제들이 최고 지위를 차지하고, 그 아래에 학문을 주로 하는 학려學侶, 다시 그 아래에 관정을 받지 않은 채 의례와 사찰 사무, 장원 지배 등을 담당하는 당중堂衆으로 구성된 계급사회였다.

학려와 당중으로 구성된 대중大衆은 인도의 상가를 본받아 평등한 대중들의 논의로 일을 결정하였고, 필요한 경우에는 무장하고 공격하러 나아갔다. 무장한 대중들은 공납을 소홀히 하는 장원과 다투었을 뿐 아니라 대립하는 사찰을 습격하여 탑과 승방을 불태우기도 하였다. 『평가물어平家物語』의 옛 사본에 의하면 엔랴쿠지의 '악승惡僧'들이 규안[久安] 2년(1146)에 고후쿠지[興福寺]의 말사인 기요미즈데라[淸水寺]를 불태웠을 때 그들의 우두머리가 "죄업은 본래 존재하지 않는다. 전도망상으로 인해 일어난다. 심성은 본래 청정하므로, 중생이 곧 부처이다."라는 앞에서 언급한 천태본각사상에 기초한 게송을 읊었다고 한다.

말법을 통감하게 한 결정적인 사건은 지쇼[治承] 4년(1180)에 다이라노 시게히라[平重衡]가 이끄는 다이라[平] 씨의 군대가 나라의 대사원을 불태운 사건이었다. 이 사건이 왕법·불법 쇠퇴의 극단으로 간주된 것은 무사인 다이라씨가 쇼무 천황의 비원에 기초한 도다이지와 후지와라씨의 씨사氏寺인 고후쿠지를 불태우면서, 천황·왕족과 귀족들에 의한 통치의 전통을 아무렇지 않게 깨뜨렸기 때문일 것이다. 이후의 불교의 새로운 움직임들은 모두 말법에 대한 자각에서 비롯되었다.

신불神佛 습합

헤이안 시대에는 각지의 신사에 신궁사神宮寺가 설치되었다. 이들은 해당 신사에서 모시는 신에게 독경해주기 위한 시설이었다. 후에는 독경에 더하여 신의 마음을 즐겁게 해주기 위한 음악의 연주, 와카나 예능의 봉납 등도 행해졌는데, 법악法樂이라고 불리며 예능으로 발달하였다.

신과 부처가 공존하는 공간이 늘어나면서 양자의 관계가 문제로 되었다. 그때에 활용된 것이 근본인 '본本'과 그것에서 나타나는 자취인 '적迹'은 서로 다르면서도 '불가사의한 하나[不思議—]'라고 한 승조僧肇(제2장 제3절 참조)의 사상에 기초한 천태의 본적론本迹論이었다. 천태종에서는 9세기 중엽 무렵부터 불보살과 불법의 수호신의 관계를 이 본적론으로 설명하였다. 11세기 말부터 12세기 무렵이 되면 이러한 생각이 종파를 넘어 확대되어 다양한 신이 특정한 불보살과 관계를 맺게 되었다.

그러한 가운데 진언종 승려인 세이존[成尊](1012-1074)이 아마테라스오오미카미[天照大神]·천황·대일여래가 한 몸이라고 하는 설을 주창하였다. 지랴쿠[治曆] 4년(1068)에는 즉위식에 나아가는 고산조[後三條] 천황에게 대일여래의 수인인 지권인智拳印을 주어, 천황이 지권인의 자세 그대로 대일여래로서 왕좌에 올랐다고 한다. 세이존은 일본이 밀교와 관계 깊음을 역설하였고, 그의 계통에서 '대일본국＝대일(여래)의 본국'이라는 해석이 출현하였다.

헤이안의 귀족들은 많은 불교 행사와 신들에 관한 행사를 거행하였는데, 그중에는 토착신들에 대한 것도 포함되어 있었다. 그런데 다양한 불사佛事·신사神事들이 정착되어감에 따라 이들이 계절에 따라 거행되는 연중행사가 되어 위화감 없이 상황에 맞게 행해졌다.

문학에 미친 영향

8세기 중엽에 편찬된『만엽집萬葉集』은 일반적으로 일본인의 순수한 심정을 나타내고 있다고 여겨진다. 그러나 가성歌聖으로 존숭되는 가키모토노 히토마로[柿本人麻呂]조차 "흐르는 강물에 숫자를 쓰는 것 같은 (곧 없어져 버리는) 운명이기 때문에 더욱 반드시 그대와 만나고 싶다고 서원합니다."(권11, 2433)라고 노래하여,『열반경』의 비유를 이용하여 무상함을 언급하면서 사랑의 마음을 강조하고 있다. 다만 사계절이 뚜렷한 일본에서는 무상함은 계절의 변화와 겹쳐서 정서적으로 표현되는 경우가 많았다.

또한『만엽집』의 후기 작품에서는 스스로의 괴로움을 사랑하는 마음 때문이라고 하여 자업자득을 통감하고 한탄하는 노래들이 두드러진다. 이러한 모습이 이제까지 주목되지 않았던 것은 자업자득의 '자自'를 '마음으로', '나의 마음으로'로 표현하는 등 불교 관련 용어가 일본어화되어 쓰였기 때문일 것이다. 당시의 문인들은 불교용어와 한시문의 어구를 일본식으로 바꿈으로써 일본어의 어휘와 표현력을 늘려갔고, 또한 나에 대한 집착을 부정하는 불교를 수단으로 하여 역으로 스스로의 마음을 돌아보며 자아에 대한 자각을 심화시켰다. 이러한 경향이 헤이안 문학에도 계승되었다.

헤이안 시대의 문학은 안넨의 스승인 승정 헨조[遍昭](816-890)를 비롯한 승려들의 활동이 두드러지며, 재가의 남녀 귀족의 작품에도 불교의 영향이 강하게 보이고 있다. 다이고[醍醐] 천황의 명령으로 10세기 초에 편찬된 와카 집인『고금화가집古今和歌集』도 그러한 예이다. 수록된 와카는 계절이나 연애를 무상한 것으로 파악하는 불교색 강한 것들로서 일본인의 계절감과 정서를 형성하였다.

헤이안 시대에는 불교설화집도 일본풍으로 변하였다. 12세기 초 무렵에 성립하였다고 하는『금석물어집今昔物語集』권3 제30화에서는 석가모니의 명령으로 출가한 석가모니의 아들 라훌라가 석가모니의 열반을 차마 볼 수 없어 다른 나라로 달아나려다가 부친 석가모니가 기다리고 있다는 말을 듣고 울면서 돌아오자, 석가모니는 이것이 이번 생의 헤어짐이라고 하면서 눈물 가득한 라훌라의 손을 잡고서 '이 라훌라가 나의 아들'이라며 "시방세계의 부처들이여, 이 아들을 불쌍히 여겨주소서."라고 서원하며 열반에 들었는데, 이것이 석가모니의 마지막 말씀이라고 이야기하고 있다.

본래 가족에 대한 애정은 불교에서는 집착으로서 부정되었다. 그러나『법화경』에서는 석가모니가『법화경』을 신앙하는 사람을 나의 아들과 같이 사랑한다고 하는 내용이 강조되고 있기 때문인지 헤이안 시대의 일본에서는 이러한 자식에 대한 정이 깊은 석가모니의 모습이 환영받았다.

7

선종의 주류화와
다양한 모습의 가마쿠라 불교

7 선종의 주류화와
   다양한 모습의 가마쿠라 불교

북송北宋에서 남송南宋에 이르는 시기에는 요遼에 이어 금金이 북방지역을 지배하였으므로, 중국은 다시 남북이 분열되는 시대를 맞이하였다. 북송·남송에서는 이미 주류가 되어 있던 선종이 더욱 발전하였지만 한편으로 불교의 영향을 받아 등장한 새로운 유교에 의한 불교 비판도 높아져 갔다. 요·금에서는 화엄종과 밀교가 유력하였고, 임제종은 융성하지 못하였다.

원元이 중국 전토를 통일한 후에는 지배계급이었던 몽골족이 티베트 밀교인 라마교를 받아들였다. 한족은 종래의 불교를 신앙하였는데, 특히 강남에서는 선종이 한층 더 발전하였다.

베트남에서도 선종이 주류가 되어 발전하고, 퇴위한 국왕이 스스로 선승이 되어 하나의 파를 세운 사례도 있었다. 여성 신자들도 활약하였으며, 불교와 도교의 융합이 진전되었다.

고려는 불교국가로 불릴 수 있을 정도로 불교가 발전하였고, 막대한 세금이 호화로운 사경과 법회 등에 투입되어 불교 미술과 예능도 발전하였다.

또한 독자적인 선종이 형성되었다. 한편 풍수설의 영향을 받은 불교도 유포되었는데, 이것은 후에 유교로터 비판받는 원인이 되기도 하였다.

일본에서는 무사가 권력을 장악한 가마쿠라鎌倉 시대가 되어서도 그때까지의 현밀 불교가 여전히 융성하였다. 천태 본각사상과 밀교는 더욱 발전하여 문학·예능·신화 등의 다양한 영역에 영향을 미쳤다. 한편으로 천태종에서 이탈하여 독창적인 교의를 제시한 승려나 사회사업에 전념한 승려들이 잇따라 등장하여 그때까지와는 다른 다양한 모습을 보였다. 그러한 가운데 석가모니나 종조로의 복고를 추구하는 시도와 역사를 돌아보는 실증적인 학문이 발전하였다.

이 장에서는 중국·베트남·한국에서 선종이 주류로 발전하는 양상과 일본 가마쿠라 불교의 다양한 동향 및 이후의 전개를 대비하면서 살펴보고자 한다.

1. 북송·남송과 요·금

북송의 봉불사업

건륭建隆 원년(960)에 태조[조광윤趙光胤]에 의해 건국된 북송은 북쪽에 있던 거란족 요遼의 침략을 받았지만 세폐를 지급하는 형태로 화의를 맺고 평화를 유지하며 문화가 발전하였다. 후에 여진족의 금金과 동맹을 맺고 요를 멸망시켰지만 금의 공격을 받아 정강靖康 원년(1126)에 수도가 함락되고 다음해에 흠종欽宗과 상황 휘종徽宗이 금에 연행되었다. 흠종의 동생인 조구趙構가

남으로 도망하여 남송을 건국하고 고종高宗으로 즉위하였다.

북송 태조의 봉불사업으로 가장 중요한 것은 개보開寶 4년(971)에 촉蜀의 성도成都에서 한역 경론과 중국의 주요한 불교문헌을 집성한 일체경을 모두 목판으로 인쇄한 것이다. 후에 촉판대장경으로 불리게 된 이 일체경은 태종의 태평흥국太平興國 8년(983)에 완성되었으며, 5천 48권의 경론이 간행되어 일본·고려·베트남 등에도 하사되었다. 이후에는 민간에서도 대장경을 간행하게 되었다.

태종은 태평흥국 7년(982)에 수도 개봉開封(현재 하남성)의 태평흥국사에 역경원을 설치하고, 천식재天息災·법천法天·시호施護 등의 인도 승려들을 맞이하여 2백 년 만에 역경을 개시하였다. 그러나 이들 인도 승려와 보조한 한인 승려들의 어학력이 충분하지 않았고, 전해진 경전들도 후기밀교경전이 대부분으로 힌두교의 색채가 강하고 받아들이기 어려운 성적 표현을 포함하는 것들도 있어 역경은 얼마 안 되어 중지되었다. 그런데 그 경전들이 일본에 수용되어 영향을 미쳤다.

선종의 주류화

북송시대에는 강남에서 천태종이 부흥하였지만 주류가 되었던 것은 선종이었다. 정토신앙에 관한 책들도 저술되었지만 저술한 사람들은 선승이나 천태종 승려였고, 정토교에만 전념하는 승려는 보이지 않았다. 다만 정토신앙의 결사가 각지에서 만들어져 민간에 널리 보급되었다.

선종에서 융성하였던 것은 운문종과 임제종이었다. 운문종에서는 영파寧波(현재 절강성) 근처의 설두산雪竇山에서 많은 제자들을 길러낸 설두중현雪竇

重顯(980-1052)이 활약하였다. 또한 장로종색長蘆宗賾(1056-1106경)은 선종 사원의 계율에 해당하는『선원청규禪苑清規』를 편찬하였다.

임제종에서는 11세기 전반 인종仁宗 때에 석상초원石霜楚圓(986-1039)이 황룡혜남黃龍慧南(1002-1069)과 양기방회楊岐方會(992-1049)를 길러냈는데, 그 두 사람을 계승한 사람들이 황룡파와 양기파를 이루었고, 이 중 후자가 후대 중국 불교 전체의 주류가 되었다.

양기파에서는 난해한 문답으로 유명한 오조법연五祖法演(?-1104)이 활약하며 원오극근圜悟克勤(1063-1135) 등의 제자를 길러냈다. 원오는 설두의『설두송고雪竇頌古』를 제창提唱하면서 수시垂示·착어著語·평창評唱을 더한『벽암록碧巖錄』을 지었는데, 이 책이 후술할 공안선公案禪을 대표하는 책이 되었다. 당대와 같은 개성적인 선승은 사라지고, 그들의 말에 의표를 찌르는 비평을 하여 독자적인 선풍을 드러내는 형태가 성행하였다. 또한 문장의 재주가 뛰어났던 각범혜홍覺範慧洪(1071-1128)은 '문자선文字禪'을 확립하였다. 그의 시문집인『석문문자선石門文字禪』은 선승 이외에도 널리 읽혔다.

양기파 중에서 송대의 선을 대표하는 대혜종고大慧宗杲(1089-1163)가 활동한 것은 송조가 금에 쫓겨 강남으로 옮긴 때였다. 긴장이 고조되고 주전론이 우세하였던 시기였으므로 기백이 넘치는 선이 주장되었던 것이다. 깨달음의 체험을 중시한 대혜는 당대의 조주종심의 '무자無字'를 비롯한 난해한 말과 문답을 공안公案(과제)으로 하여 제자들에게 보여 의심을 일으키고, 그것을 돌파하게 하는 지도법, 즉 공안선을 확립하였다. 대혜는 좌선 그 자체를 중시하는 조동종의 굉지정각宏智正覺(1091-1157) 등의 종풍을 말없이 앉아 있을 뿐인 '묵조선默照禪'이라고 부르며, 잘못된 선이라고 매섭게 비판하였다.

유교에도 정통했던 대혜는 근본이 되는 마음을 파악해야 비로소 나라를 다스리고 천하를 평안하게 할 수 있다고 설하여 문인관료들의 지지를 받았다. 『대혜어록大慧語錄』과 거사들에게 보낸 편지를 모은 『대혜서大慧書』는 널리 읽혔고 대장경에도 수록되었다. '보리심이 충의심이다'는 말이 유명하다.

조동종은 북지에 남은 파와 남송으로 도망 온 파로 나뉘었다. 후자의 단하자순丹霞子淳(?-1119)의 문하에서 굉지정각과 진헐청료眞歇淸了(1088-1151)가 나왔다. 여래장사상을 중시하는 굉지의 계통에서는 성급하게 깨달음을 추구하는 자세를 부정하였고, 대혜의 종풍을 '간화선看話禪'이라고 부르며 비판하였다. 진헐의 계통에서는 도겐[道元]의 스승이 되는 천동여정天童如淨(1163-1228)이 나왔다.

5산五山 제도의 그늘

선종의 성행을 떠받친 것은 남송 말기에 시작되었다고 하는 5산10찰五山十刹 제도였다. 항주 경산徑山의 만수사萬壽寺를 정점으로 한 다섯 개의 사찰을 '5산五山', 그 아래의 10개의 사찰을 '10찰十刹'이라고 하였고, 다시 그 아래에 '갑찰甲刹'로 불린 30여 개의 사찰을 두고서, 주지가 격이 높은 사찰로 승진해가는 제도였다. 이것은 과거를 배경으로 한 관위제도에 대응하는 것이었다. 5산 10찰에는 해외 여러 나라의 승려들이 모여들었고, 선종과 강남의 문화를 각각의 나라에 전하였다.

한편 송대에는 세금을 피하기 위해 승려의 증명서인 도첩度牒을 사고서, 아무런 공부도 하지 않은 채 겉모습만의 승려가 되는 사람들이 늘어났다. 또한 채무 등을 피하기 위해 절에 들어와서 정식 승려가 되지 못하고 다양한 노동에 혹사하고 때로는 벌을 받기도 하면서 일생을 마치는 사람들도 많았다.

전통불교의 재흥

남방의 오월왕에 의해 부흥된 천태종(제5장 제3절 참조)에서는 천태의 전적을 수집하는 데 힘썼던 의적義寂(919-987)의 계통에서 준식遵式(964-1032)과 사명지례四明知禮(960-1028)가 나왔고, 오은悟恩(912-986)의 계통에서 고산지원孤山智圓(976-1022)이 나왔다. 천태종의 전통에 기초하여 관법의 대상이 되는 것은 일상의 마음이라고 하는 지례의 계통이 '산가파山家派'로 불렸고, 화엄종 등의 영향을 받아 근본이 되는 진심眞心을 중시한 지원의 계통은 '산외파山外派'로 불렸는데, 양자 사이의 논쟁이 활발하였다. 지원은 유·불·도 3교가 근본에서는 일치한다고 하는 삼교합일설을 주장하였다.

송대에는 새로운 불교를 만들어내는 면이 약하였던 반면 종래의 역사를 재검토하면서 자파의 입장에서 재구성하려는 시도가 성행하였다. 선종과 정토신앙을 기둥으로 하여 두터운 분량의 불교 역사서들이 다수 찬술되었다. 도원道原의『경덕전등록景德傳燈錄』(1004), 계주戒珠의『정토왕생전淨土往生傳』(1064), 왕고王古의『신수왕생전新修往生傳』(1084), 혜홍慧洪의『선림승보전禪林僧寶傳』(1112), 뇌암정수雷庵正受의『가태보등록嘉泰普燈錄』(1204), 대천보제大川普濟의『오등회원五燈會元』(1253), 계숭契嵩의『전법정종기傳法正宗記』(1061) 등으로, 동아시아 여러 나라에서 널리 읽혔다. 종감宗鑑의『석문정통釋門正統』(1237)과 지반志磐의『불조통기佛祖統紀』(1269)는 천태종을 정통으로 하는 불교 역사서이다.

4대 영장靈場

송대에는 또한 영장靈場 순례가 유행하였다. 문수보살의 오대산(현재 산서성), 보현보살의 아미산峨眉山(현재 사천성), 관음보살의 보타산普陀山(현재 절강성), 지장보살의 구화산九華山(현재 안휘성)은 특히 인기가 높았다. 주요한 보살들이 모두 중국에 있었다. 그런데 이러한 4대 영장의 형성에는 일본과 신라도 관련되어 있다.

대표적 영장인 오대산은 『화엄경』에서 문수보살이 살고 있다고 한 청량산淸涼山으로 여겨져, 인도와 서역을 포함한 여러 나라에서 참배자들이 다수 방문하여 황제의 허가제로 하지 않으면 안 될 정도였다.

주산舟山 군도의 작은 섬인 보타산에 대해서는 『화엄경』에서 이야기한 관음의 거주처라는 전승이 일찍부터 있었다. 그렇지만 이 섬에 대한 신앙이 고조된 것은 9세기 중엽에 일본과 당을 여러 차례 왕래한 에가쿠[慧萼]가 오대산에서 얻은 관음상을 일본에 가지고 돌아가는 중 주산 군도에 이르렀을 때 관음상이 일본에 건너가는 것을 거부하여 보타산에 상을 안치한 것이 계기가 되었다고 한다. 이 상은 항해안전의 수호신으로 여러 나라 사람들에게 신앙되었고, 왕조의 존숭도 받게 되었다.

아미산은 북송 태조 때에 보현보살이 나타났다고 하는 보고가 여러 차례 올라온 결과 역대의 황제가 보호하게 되어 호화로운 사원들이 다수 건립되었다.

구화산의 경우 당나라 개원 7년(719)에 석지장釋地藏(김교각金喬覺)이라는 신라 승려가 찾아와 수행하다 입적하였는데, 유해가 썩지 않아서 육신의 지장보살로 신앙되었다. 그런데 구화산과 지장신앙의 결합은 당대부터이지만

이 설화의 성립은 명대 무렵이었다. 구화산이 추가되기 전에는 3대 영장이 었다.

한편 오대산에 관한 가장 상세한 여행기는 일본의 천태종 승려 조진[成尋] (1011-1081)이 지은 『참천태오대산기參天台五臺山記』이다. 조진은 엔닌의 여행기와 겐신의 『왕생요집』을 송에 가져갔고, 이후 제자를 시켜 527권의 책을 일본에 보내고 자신도 귀국하려 하였지만 신종神宗의 요청으로 비를 빌어 성공하여 존숭된 결과 송의 수도에 머물다가 입적하였다.

문화에의 침투와 유교의 대두

송대에는 사원의 연중행사가 성행하여 점차 국민 전체의 행사로 되었다. 축제일에 사찰의 광장에는 서커스에 해당하는 백희百戲가 공연되었다. '희장戲場'(공연장)은 장안에서는 자은사 주변에 모여 있었다. 규모가 작은 것은 청룡사青龍寺 주변, 그 다음은 천복사存福寺(薦福寺로도 표기)와 영수사永壽寺 주변에 있었다. 여성의 사찰 참배는 제한되었지만 보당사保唐寺에서는 여승들에 의한 속강俗講이 행해졌다. 엄격한 제약을 받았던 궁중의 기녀들도 와서 들을 수 있는 오락의 장소로 되었다.

이와 같이 불교는 서민층에까지 확대되어 발전하였지만 그에 상응하여 유교 측의 비판도 강화되었다. 그 때문에 오대 무렵부터 불교는 장례 등의 면에서 유교의 의례를 받아들이게 되었다. 한편 유교에서는 주자朱子(1130-1200)를 비롯한 새로운 유학을 형성하는 사람들이 불교 비판을 전개하였다. 그들은 불교를 어느 정도 공부한 상태에서 불교에서는 군신과 부모-자식 관계의 도덕을 우주의 도리로 설명할 수 없다고 비판하였다. 이로 인해 불교 측은 커다란 타격을 입게 되었다.

요·금의 불교

당나라 말기의 혼란기에 거란족의 야율아보기耶律阿保機가 북방의 여러 부족을 통일하고 916년에 대거란국을 건국하였다. 거란은 북경을 포함한 광대한 토지를 영유하게 되었다. 국호를 몇 차례 바꾸었는데, 여기에서는 요遼라는 이름을 사용한다.

요에서는 처음에는 거란족의 습속과 불교의 습합 양상도 보였지만 점차 불교신앙이 심화되어 11세기 후반의 도종道宗 때에는 전성기를 맞이하였다. 범어를 배우고 요에서 성행하였던 『화엄경』에 정통하였던 도종은 청녕淸寧 5년(1059)에 당대의 사본 일체경을 토대로 한 거란판대장경을 조성하였다.

당대 화북의 불교를 계승한 요에서는 현수종賢首宗(화엄종)과 자은종慈恩宗(법상종)이 퍼져있었는데, 특히 현수종이 성행하였다. 밀교도 화엄학과 결합하였고, 계단도 현수종의 사찰에 설치되었다. 임제종은 활발하지 못하였으며, 도종은 학승인 전효詮曉 등에게 경전 목록을 정리하게 하면서 『육조단경』과 선종의 계보를 설한 『보림전』 등을 거짓된 책이라고 하여 불태우게 했다.

11세기 후반에 활약한 각원覺苑은 일행一行의 『대일경의석』에 대한 주석인 『연밀초演密鈔』를 지었고, 도진道殿(생몰년 미상)은 『현밀원통성불심요집顯密圓通成佛心要集』을 지어 화엄과 밀교를 융합시켰다. 『석마하연론』에 대한 연구도 활발하여 지복至福의 『통현초通玄鈔』, 법오法悟의 『찬현소贊玄疏』, 수진守臻의 『통찬소通贊疏』 등의 주석이 찬술되었다. 이들은 『석마하연론』의 모국인 고려에 전해졌고, 다시 일본에도 전해져 진언종을 중심으로 읽혔다.

만주에 있던 여진족은 요에 복속하고 있었는데, 아골타阿骨打가 반란을 일으켜 수국收國 원년(1115)에 금金을 건국하였다. 금은 북송과 동맹을 맺고 요를 멸망시켰지만, 북송이 배신행위를 거듭하자 남진하여 북송을 멸망시키고 화북을 영유하게 되었다.

금은 건국 전후의 시기에는 전장에서 여진족의 전통적인 하늘숭배 의례를 거행하였는데, 제2대의 태종 무렵부터 요의 정책을 계승하여 불교를 신앙하고 있던 한족들을 위무하기 위해 불교를 보호하게 되었다. 하지만 한편으로는 사원과 사도승私度僧에 대한 통제도 행하였다.

원의 불교

몽골족은 본래 요, 그 뒤에는 금에 복속하고 있었다. 13세기 초 칭기즈칸의 시기에 여러 부족들을 통일하고 대몽골국을 세우고 동서를 침략하여 동유럽에까지 이르는 광대한 땅을 지배하게 되었다. 제2대 오고타이의 시기에 금을 멸망시켰고, 국호를 대원大元으로 바꾼 제5대 후빌라이(쿠빌라이)가 1279년에 남송을 멸망시켜 중국 전체를 지배하는 역사상 최초의 이민족 왕조가 되었다.

칭기즈칸의 초청을 받아들여 정치를 관장하며 정복한 나라를 간접통치하는 정치방침을 세운 인물은 금의 관리로 활약하였던 거란인 거사 야율초재耶律楚材였다. 조동종의 만송행수萬松行秀(1166-1246)에게 사사했던 야율초재는 칭기즈칸의 서역 원정에 동행하였을 때 스승에게 빈번히 편지를 보냈다. 종용암從容庵에 주석하고 있던 만송행수는 이에 대한 회답으로 제자를 시켜

『굉지송고宏智頌古』에 비평을 가한 책을 보내주었다. 이것이 『벽암록』과 어깨를 나란히 하는 『종용록』이다.

불교의 우대

원은 요·금의 정책을 계승하여 한족이 신앙하는 불교의 보호에 힘썼다. 이 때문에 후빌라이 때에는 사찰이 4만 2천, 승려는 21만에 달하였다고 전하며, 법회도 매우 성행하였다.

또한 원은 고승을 의미하는 '라마'를 따서 중국에서 라마교로 불린 티베트 불교를 도입하였다. 티베트의 독자적 밀교인 사캬파 승려 파스파는 후빌라이가 즉위한 중통中統 원년(1260)에 원의 국사에 임명되었고, 지원至元 6년(1269)에 몽골어를 표기하는 파스파 문자를 만들었다. 다만 라마교는 한족들이 신앙하던 재래의 불교에는 영향을 미치지 않았다.

한족의 불교 중에는 선종이 발전하였는데, 화북에서는 야율초재의 영향이 있어 조동종이 유행하였고, 화남에서는 임제종이 성행하였다. 원은 화남에 천태종의 학문소學問所를 다수 세우게 하였지만 저명한 승려는 배출되지 않았다.

조동종과 임제종

선종 중 화북에서 유행하였던 조동종에서는 숭산 소림사의 설정복유雪庭福裕 (1203-1275)가 황제에 상주하여 황제의 앞에서 도교와 토론하기를 요청하는 상주를 올렸다. 그가 승리하여 도사 17명을 승려로 출가시키고, 불교를 비난하는 도교의 경전을 불태웠다. 그 결과 많은 도관들이 불교 사찰로 바꿨었다고 한다. 소림사는 이후 조동종의 사찰로 되었다.

후빌라이는 남송의 수도 항주[임안臨安]를 함락시켰을 때 사찰과 도관의 파괴를 금지시켰다. 이 덕분에 임제종을 중심으로 하여 발전하였던 강남불교가 그대로 이어졌다. 5산의 상위에 위치하였던 대용상집경사大龍翔集慶寺의 초대 주지가 된 소은대흔笑隱大訢(생몰년 미상)은 선종의 규율을 높이기 위하여 전하지 않던 『백장청규』를 동문 동양덕휘東陽德輝(생몰년 미상)와 함께 복원하고 황제의 글을 얻어 『칙수백장청규』로 간행하였다. 이 청규는 동아시아 여러 나라에 퍼져 선종사원의 생활의 기준이 되었다.

2. 베트남 불교의 독립

중국으로부터의 독립

당말에 조정의 권위가 쇠퇴하면서 각지의 절도사들이 자립할 때에 베트남에서도 하이퐁에서 태어난 곡승우曲承祐가 천우天祐 3년(906)에 안남도호부安南都護府를 공략하고 안남절도사를 자칭하였고, 당은 묵인할 수밖에 없었다. 5대 10국 시기에 광주廣州에서 건국된 남한南漢이 선단을 조직하여 남쪽을 침공하자 이를 격파한 오권吳權은 안남절도사를 칭하지 않았지만, 939년에 안남왕安南王을 칭하며 중국으로부터 독립하였다.

그 후 오권의 아들을 포함하는 열두 토호들이 할거하며 다투는 상황을 수습한 정부령丁部領이 대보大寶 11년(968)에 황제를 칭하며 대구월大瞿越을 건국하는 한편 송에 조공하여 교지군왕交趾郡王에 임명되었다. 다음의 여조黎朝(전기 여조)도 중국과 국내를 상대로 다른 태도를 취하면서 독립을 유지하였다.

정부령은 대평大平 2년(971)에 승관을 설치하고 무언통파의 제4세인 오진류吳眞流(933-1011)를 승통으로 임명하였다. 그에게 베트남을 올바르게 인도하라는 의미의 광월匡越 대사大師 호를 주었지만, 도사에게도 호를 하사하였다. 비사문천이 나라를 지켜주고 불교를 홍포할 것이라고 이야기해주는 꿈을 꾼 광월 대사는 위령산衛靈山의 신령스런 나무를 잘라 비사문천상을 만들었다. 송나라 군대가 공격해왔을 때 황제는 광월 대사에게 이 상에 승리를 기원하라고 명하였다.

후에는 이 비사문천이 중국군을 격파하고 하늘에 날아갔다고 하는 고대의 부동천왕扶童天王과 동일시되었다. 제석천도 변용되어 도교의 신이 되어 제석천을 제사 지내던 절이 제석관帝釋觀으로 불리게 되었다.

이조李朝의 불교

여조를 무너뜨린 이공온李公蘊은 순천順天 원년(1009)에 이조李朝를 개창하고 태조가 되었다(재위 1009-1028). 다음 해에 탕롱[昇龍](하노이)에 수도를 두고, 베트남 최초의 장기 왕조를 세웠다. 태조는 세 살 때 사찰 승려의 양자가 되었고, 젊은 시절에는 육조사六祖寺에서 비니다류파 제12세인 만행萬行 선사에게 사사하였다. 그 후 무언통파 제5세가 되는 건초사 다보多寶 선사에게서 황제가 될 것이라는 예언을 들었다. 이런 인연으로 즉위 후에 불교의 보호에 힘썼다.

태조는 도교도 존중하여, 수도의 왼쪽에 도관인 태청궁太淸宮, 오른쪽에 불교사원인 만세사萬歲寺를 건립하였다. 제3대인 성종聖宗은 공자와 주공을 제사하는 문묘를 세웠고, 제4대의 인종仁宗은 태녕太寧 4년(1075)에 유교의 과거와 도교의 시험을 시작하였다.

그런데 성종은 '월남의 아육왕(아쇼카왕)'으로도 불리는 것에서 알 수 있듯 불교를 가장 존중하였다. 신무神武 원년(1069)에 베트남 중부의 참파를 공략할 때 포로로 수도에 연행된 선사 초당草堂(생몰년 미상)의 진면모를 알고 나서, 초당을 국사로 삼고 스스로 제자가 되었다. 성종은 초당으로부터 인가印可(깨달음을 얻었다는 증명)를 받은 후에는 법사가 되어 지도를 하였다. 이 초당파는 이후에도 황제나 고관과의 관계가 두터웠다.

이조의 선종과 도교

이조 초기에는 승려가 시문을 주도하였는데, 그중 한 사람이 만각滿覺(1052-1096)이었다. 무언통파 제8세의 한 사람인 만각은 유교에 정통한 관인이었는데, 출가하여 인종의 존중을 받은 선승이었다. 만각은 중병에 걸렸을 때 밤에 피는 매화를 노래하는 유게遺偈를 지었다. 자연을 노래한 시구를 통해 깨달음의 경지를 드러내는 모습은 당대의 선종에서도 있었는데, 자연이 풍요로운 베트남에서는 특히 그러한 경향이 강하였다.

중국 선의 영향 중 하나로 '대비심다라니大悲心陀羅尼'의 유행을 들 수 있다. 비니다류지파 제12세의 한 사람인 서도행徐道行(1072-1116)이 이를 계속하여 외움으로써 살해당한 아버지의 원수를 처벌하고, 비를 빌고, 병자를 낫게 하는 등의 법력을 발휘하였다. 선승에게는 그러한 힘이 기대되었던 것이다.

선종과 정토신앙의 습합도 중국에서 전해졌다. 성종이 창건한 원광사圓光寺에는 본존인 아미타불의 뒤에 선종 조사들의 상이 세워져 있었고, 도솔천의 정토를 연상시킬 정도였다고 비문에 적혀 있다.

송에서 전래된 도교의 영향도 점차 강해져서 그 의례가 민간신앙에 영향을 미쳤다. 그런데 중국과 달리 불교와 도교가 격렬하게 대립하지 않았고, 점차 융합되었다. 서도행도 신격화되어가는 가운데 도교적 성격이 부가되었고, 또한 힌두 문화의 영향 하에 성적인 힘을 가진 신으로서도 존숭되었다.

12세기 초에는 소수민족 지역에까지 한자 불교가 확대되었다. 패貝족 출신인 무언통파의 장원長原 선사(생몰년 미상)는 『화엄경』을 인용하여 모든 사람이 부처라고 강조하였다.

개창조가 된 황제

이조에서 군대를 장악하고 있던 진수도陳守度는 건중建中 2년(1225)에 외조카를 황제의 자리에 앉혀 진조陳朝를 성립시켰다. 진조도 이조와 마찬가지로 황제와 후비들이 불교를 존숭하였다. 초대의 태종(재위 1225-1258)은 국학원國學院을 세워 4서 5경을 강의하게 하는 등 유교에도 힘썼지만 선종에 몰두하였다.

태종은 『선종지남禪宗指南』의 서문에서 황제의 몸으로 동북부 안자산安子山에 법을 구하러 갔을 때에 송에서 온 임제종의 천봉天封 선사(생몰년 미상)로부터 부처는 산중의 절이 아니라 마음속에 있다는 교시를 받았었다고 적고 있다. 태종의 아들 성종도 천봉의 베트남인 제자인 대등大燈(생몰년 미상)에게 사사하였고, 『대혜어록』을 가까이 하였다. 유교가 확산되고 있던 이 시기에는 송에서 사회 상층의 사대부의 지지를 받았던 대혜의 선풍이 환영되었던 것이다.

제3대 인종(재위 1278-1293)은 무언통파 제17세의 혜충慧忠(생몰년 미상)에게 사사하여 『혜충상사어록慧忠上士語錄』을 교정하였다. 양위 후에는 출가하여 안자산에 들어가 죽림대사竹林大士를 칭하였다. 인종은 부처의 열 가지 칭호 중 하나인 '조어調御'를 붙여 '죽림조어竹林調御'로 불렸고, 각성覺聖·성조聖祖로도 불리는 등 부처와 같이 존숭되었다.

인종과 그 제자 법라法螺와 현광玄光 등 세 사람이 죽림삼조竹林三祖라 일컬어졌으며, 이 계통이 죽림파가 되었다. 세 사람의 언행을 기록한 『삼조실록三祖實錄』은 널리 읽혔다. 법라는 대대로 황제의 존숭을 받았고, 대장경의 속판을 간행하였으며, 천하 승니의 승적을 맡아 관리하였다. 또한 기우를 하고, 기근이 들었을 때 피를 섞은 먹물에 의한 대장경 서사를 호소하여 인종의 아들 영종英宗과 후비들의 협력을 받았다. 죽림파는 후대에 영향을 미쳤지만 왕실에 지나치게 접근하여서 종파로서는 오래 지속되지 못하였다.

쯔놈[字喃]과 여성신자

1285년 이래 원의 거듭되는 침공을 인종의 장군들이 격퇴한 결과 민족의식이 고양되었다. 이에 당에서 범어를 음사하기 위해 만든 한자를 참고로 한자를 조합하여 베트남어 발음을 표기할 수 있게 한 독자적인 문자 '쯔놈[字喃]'도 활발히 사용되게 되었다. 쯔놈 자체는 일찍부터 만들어져 지명이나 인명 등의 표기에 사용되었는데, 진조에 들어와 정비되어 문학작품에 사용될 수 있을 정도로 표현력이 풍부하게 되었다. 쯔놈을 이용한 불교문헌도 점차 늘어났다.

진조에서는 사원이 광대한 토지와 농노·노비를 소유하였고, 유력자나

학승들이 사원을 사유화하는 경향이 심해졌다. 그 결과 유교가 보급되는 가운데 비판이 일어나 통제가 행해졌다.

이 시기에는 여성 신자가 늘어나고 역할도 확대되었다. 불상·불구·종 등을 기진한 공양자 명단에 여성의 이름이 많이 보이고 있다. 여성의 계명戒 名으로는 원신파圓信婆, 정신파正信婆, 환심파幻心婆 등과 같이 말미에 파婆 자를 붙인 세 글자 이름이 사용되었다.

3. 고려의 불교

고려 불교의 흥륭

10세기에 신라의 통치가 약화되자 무장 왕건이 지방 세력들을 물리치고 고려를 건국하여 태조가 되었다(재위 918-943). 태조는 신라를 병합하고 936 년에 후백제를 멸망시켜 한반도를 통일하였다.

태조는 전쟁에 승리한 것이 부처와 신령의 은덕에 의한 것이라며 불교의 도움으로 국가의 평안을 기원한다는 발원문을 지었다. 또한 이후의 왕들을 위한 지침을 제시한 「훈요십조訓要十條」에서는 불교를 존숭하고 땅의 기운을 왕성하게 하는 비보사원(제6장 제2절 참조)을 보호하며, 신라 시대에 활발히 개최되었던 병사 위령 축제인 팔관회 및 도교의 상원上元 축제와 당나라 불교의 연등燃燈이 습합된 연등회를 거행하라고 하였다. 그 내용은 풍수설의 영향이 강하였는데, 사원의 과도한 조영을 경계한 것도 땅의 덕을 손상시킬까 염려한 것이 주요 원인이었다.

팔관회와 연등회는 고려를 대표하는 불교행사가 되었다. 음력 11월 15일에 거행된 팔관회는 국왕이 스스로 하늘·산천·용신을 제사하고, 외국의 사절과 상인들을 접견하고, 호화로운 향연이 개최되는 등 점차적으로 중국 황제의 제사와 의례의 내용을 집어넣었다. 연등회의 경우 태조 이후에는 태조가 발원하여 건립한 개경開京(현재 개성開城)의 봉은사奉恩寺에서 태조를 제사지내는 의례가 중시되었다. 팔관회와 연등회에서는 음악과 가무가 성대하게 연주되어 한국 예능의 원천이 되었다.

화엄종과 법상종

고려 불교에서 활발했던 것은 화엄종과 법상종 그리고 선종과 밀교였다. 전반기에는 화엄종과 법상종이 번영하고, 후반기에는 선종이 우세하였다. 화엄종에서는 신라 시대부터 유력 사원들 사이에 교리 해석의 차이를 둘러싸고 논쟁이 있었다. 신라 말에 남악南岳(화엄사華嚴寺)파와 북악北岳(부석사浮石寺)파로 나뉘어 대립이 격화되었는데, 북악계의 균여均如(923-973)가 양자의 조정에 힘써 신라 이래의 화엄학을 크게 발전시켰다.

균여는 『석화엄교분기원통초釋華嚴敎分記圓通抄』를 비롯한 '원통초圓通鈔', '원통기圓通記'라는 이름을 갖는 많은 주석을 지었고, 자신의 5척의 몸에 진리가 갖추어져 있음을 관찰하는 '오척관五尺觀'을 홍포하는 등 수행의 측면에도 힘을 쏟았다. 또한 『화엄경』에 보이는 자연신을 포함한 많은 신들을 '화엄신중華嚴神衆'으로 부르며 그들에 대한 신앙을 권하고, 「보현십원가普賢十願歌」 같은 향가를 짓는 등 민중 교화에도 힘썼다.

의천과 천태종

제관諦觀(?-971)은 10세기 중엽에 중국의 강남에 건너가 천태학을 공부하고 교판을 정리하여『천태사교의天台四敎儀』를 지었다. 이 책은 천태 교리의 강요서로서 중국과 일본에서도 널리 읽히며 입문서로 활용되었다. 제관은 당말 오대의 전란으로 중국에 전하지 않게 된 천태전적을 중국에 전하였고, 이것이 송대에 천태종이 부활하는 하나의 계기가 되었다.

그런데 천태종이 고려에서 종파로 성립한 것은 문종文宗의 아들인 의천義天(1055-1101)이 송에 유학하고 돌아온 이후이다. 화엄종과 선종의 상황에 불만을 가지고 있던 의천은 송에서 화엄교학과 함께 천태교학을 배우고 귀국한 후 화엄종과 법상종 등의 교종과 선종의 대립을 해결하기 위하여 교리와 실천을 겸비한 천태종을 홍포하였다.

의천은 송에 들어갈 때에 화엄종 관련 문헌들을 가지고 가서 송나라 화엄의 부흥을 촉진하였을 뿐 아니라 대장경의 간행에도 공헌하였다. 젊은 시절부터 대장경에 수록되어 있지 않은 중국 주석서들도 모두 간행하겠다는 염원을 품고 있던 의천은 송, 요, 일본에 호소하여 불교전적을 수집한 후 '고려속장경高麗續藏經'을 간행하였다. 그때 고려에 현존하는 불교전적을 기록한『신편제종교장총록新編諸宗敎藏總錄』에는 중국의 경전목록과 달리 위경·의위경 등의 항목은 두지 않았다.

고려 초기에 9산선문의 계보가 확립되었는데, 그러한 선종을 통합하기 위하여 제4대 광종光宗은 교선일치敎禪一致·선정쌍수禪淨雙修를 입장으로 하는 법안종의 영명연수(제5장 제4절 참조)를 존경하여 많은 선승들을 중국에 보내 법안종의 선풍을 배우게 하였다. 이들 선승이 귀국하여 법안종이 융성하게 되자 여러 종파의 회통에 힘쓴 원효가 존숭되어 화쟁국사和諍國師라는 호가 추증되었다. 한편 화엄 독존주의였던 균여를 엄하게 비판하였던 의천은 교학 이론을 함께 중시하는 법안종의 선승들을 천태종으로 편입시켰다.

지눌의 조계종

송대의 선종이 잇따라 전해지는 가운데 고려의 독자적 선종도 출현하였다. 지눌知訥(1158-1210)은 당시 불교계에 불만을 품고 은거하면서 이통현의『신화엄경론』(제5장 제2절 참조)을 읽고 선과 교가 일치함을 깨달았다. 지눌은「권수정혜결사문勸修定慧結社文」을 지어 승려와 재가 지식인 신자들에게 참여를 호소하여 거조사居祖寺에서 정혜결사를 창립하였다. 다시『대혜어록』에 의거하여 깨달음을 심화하고서 1200년에는 송광산松廣山 길상사吉祥寺(현재 송광사松廣寺)로 옮겼다.

지눌은 좌선에 의한 선정과 경전에 기초한 지혜를 함께 중시하여, 자신이 본래 부처라는 것을 자각한 후 수행에 힘쓰며 공안에 의한 간화선을 활용한다는 '돈오점수頓悟漸修'를 주장하였다. 수행에만 몰두하는 용맹한 그의 선풍이 알려지면서 정혜결사는 왕명에 의해 조계산曹溪山 수선사修禪社로 개칭되었다. 이것이 한국 불교의 주류가 되는 조계종曹溪宗이 되었다는 견해도 있지만, 실제로는 조계종이라는 이름은 조계혜능曹溪慧能의 이름에 기인한 것으로 여겨지고 있다.

지눌의 법을 계승한 혜심慧諶(1178-1234)은 공안을 정리한『선문염송집禪門拈頌集』을 편찬하여 수행의 체계를 조직하였고, 왕실의 후원을 얻어 조계종을 발전시키고 송광사를 선종의 중심으로 만들었다. 선종의 주장이 확산되면서 천책天頙(생몰년 미상)은 석존의 진의는 경전과는 별도로 마음에서 마음으로 전하였다고 하는 선종의 '교외별전教外別傳'의 입장에서 『선문보장록禪門寶藏錄』을 지어 화엄종 등과의 차이를 드러냈다. 이 책에서는 석가모니는 깨달음이 충분하지 않아서 설산雪山(히말라야)의 진귀조사眞歸祖師를 찾아가 가르침을 받고서 비로소 선의 조사 중 한 사람이 되었다고 이야기하고 있다.

고려대장경과 봉불사업

촉판 대장경을 하사받았던 고려는 자신들도 대장경을 간행하였지만 1231년 이래 일곱 차례에 걸친 원의 침략을 받아 판목이 모두 불타 없어졌다. 이에 강화도에 천도해 있던 고종은 두 번째 대장경 간행을 명하였다. 거란판과 촉판을 비교하여 수정하며 16년에 걸쳐 완성하였다. 그 팔만여 매의 목판이 현재 경상남도 해인사海印寺에 보존되어 있으며, 세계문화유산으로 지정되었다.

1259년에 원의 우위를 인정하는 강화가 성립된 후 원 황실이 신봉하던 라마교가 전해졌지만 왕실의 의례를 거행하는 데 그쳤다. 이 시기에는 많은 고려의 선승들이 원에 건너가 강남의 임제종 선승들에게 참선하였다. 태고보우太古普愚(1301-1382)는 원에서 석옥청공石屋淸珙(1272-1352?)에게 사사하고 귀국 후에는 왕사·국사가 되어 활약하였다. 이후 그는 한국 임제종의 조사, 그리고 현대까지 이어진 조계종의 실질적 조사로서 존경되고 있다. 나옹혜근懶翁惠勤(1320-01376)은 원에서 한시로 명성이 높았던 평산처림平山處林(1279-1361)에게 사사하고 귀국한 후 왕사가 되어 염불선을 홍포하였고, 무학자초無學自超(1327-1405) 등의 뛰어난 제자들을 길러냈다.

고려에서는 경전의 목판 인쇄만이 아니라 사경도 대단히 발달하였다. 국왕은 금자원金字院·은자원銀字院을 설치하고 부모의 추선 등을 위하여 정밀한 불화를 권두에 게재한 호화로운 금자·은자의 사경을 대량으로 제작하였다. 원의 요청으로 이러한 기술을 가진 승려들이 다수 파견되기도 하였다. 다른 나라에서 찾아보기 힘든 옥판에 새긴 경전도 만들어졌다. 이러한 사업은 팔관회와 마찬가지로 방대한 비용을 필요로 하였으므로 고려 말기가 되어 유자들의 비판을 받게 되었다.

충선왕忠宣王은 왕자 시절에 원에 체재할 때 주자학을 공부하고 지대至大 원년(1308)에 국왕이 되어 귀국한 후 국내에 이를 퍼뜨려 조선 주자학 발전의 계기를 만들었다. 다만 불교도 신앙하였고, 송에 유학하였던 의천이 머물러 고려와 관계가 깊었던 항주 혜인사慧因寺를 지원하여 혜인사가 고려사로도 불리게 되었다. 충선왕은 고려대장경을 강남의 사원들에 배포하였다.

풍수지리와 의경

중국에서 수나라 이전에 성립한 의경인『안묘경安墓經』은 무덤의 토지신들을 평안하게 하지 않을 경우의 재앙을 부처가 설하는 내용인데, 고려의 의경인『지심다라니경地心陀羅尼經』은 더욱 특이한 내용이다.

입멸한 석가모니를 매장하려고 할 때 용왕·토공土公 등의 땅의 신들이 반발하여 매장할 수 없었다. 이 때문에 관 속에서 일어난 석가모니가 그들에게 오색의 폐백을 주며 설법해준 후에 비로소 불을 붙이고 매장할 수 있었다. 석가모니는 토지를 파서 무덤이나 주택을 지을 때는 이『지심경』의 다라니를 외우라고 설하였다. 일본에 전해진 이 의경을『평가물어平家物語』가 성립하기 이전의 비파법사들이 독송하였는데, 이후에도 규슈[九州] 등의 맹인 승려들에 의해 『지신경地神經』이라는 이름으로 재앙을 없애는 경으로 이어져왔다.

4. 일본의 불교 융성

가마쿠라 시대의 전통불교

다이라[平]씨를 무너뜨리고 겐큐[建久] 3년(1192) 정이대장군征夷大將軍에 임명된 미나모토노 요리토모[源賴朝]는 수도 교토로 옮겨오지 않고 계속하여 간토 지방의 가마쿠라[鎌倉]를 본거지로 삼고서 상황 등 수도의 구세력을 억제하는 데 힘썼다. 무사의 시대라고 하는 가마쿠라 시대가 되어서도 사회의 상층부에서는 천태밀교[태밀台密]가 주도하였던 엔랴쿠지·온죠지의 천태종, 도오지의 진언종, 고후쿠지의 법상종 등 전통적 현밀불교가 세력을 뿌리 깊게 유지하고 있었다.

밀교의 수법修法과 관정은 다양한 장면에서 활용되었고, 이에 따라 의례가 극도로 발달하였다. 다만 질병치료와 수명 연장을 위한 기도에서는 의료기술도 함께 사용되었고, 오곡의 풍년을 기원하는 의례를 행하는 동시에 사원은 최신 농경기술을 확산하는 공간의 역할도 하였다. 주술과 기술은 분리되기 어렵게 결합된 상태로 발전해갔다.

현교의 사례로는 후지와라씨의 일족으로 후시미[伏見] 천황에게 와카를 지도하였던 교고쿠 타메가네[京極爲兼]가 유식설을 자신의 와카 이론의 근본에 두고 있었다. 타메카네는 쇼와[正和] 5년(1316) 많은 귀족들과 함께 고후쿠지와 일체로 되어 있던 후지와라씨의 집안 신을 제사하는 가스가[春日] 신사에 참배하였을 때, 『성유식론』의 각 부분을 하나조노[花園] 천황을 포함한 31명의 귀족과 승려들에게 할당하고 그 취지를 와카로 읊게 하여 유식교학을 좋아한다고 이야기되던 가스가신에 봉납하였다. 31명 중에는 2명의 여관女官도 포함되어 있었다.

남도의 불교도 활발하였는데, 역사와 교리 연구가 발달하였다. 또한 논의論義*와 같은 법회 뒤에는 참석자들을 위로하는 잔치가 열렸는데, 승려가 구사무俱舍舞를 추는 등 다양한 불교 관련 예능이 공연되었다. 이러한 잔치는 '엔넨[延年]'**이라 불리며 점차 발전하여 일본의 여러 예능의 원천이 되었다.

천태교의의 진전과 변혁

천태종에서는 초목성불사상이 천황이 다스리는 아름다운 세상에 대한 예찬이나 자연신앙 등과 결합되어 더욱 발전하여, 문학과 예능에까지 영향을 미치게 되었다. 그 과정에서 겐신(에신) 이래의 천태학 계보가 점차 본각사상의 계보로 여겨지고, 겐신에 가탁된 본각론 책들이 출현하였다.

그 계보에 속하는 헤이안 말기의 고가쿠[皇覺]의 찬술로 전하는 『삼십사개사서三十四個事書』에서는 범부가 그대로 부처이고, 세간은 무상한 모습 그대로 영원하다고 하며, 초목에 대해 원래 부처이므로 새롭게 성불하지 않는다고 하는 '초목불성불설草木不成佛說'이야말로 초목성불설의 깊은 뜻이라고 이야기하고 있다.

그런데 본래 부처이므로 수행이 필요하지 않다고 하는 본각론 문헌도 있

논의論義
불교의 교리를 설명하기 위하여 승려들이 정형화된 문답을 주고받는 것. 본래는 교리를 둘러싼 승려들의 실제 논란을 의미하였지만 점차 의식화되어, 법회의례의 일부가 되었다. 노오[能] 등의 대중 예능에서 문답 형식으로 노래를 주고받는 것에도 영향을 미쳤다.

엔넨[延年]
일본 중세의 대형 사찰에서 법회 후에 여러 예능을 공연하며 벌이는 잔치를 가리키는 말로 장수를 기원하는 '하령연년遐齡延年'이란 말에서 유래하였다.

지만 『삼십사개사서』에서는 지도자를 만나서 '자기 자신이 그대로 부처이다'라는 궁극의 법을 듣고 체득할 필요성이 강조되고 있다. 수행이 필요하지 않다는 단순한 주장만은 아니었던 것이다. 또한 12세기 말부터 13세기 초에 걸쳐 활동하면서 천태삼부작 각각에 대해 엄밀한 『사기私記』를 지었던 호치보[寶地房] 쇼신[證眞](생몰년 미상)은 이와 같은 천태본각론에 대해 전통설과 다르다고 강하게 비판하였다. 그러나 쇼신과 같은 복고파 승려는 드물었고, 본각론이 더욱 보급되면서 경전의 문구를 모두 나의 마음으로 보는 관심주의觀心主義가 중시되어갔다.

다이니치보[大日房] 노닌[能忍]의 선종 수용

히에산에서 천태밀교를 공부하고 있던 다이니치보 노닌[大日房能忍](생몰년 미상)은 중국에 유학하였던 천태종 승려들에 의해 전해진 선종 문헌 및 선교일치의 입장이었던 영명연수의 『종경록宗鏡錄』 등에 접하게 되면서 본각사상과 비슷한 측면이 있는 중국선에 경도되게 되었다. 그는 셋츠[攝津]*에 산보지[三寶寺]를 세우고 선도량을 열었다.

셋츠[攝津]
현재의 오사카 북서부 및 효고현 남동부 지역의 옛 명칭으로, 셋슈[攝州]라고도 한다.

사자상승의 계보가 없다는 비난을 받자 분지[文治] 5년(1189)에 두 명의 제자를 송에 파견하여 대혜파에 속하는 영파 아육왕사의 졸암덕광拙庵德光(1121-1203)에게 자신의 경지를 밝히는 글을 보냈다. 졸암덕광은 달마상과 자신의 정상頂相(초상화) 등을 보내주었다. 이에 노닌은 인가를 얻었다고 칭하며 수도에서 선종을 보급하여, 달마종으로 명성을 얻게 되었다. 노닌 자신의 사상은 잘 알 수 없지만 달마의 선을 현밀불교의 위에 두었던 것으로 보인다. 제자 중에는 의도적인 수행이 필요하지 않다고 주장하는 사람들도 있어 비판을 받았다.

노닌 입적 후의 달마종은 제자 가쿠안[覺晏] 등에 의해 세력을 유지하였지만, 나라 지역의 본거지였던 도오노미네[多武峰]가 안테이[安貞] 2년(1228) 고후쿠지 도중들에 의해 불태워지면서 에치젠[越前] 이치조타니[一乘谷]*의 파자쿠지[波著寺]로 달아났다. 그 후 가쿠안의 제자인 에이조[懷奘]를 비롯한 많은 문도들이 도겐의 제자로 전향하였고, 법맥을 유지하고 있던 산보지도 쇠퇴하였다.

에치젠[越前] 이치조타니[一乘谷]
현재의 후쿠이[福井]현 후쿠이[福井]시 동남부 지역. 에치젠[越前]은 현재의 후쿠이현 북부 지역을 가리킨다.

호넨[法然]의 혁신

히에산에서는 세속화한 엔랴쿠지를 나와 산 속의 별소別所라 불리는 지역에 작은 암자를 짓고 은거하며 신앙에 힘쓰는 '히지리[聖]'라 불리는 사람들이 늘어갔다. 그중 한 사람인 호넨[法然](1133-1212)은 젊어서 학식의 뛰어남으로 유명하였지만 구로다니[黑谷]의 별소로 옮겨 선도의 『관무량수경소』를 만나고서 그때까지의 학문을 버리고 정토교로 전향하였다. 겐큐[建久] 9년(1198)에는 『선택본원염불집選擇本願念佛集』을 지어 정토종의 입장을 명확하게 제시하였다.

호넨은 경론에 대한 연구와 수행에 힘쓰는 성도문聖道門을 '잡행雜行'이라고 해버리고, 구칭염불로 왕생하려는 정토문淨土門의 의의를 역설하였다. 정토는 마음이 만들어내는 것이라고 하는 주류적 견해인 유심唯心정토설을 부정하고, 서방에 실재하는 정토를 믿어야 한다고 강조하였다. 또한 제자들에게는 수행에 힘쓰는 선인이 아니라 어떠한 수행도 할 수 없는 악인들을 위해서 아미타불의 본원이 세워진 것이라고 이야기하였다.

그 결과 호넨의 신자 중에는 아미타불 이외의 부처를 경시하고, 학문에 힘쓰는 승려를 비웃으며, 염불 후의 죄업은 왕생에 관계없다고 하면서 악업을 짓는 것을 두려워하지 말라고 말하는 등 과격한 행동을 하는 자들도 나타났다. 그 때문에 호넨은 그러한 언동을 경계하지 않을 수 없었다.

그런데 호넨은 한 번의 염불로도 왕생할 수 있다면서 자신에게 가능한 범위에서 염불하라고 권하였지만, 그 자신은 계율을 엄격히 지키는 것으로 유명한 학승이었고 매일 많은 염불을 하였다. 이 때문에 많은 염불[多念]과 한번의 염불[一念]의 우열 및 계율 준수의 타당성 등을 둘러싸고 제자들 사이에 입장의 차이가 생겨났다.

이러한 상황 속에서 겐큐[元久] 2년(1205)에는 고후쿠지의 도중이 『흥복사주장興福寺奏狀』으로 불리는 글을 올려, 왕실의 허락없이 '종宗'을 세우고 대승불교의 기본이 되는 깨달음을 구하는 마음을 부정한 것 등을 비판하며 호넨의 '전수염불專修念佛'을 정지시키라고 요구하였다. 당시 호넨 문하의 사람들이 다양한 문제를 일으키고 있었으므로 두 사람의 제자가 사형에 처해졌으며, 나아가 호넨은 도사[土佐]*로 유배되고 다른 여러 명의 제자들도 먼 곳으로 유배되었다. 호넨이 사면되어 교토로 돌아와 입적한 후에 문하 제자들이 여러 지방으로 나뉘어갔다.

도사[土佐]
시코쿠[四國] 지방 고치[高知]현 지역.

신란[親鸞]의 타력신앙

호넨의 제자 중 한 사람인 신란[親鸞](1173-1262)은 호넨이 도사에 유배되었을 때 에치고[越後]**로 유배되었다. 사면된 후에는 간토 지방에서 처자를 거느리고 포교하면서 호넨의 가르침을 깊이 추구하여 주저인 『교행신증敎行信

에치고[越後]
현재의 니가타[新潟]현 지역.

證』(정토교진실교행증문류淨土教眞實教行證文類)을 지었다. 교토에 돌아온 후에는 이 책의 증보에 힘쓰는 동시에 정토의 안내자로서 쇼토쿠 태자 신앙을 발전시키며 태자와 관련된 다수의 와카를 지었다.

스스로 죄업이 무거운 범부로 자처한 신란은 정토경전 중에서 중생이 왕생을 발원하는 부분과 신심을 일으킨다고 하는 부분을 해석할 때, 말법의 범부가 자력으로 그러한 마음을 일으키는 것은 불가능하다면서 그러한 부분을 아미타여래의 작용(＝조치)이라고 고쳐 읽으며 유례가 없을 정도로 타력신앙을 강조하였다.

한편 간토 지방에서의 이설의 유행을 염려했던 히타치[常陸]의 유엔[唯圓] (생몰년 미상)이 신란 만년의 언행을 기록하였다고 하는 『탄이초歎異抄』에서는 정토경전이 악인을 주된 대상으로 하여 설해졌다고 하는 악인정기설惡人正機說에 그치지 않고 악인이야말로 정토에 왕생할 수 있는 정인正因(주요 대상)이라고까지 설하고 있다. 이 책에 대해서는 어디까지나 유엔이 자기식으로 기록한 신란의 언행이라고 지적되고 있다.

후에 정토진종淨土眞宗으로 불리게 되는 신란의 문하들은 신란을 따라서 육식·대처를 행하고, 혼간지[本願寺] 등의 사찰을 친아들이 계승하는 등 계율이 느슨한 일본 불교 중에서도 특히 유별난 특이한 종파를 이루었다.

잇펜[一遍]의 오도리 염불

호넨의 손제자에게 사사했던 잇펜[一遍](1239-1289)은 구마노[熊野] 신사에서 얻은 예언을 계기로 하여 모든 것을 버리고 나무아미타불을 외울 것을 권하는 '사성捨聖'이 되어 전국을 돌아다녔다. 잇펜과 다수의 서민이 포함된 그의

신자들은 계속하여 염불하는 가운데 자신이 염불을 외우는 것이 아니라 부처와 함께 염불을 하게 되고, 최후에는 자신과 부처가 모두 사라지고 염불이 염불을 외우는 상태에 이르러, 완전히 나무아미타불의 상태에 도달하는 것을 이상으로 하였다. 그러한 고양감 속에서 아미타불과 한 몸이 된 환희용약의 '오도리[踊リ]염불*'이 행해졌다.

오도리[踊リ]염불
여러 사람들이 함께 춤추며 염불하며 삼매의 경지에 들어가는 행위.

잇펜은 임종할 때에 자신의 저작과 가지고 있던 책들을 태워 없애고 제자들에게 자신의 입적 후에 해산하라고 명하였다. 하지만 후계자를 칭한 다아신쿄[他阿眞教](1237-1319)가 유행상인遊行上人 2세를 자처하며 교단의 확립을 도모하였다. 가마쿠라에 가까운 후지사와[藤澤]의 쇼조코지[淸淨光寺]를 본거지로 삼아 유행遊行을 지속하면서 무사들에게 접근하여 자신의 능숙한 와카를 활용하여 포교에 힘썼다. 밤낮 오로지 염불을 지속하는 시중時衆으로 불린 사람들 속에서 이 계통이 점차 시종時宗을 형성해갔다.

에이사이[榮西]의 현밀겸수

호조 마사코[北条政子]
가마쿠라 막부를 개창한 미나모토 요리토모[源賴朝]의 부인.

미나모토 요리이에[源賴家]
가마쿠라 막부의 제2대 장군. 미나모토 요리토모와 호조 마사코의 아들.

에이사이[榮西](1141-1215)는 천태종에서 출가하여 주로 밀교를 배우고, 엽상류葉上流로 불린 천태 밀교 관련 책을 차례차례 저술하였다. 분지 3년(1187)에 천축의 불교 유적을 참배하기 위해 두 차례 송나라에 들어가서 임제종 황룡파의 허암회창虛庵懷敞을 사사하고 인가를 받았다. 귀국 후에는 『법화경』에 기초한 천태교학, 밀교, 선수행, 보살계의 네 가지를 기둥으로 하여 세속화가 심하였던 일본 천태종을 개혁하기 위하여 중국 선종의 규율을 회복하려고 노력하였다. 가마쿠라에서는 호조 마사코[北条政子]**가 창건한 주후쿠지[壽福寺]의 개산조가 되었고, 교토에서는 쇼군 미나모토노 요리이에[源賴家]**가 창건한 겐닌지[建仁寺]의 개산조가 되었다. 겐닌지는 당시에는 천태종 사찰로 수행자들에게 중국풍 좌선을 하도록 시키지는 않았다.

에이사이의 제자 에이초[榮朝]에게 사사한 엔니 벤넨[円爾弁円](1202-1280)은 송에 들어가 중국 오산의 첫 번째인 경산사로 가서 선사로서뿐 아니라 화가로서도 유명하였던 임제종 양기파의 무준사범無準師範(1177-1249)에게 참선하여 법을 이었다. 귀국 후에는 교토 도후쿠지[東福寺]의 개산조가 되었고, 궁중에서도 선을 설하여 임제선을 홍포하였다. 그런데 도후쿠지는 천태·밀교·선 등을 겸수하였고, 엔니는 『대일경』을 강의하기도 하였다. 귀국 후에도 무준사범과는 친밀하게 편지를 주고받았다. 경산사의 많은 건물들이 화재로 불타게 되자 수복을 위해 다량의 목재를 보내주었고, 무준사범은 편지로 감사의 뜻을 전하였다.

에이사이의 제자인 다이코 교유[退耕行勇](1163-1241)에게 사사한 신치 가쿠신[心地覺心](1207-1298)은 송에 들어가 『무문관無門關』으로 유명한 무문혜개無門慧開(1183-1260)의 법을 이은 후 핫샤쿠[八尺]*와 경산사의 된장(금산사金山寺 된장)을 가져와 여러 사찰에 확산시켰다고 전해진다.

핫샤쿠[八尺]
대나무 뿌리로 만든 피리.
이름은 길이가 1척 8촌인
것에서 유래했다고 한다.

도겐[道元]의 선종비판

도겐[道元](1200-1253)은 히에산에서 출가하고 온죠지에서 천태교학을 공부하였지만 10대 때에 "현교와 밀교 둘 다 모든 일과 현상이 본래 진리 그 자체이고, 사람이 본래 그대로 깨달은 몸이라고 이야기하는데, 만일 그렇다면 과거·현재·미래 삼세의 모든 부처들은 무엇 때문에 다시 발심하여 보리를 구하였는가?"라는 의문에 부딪쳤다. 에이사이의 제자 묘젠[明全](1184-1225)

에게 사사하고, 조오[貞應] 3년(1223)에 함께 송으로 들어갔다.

송의 선종에 만족하지 못하였지만 조동종의 천동여정天童如淨(1163-1228)을 만나 오로지 좌선에 몰두하는 자세에 감명을 받아 그에게 사사하고 인가를 받았다. 귀국한 후에는 교토의 고조지[興聖寺]에서 활동하며 송에서 도겐을 사모하여 일본에 온 적원寂圓(1207-1299)과 논파하러 왔다가 제자가 된 달마종의 에이조[懷奘] 등을 지도하였다. 히에산의 박해를 받아 간겐[寬元] 원년(1243) 에치젠으로 옮긴 후 에헤지[永平寺]에서 문도의 육성과 주저『정법안장正法眼藏』의 완성에 힘쓰다 입적하였다. 도겐은 석가모니 이래의 '올바르게 전해진[正傳] 불법佛法'이라는 점을 강조하였고, 선사·선종·조동종이라는 말을 좋아하지 않았다.

도겐은『정법안장』을 당시 일반적이었던 한문이 아닌 일본어의 영역을 뛰어넘는 특이한 일본말로 지어 젊은 시절의 의문에 답하고자 하였다. 부처가 되어야 비로소 수행이 가능하며, 좌선은 깨닫기 위한 수단이 아니라 그대로 부처의 행위라는 점을 강조하였다. 이러한 주장에는 수행이 필요하지 않다고 하는 수행불요론을 비판하는 동시에 천태본각론과 인도의 초기 여래장사상을 밀고나가는 측면과 석가모니로의 복고를 지향하는 측면이 보이고 있다.

도겐은 경전에 대해 이야기할 때에 '어느 때'라는 의미로 널리 사용되는 '유시有時'를 '있음이 때이다'(존재는 시간이다)로 읽고,『열반경』의 유명한 '일체중생실유불성一切衆生悉有佛性'이라는 구절을 '모든 있음이 불성이다'(모든 있는 것, 모든 존재는 불성이다)라고 읽는 등 의도적으로 다르게 읽고자 하였다. 이러한 다르게 읽기는 '회향回向'이라는 정토경전 중의 신자의 행위를 가리키는 말을 부처의 작용이라는 의미로 다르게 읽었던 신란의 경우와 마찬가지로 본래의 경전에서 새로운 경전을 만들어낸 것과 같다. 그러한 의미에서 신란·도겐의 저술들은 전통 경전을 개작한 대승경전과 같은 성격을 가지고 있다고 볼 수 있다.

도겐의 입적 후에는 개혁하여 보급을 추구하는 파와 도겐의 전통을 존중하려는 파가 대립하였다. 전자에 속하는 인물로서 소지지[總持寺]를 창건한 게이잔 쇼킨[瑩山紹瑾](1268-1325)은 자신이 속해 있던 달마종의 계보를 단절하고 조동종을 확립하였다. 게이잔은『정법안장』의 사상에 기초하여 석가모니에서 에이조에 이르는 계보를 설한『전광록傳光錄』을 짓고, 여성을 포함한 많은 제자를 길러내어 조동종이 전국적으로 발전하는 기틀을 마련하였다.

니치렌[日蓮]

니치렌[日蓮](1222-1282)은 아와[安房]* 지역 해변의 천민 출신이라고 자칭하였다. 지방의 서민이 고도의 교육을 받는 것은 불가능하므로 있을 수 없는 일인데, 굳이 그렇게 자처한 것 자체가 귀족불교를 대신할 새로운 불교의 방향을 보인 것이었다. 히에산에서 출가하고, 각지에서 천태교학과 밀교에 대해 배운 후 겐쵸[建長] 5년(1253)에 아와의 세이쵸지[清澄寺]에서『법화경』을 근본으로 하는 입장을 표명하였다.

정토종을 비롯한 여러 종파가『법화경』을 경시하고 있는 것에 대해 격렬하게 비난하여 염불신자들로부터 공격을 받았다. 분오[文應] 원년(1260)에 집권자이던 호조 도키요리[北条時賴]에게『입정안국론立正安國論』을 제출하여 정토종에 대한 보시를 중단하고『법화경』에 귀의하라고 요구하면서 자신의

아와[安房]
지바[千葉]현 남쪽 지역.

236

이즈[伊豆]
시즈오카[静岡]현의 동쪽
지역.

사도[佐渡]
니가타[新潟]현 서쪽의 바
다에 위치한 섬.

간언을 듣지 않으면 다른 나라의 침략이 있을 것이라고 예언하였다. 이로 인해 조정의 반발을 사서 이즈[伊豆]*에 유배되었다. 일시 사면되었다가 다시 사도[佐渡]**에 유배되자 그곳에서 『개목초開目鈔』, 『관심본존초觀心本尊抄』 등을 지었다. 사도에서 사면된 후에는 미노부[身延](현재 야마나시[山梨]현)에 은거하며 『탄시초歎時抄』 등을 지어 엔닌·엔친 등이 천태종을 밀교화한 것을 비판하였다.

니치렌은 여러 종파의 학문에 정통하였으며, 그의 사상에는 신구의 요소가 혼합되어 있어 복잡하였다. 천태지의와 사이초를 존숭하여 천태교학의 재흥에 힘쓰면서도 후대의 천태본각법문을 활용하여 '나무아미타불' 염불을 강조한 호넨을 비판하고 말법의 시대에는 『법화경』의 모든 것이 집약되어 있는 '묘법연화경'이라는 제목題目을 외우는 것만이 정법이 된다고 주장하였다. 밀교를 비판하는 동시에 한편으로는 '나무묘법연화경南無妙法蓮華經'을 크게 쓰고 그 주변에 불보살과 불제자, 석가모니를 본지로 하는 하치만[八幡]대보살·아마테라스오오미카미의 이름을 써넣은 문자만다라를 작성하여 교화에 활용하였다.

니치렌 입적 후의 신도들은 천태종이라고 칭하며 기도를 행하여 탄압을 벗어난 사람들과 기성세력에게 타협한 사람들, 입장을 끝까지 지키려 한 사람들 등으로 다양하였는데, 점차 니치렌을 존중하는 풍조가 강화되어갔다.

진언율종의 활동

니치렌에 공격당한 에손[叡尊](1201-1290)과 닌쇼[忍性](1217-1303) 중 에손은 교토의 다이고지[醍醐寺]에서 출가하고 고오야산에서 진언밀교를 공부한 후

계율을 부흥시키려는 뜻을 가지고 사이다이지[西大寺]의 승려가 되었다. 도선의 『사분율행사초』를 공부하면서 또한 동료들과 도다이지에서 『범망경』에 기초한 자서수계를 행하였다. 닌쇼는 어린 시절부터 문수신앙을 품고서 문수보살의 화신으로 여겨진 교키를 사모하였다. 차별받고 있던 비인非人*들을 구제하려는 뜻을 세우고 그들의 숙소에 문수의 그림을 걸고 그 이름을 외우게 하며 보시물을 나눠주는 실천을 하였다.

닌쇼가 에손을 사모하여 사이다이지에 들어오자 에손이 그의 영향을 받아 신라 태현의 『범망경고적기』에 의한 보살계 보급에 힘쓰는 동시에 차별받는 비인과 죄수들의 지원에 힘을 쏟았다. 또한 『태자강식太子講式』을 짓고 태자강太子講**을 시작하여 태자신앙에 힘쓰는 동시에 밀교계의 쉬운 수행으로서 '광명진언光明眞言'을 보급하였다.

닌쇼는 더러움을 싫어하고 청정함을 지켜 국가의 평안을 기원하는 관승官僧이 아니었으므로 관승들이 꺼리던 비인이나 나병 환자 등의 병자들에 대한 자선사업을 적극적으로 전개하였다. 가마쿠라의 고쿠라쿠지[極樂寺]를 본거지로 하면서 동시에 도다이지의 대권진직大勸進職이나 시텐노지[四天王寺]의 별당에도 임명되었다. 국분사나 홋케지[法華寺]의 부흥, 다리와 항만의 정비에 힘을 쏟았고, 오랫동안 단절되었던 여승들에 대한 수계를 재개하고 여성 신자에 대한 지원 등도 행하였다.

송·원 선승의 포교

다이니치보 노닌에 의해 세상에 알려진 선종이 널리 보급되게 된 것은 에이사이나 도겐이 아니라 엔니와 송·원에서 일본으로 온 선승들에 의해서였

비인非人
전근대 시기 일본의 피차별민으로 구걸과 떠돌이 예능, 형벌집행에 관한 잡역 등을 하였다.

태자강太子講
쇼토쿠 태자를 신앙하는 종교 모임. 강講은 본래 불교의 강의를 함께 듣는 사람들의 모임을 가리키는 것에서 유래하여 신앙을 함께 하는 사람들의 모임이나 결사를 의미하게 되었다. 후에는 종교와 무관한 경제적 결사로서의 강도 생겨났다.

다. 후자의 첫 사례는 임제종 송원파松源派의 법을 계승한 후 간겐 4년(1246)에 일본에 온 난계도륭蘭溪道隆(1213-1278)이었다. 도륭은 호조 도키요리가 가마쿠라에 창건한 겐초지[建長寺]의 개산조가 되었는데, 이것이 간토 지방 최초의 본격적인 선종사원이었다.

분오 원년(1260)에 같은 송원파의 올암보녕兀菴普寧(1197-1276)이 도륭과 엔니의 추천으로 일본에 오자 호조 도키요리는 겐초지에 초청하여 선을 배우고 후에 인가를 받았다. 그런데 보녕은 중국의 선을 그대로 밀고나가려고 하였던 듯하며, 도키요리가 죽은 후 귀국해버렸다.

도륭은 교토로 와서 겐닌지의 주지가 되어 이 절을 본격적인 선종사찰로 바꾸었고, 다시 가마쿠라에 돌아와서는 다음에 집권하게 되는 호조 도키무네[北条時宗]를 지도하였다. 그런데 몽골이 침입하였을 때 첩자라는 비난을 받아 가이[甲斐]*의 도코지[東光寺]에 유배되었고, 사면된 후에도 다시 유배되는 등 불우한 만년을 보냈다.

가이[甲斐]
야마나시[山梨]현 지역.

집권하게 된 도키무네는 무준사범의 제자로 원나라 군대의 위협을 받고도 태연하였던 것으로 유명한 무학조원無學祖元(1226-1286)을 초청하였다. 몽골이 침입했던 고안[弘安] 4년(1281)의 다음 해에 가마쿠라에 엔가쿠지[圓覺寺]를 창건하고 조원을 개산조로 하였다. 조원은 많은 무사들에게 선을 지도하였고, 고호오 겐니치[高峰顯日](1241-1316) 등의 제자를 길러냈다. 또한 비구니 5산의 첫째가 되는 교토 게이아이지[景愛寺]의 개산조가 되는 무가이 뇨다이[無外如大](1223-1298) 등의 비구니도 지도하였다. 이러한 뛰어난 선승들이 잇따라 일본에 오게 된 것은 송의 국토가 원나라 군대에 의해 유린되는 시대적 상황의 영향이 컸다.

이후 원의 정사正使로 일본에 왔던 일산일녕一山一寧(1247-1317)은 폭넓은 교양을 지닌 문화인으로, 셋손 유바이[雪村友梅](1290-1346), 무소 소세키[夢窓疎石](1275-1351),『원형석서元亨釋書』를 지은 고칸 시렌[虎關師鍊](1278-1346) 등 문예면에서도 활약한 제자들을 길러냈다. 그 밖에 청졸정징清拙正澄(1274-1339), 축선범선竺仙梵僊(1292-1348) 등의 임제종 승려가 일본에 왔고, 동명혜일東明慧日(1272-1340)과 동릉영여東陵永璵(1285-1365) 등의 조동종 선승에 의해 굉지파의 선풍이 일본에 전해져 가마쿠라와 교토의 5산에도 영향을 미쳤다.

이들 일본에 건너온 승려들은 시·서·수묵화·유교 등의 면에서도 영향을 미쳤을 뿐 아니라 선종의 장례의식과 송대의 불교에 수용되었던 끽다喫茶와 위패位牌 등의 풍속도 일본에 전하였다. 일본에서 중국으로 건너가는 승려들도 많았는데, 일본인 스승의 저작을 가지고 가서 평가를 구하고 문장의 정정을 부탁하는 경우도 많았다.

신화와 문예

헤이안 말기에 이미 발달되어 있던 신불습합사상은 본각사상, 밀교, 도교 경전 등의 영향을 받아 더욱 발전하여 황당무계한 신화 해석이나 새로운 신화들이 차례차례 출현하였다. 제6천 마왕이나 성천聖天(환희천歡喜天) 등 불교에 수용되어 있던 인도의 신들이 주목되어 새로운 의의가 부여되고 존중되거나 재래의 신들과 습합된 사례들도 많았다. 이 때문에 중세 일본을 힌두 문화권의 하나로 보는 설도 있다. 이러한 신기하고 신비적인 해석은 와카·이야기의 주석이나 예능의 분야에서도 마찬가지로, 불교와의 상호 영향이 보이고 있다. 논의論義의 영향으로 전거를 존중하는 풍조가 중시된 결과 주장의 근거를 제시하기 위한 의경·의론·의서들이 많이 만들어졌다.

다이라[平]씨에 의해 불태워진 도다이지의 재건을 지휘하였던 초겐[重源] (1121-1206)은 사업의 성공을 빌기 위해 노사나불과 동일하다고 여겨진 아마테라스오오미카미를 제사 지내는 이세[伊勢] 신궁에 여러 차례 참배하고 경전을 공양하였다. 이 시기에는 아마테라스오오미카미만이 아니라 다양한 신들이 불교의 도식으로 설명되었다. 헤이안 말기에서 가마쿠라 초기에 걸쳐 성립된 『삼각백전기三角柏傳記』에서는 이세[伊勢] 대신大神을 본각신本覺神, 하치만[八幡]신과 히로타[廣田]신을 무명無明에서 눈뜬 시각신始覺神, 이즈모[出雲]신 등을 아직 눈뜨지 않은 불각신不覺神으로 배치하는 등 본각사상에 의한 설명을 하고 있다.

신을 낮추어 보면서 그 의의를 강조한 승려도 있었다. 엔니에게 임제선을 배운 선승이면서 밀교와 천태 등도 폭넓게 공부한 무주[無住](1226-1312)는 『사석집沙石集』에서 현재는 말법이고, 일본은 천축에서 멀리 떨어진 변경이며, 그곳의 사람들은 어리석지만 불보살은 그 땅의 사람들에 맞는 형태로 나타나므로 문화적이지 못한 토착의 신이야말로 일본에 가장 적합한 불보살이라고 이야기하였다.

가마쿠라 시대의 문학과 예능은 가모노 초메이[鴨長明]의 『방장기方丈記』, 그 『방장기』를 인용하고 있는 『평가물어平家物語』를 노래한 비파법사 등 대부분 불교색이 짙었다. 무사에서 승려로 전향한 사이교[西行]의 노래모음집이나 다양한 군사 이야기들에도 불교의 영향이 강하고, 무상함의 정서가 배어 있다.

8
근세 동아시아 불교

8 근세 동아시아 불교

명대가 되어서는 양명학에 눌려 불교의 지위가 낮아지고 승려의 질도 떨어졌다. 다만 운서주굉雲棲袾宏을 비롯한 4대법사로 일컬어지는 승려들이 교선일치, 선정일치를 강조하며 불교를 통합하고 부흥시키려고 노력하였다.

청조가 명을 멸망시키자 명의 무장한 밀무역상인과 일본인 어머니 사이에서 태어난 정성공鄭成功이 명을 부흥시키기 위한 거점으로 삼기 위해 대만에 진출하면서 명의 불교를 전하였다. 청의 지배층은 라마교를 신앙하였고, 한족들에게는 종래의 불교신앙을 허락하였지만 불교계는 더욱 상태가 나빠졌다.

베트남에서는 명의 불교가 전해지면서 선정일치, 삼교일치의 풍조가 강해졌고, 도교와의 융합이 진전되었다. 한편 유교가 사회의 주류로 되면서 불교의 지위는 하락해갔다.

한국의 조선왕조에서는 주자학이 공인 학문이 되고 불교는 탄압되었다. 여러 종파가 통합되고 통제가 강화되었다. 도요토미 히데요시[豊臣秀吉]의 조선 침략 때에 선승들이 힘써 싸운 결과 그 공적으로 불교가 조금 회복되었다. 이후 다시 탄압이 강해졌지만 선정겸수의 풍조 아래『화엄경』 강의가 활발히 행해지고, 한자에 훈민정음의 해석을 첨가한 불교서적들도 다수 출판되었다.

일본은 무로마치[室町] 시대에는 선종의 영향을 받은 문화가 발전하였다. 에도[江戸] 시대에는 막부가 민중들을 반드시 한 종파의 사찰에 소속되게 하였으므로 사원은 통제되면서도 보호받는 가운데 종파불교가 강화되었다. 막부가 학문을 장려하면서 각 종파는 승려의 교육기관을 충실하게 하였다.

그런 가운데 종조로 돌아가려 하는 복고의 움직임과 근대적 방법에 가까운 객관적인 불교연구도 나타났다. 그런데 일본은 이 시기에 점차 유교가 세력을 갖게 되면서 불교에 대한 비판도 하게 되었다. 또한 국학에서도 불교비판을 강화해갔다.

이 장에서는 이러한 근세 아시아 여러 나라 불교의 동향을 개관한다.

1. 명청대의 쇠퇴와 부흥

명대의 불교

걸식 승려 출신으로 염불결사인 백련교白蓮教에 들어가 홍건적紅巾賊의 난에 참여하여 두각을 나타낸 주원장朱元璋이 홍무洪武 원년(1368)에 대명大明을 건국하고 황제로 즉위하였다(재위 1468-1398). 이후 20년에 걸쳐 원의 잔당을 격파하고 남북을 통일하였다. 홍무제는 즉위 후에 백련교와 화엄계 종교결사인 백운교白雲教를 사교로 판정하여 금지하였다. 『반야심경』, 『금강반야경』, 『능가경』의 시험에 합격한 사람들만을 승려로 인정하고, 사원·승려의 관리 및 주지의 선정, 승려의 처벌 등은 남경의 승록사僧錄司와 지방의 관청에서 관리하게 하였다.

홍무제는 사원을 선사禪寺·강사講寺·교사教寺의 세 가지로 구분하였다. 선사는 선종의 절, 강사는 천태·화엄·법상 등을 강의하는 절이고, 교사는 일반 신자들의 요청으로 밀교 의례를 중심으로 하는 재齋나 기도를 행하는 사찰로, 이를 행하는 승려를 유가교승瑜伽教僧이라고 불렀다.

명에서는 사도승私度僧이 횡행하였고, 북방으로 물러간 후에도 계속 침공해 오는 몽골(북원北元) 군에 대비할 전쟁비용을 마련하기 위해 세금을 면제받는 출가 증명서인 도첩度牒을 파는 매첩賣牒, 그리고 승관이 되는 권리를 파는 매관賣官을 빈번히 행한 결과 겉모습만의 무식한 승려들이 늘어났다.

그런 가운데 정덕제正德帝(재위 1506-1521)는 티베트어를 배우고 항상 라마승의 승복을 입고 궁중에서 라마교 설법을 하였다. 그 뒤를 이은 가정제嘉靖帝(재위 1521-1566)는 도교에 경도되어 불교를 억압하면서 한편으로는 재정 확보를 위해 매첩·매관을 지속하여 승려의 자질이 더욱 떨어졌다. 민간에서의 승려에 대한 평가도 낮아져 『수호전』이나 『금병매』 등에는 '한 글자로는 승僧, 두 글자로는 화상和尙, 세 글자로는 장례꾼[葬式屋], 네 글자로는 색정아귀色情餓鬼'라고 하는 이야기까지 보이고 있다.

명의 4대법사와 기독교 비판

이러한 불교의 부진에 쐐기를 박은 것은 관료·무장으로 활약하였던 왕양명王陽明(1472-1528)이 일상생활의 실천 중에 주창한 양명학陽明學이었다. 양명학은 마음을 중시하고 대담한 인간 긍정을 보여준 당나라 시기의 선을 유교 사회에 맞게 바꾼 것 같은 경향이었으므로 인기를 끌고 다양한 제자들이 배출되었다.

만력萬曆 연간(1573-1620)에 활약하며 명대 불교를 대표하는 승려가 되었던 운서주굉雲棲袾宏(1535-1615)은 양명학의 융성과 불교의 쇠퇴를 안타까워하며 교선일치·선정일치의 입장에서 여러 교학불교와 선종, 정토교를 통합하고 계율의 부흥에 힘썼다. 『선관책진禪關策進』 등의 저작과 정토교 관련 저작을 다수 지었고, 그 밖에 시아귀施餓鬼*에 해당하는 수륙회水陸會 및 방생회放生會의 의례들도 정비하였다.

시아귀施餓鬼
연고가 없는 굶주린 귀신에게 음식을 공양하는 의례.

주굉은 일정한 시각에 삼보를 예배하고 독송할 경전을 모아 『제경일송집요諸經日誦集要』를 지었다. 이것을 우익지욱蕅益智旭(1599-1655)이 개정한 판이 청대에 『선문일송禪門日誦』으로 간행되었는데, 다소 개정되기는 하였지만 오늘날에도 중국 및 동남아시아의 중국계 사원에서 사용되고 있다. 현대 중국 불교의 기초를 구축한 것은 운서주굉이라고 말해도 좋을 것이다.

마찬가지로 선정일치를 설하며 사회의 부정과 싸우다 감옥에서 죽은 자백진가紫柏眞可(1543-1603)와 선종과 교학불교의 통합에 힘쓴 감산덕청憨山德淸(1546-1623)은 주굉과 함께 '만력 연간의 3대법사'로 불리었다. 후에 이 세 사람에 더하여 '명의 4대법사'로 불리게 된 우익지욱은 대장경의 요문을 모은 『열장지진閱藏知津』을 편찬하고 계율·천태·화엄·정토 등의 교학과 선의 통합에 힘썼다.

이러한 교선일치의 주장에 반발한 선승들도 있었다. 임제의현 당시의 선종으로의 복귀를 지향한 임제종 천동파의 밀운원오密雲圓悟(1566-1642)는 공안선을 부정하고 방·할을 사용한 당대 선종의 교화법을 부활시켰다.

원오는 기독교에 대한 비판도 전개하였다. 만력 29년(1601)에 허가를 받아 북경에서 포교를 시작한 예수회의 마테오 릿치가 하느님을 '천주天主'로 번역한 『천주실의天主實義』를 짓고 불교의 윤회설 등을 비판하자 원오를 비롯한 주굉, 지욱 등이 격렬한 반박의 글을 지었다.

각각의 지역에 부합하는 포교에 유념하고 있던 마테오 릿치는 당시의 명에서는 여성적인 관음상이 아이를 점지하는 보살로 신앙되고 있고, 또한 발목 근처에 아이들이 달라붙어 있는 귀자모신鬼子母神의 상도 유행하고 있는 것을 참고하여 성모마리아의 상을 관음이나 귀자모신의 상과 비슷하게 백자로 만들었다. 그것이 일본에도 전해져 나중에는 숨은 기독교도들 사이에서 마리아관음으로 예배되었다.

청대의 불교와 대만으로의 진출

숭정崇禎 17년(1644)에 명을 멸망시킨 만주 여진족의 청조는 라마교를 불교의 정점에 두었지만 한족의 서민들이 라마교와 접촉하는 것을 경계하였다. 또한 그때까지의 불교신앙을 용인하면서도 새로운 사원의 창건을 금지하고, 사도승을 단속하였다. 청대에는 뛰어난 한족 승려는 나오지 않았고, 건륭제乾隆帝(재위 1735-1795) 이후에는 팽제청彭際淸(1740-1796)과 같은 거사들이 승려 이상으로 활약하였다.

청대에도 백련교가 자주 반란을 일으켜서 사원에 대한 단속이 강화되었다. 그리고 홍수전洪秀全이 기독교와 전통적인 하늘에 대한 신앙을 융합한 신앙결사를 조직하여 도광道光 30년(1851)에 태평천국의 난을 일으키면서 강남의 불교 사원과 불상을 대량으로 파괴하였다.

복건 출신으로 무력을 지닌 밀무역상인이었던 정지룡鄭之龍(1604-1661)이 왜구의 본거지이기도 했던 일본의 히라토[平戶]에서 생활할 때 일본인 여성과의 사이에서 태어난 정성공鄭成功(1624-1662)은 일곱 살 때 아버지를 따라 복건으로 건너와 학문에 힘썼다. 청이 명을 멸망시키자 부흥의 거점으로 삼기 위해 정성공은 영력永曆 15년(1661)에 수군을 이끌고 대만으로 가서 대만을 영유하고 있던 네덜란드 동인도회사를 항복시키고 휘하의 군대와 민중을 대만으로 이주시켰다.

이것이 계기가 되어 대만에 명대의 불교가 전해졌다. 청대에는 1백을 넘는 사찰이 건립되었는데, 관음이라는 이름이 붙는 사찰이 절반 이상이 되었다. 승려 중에는 신자를 위하여 점을 치거나 의료에 힘을 쏟는 사람들도 있었다. 민간에서는 불교·유교·도교를 융합한 재교齋敎라 불리는 선종계의 채식주의 종교가 성행하였다.

2. 베트남

복속에서 독립으로

진조陳朝의 외척인 호계리胡季犛가 1400년에 제위를 찬탈하자 명의 영락제永樂帝는 진조 부흥을 명분으로 영락 4년(1406)에 군대를 파견하여 이후 22년 동안 지배하였다. 이 시기를 속명기屬明期라고 부른다.

영락제는 베트남의 전통적 습속을 금지하고 여성에게 중국풍 복장을 강제하였다. 또한 명에서 유행하고 있던 유교와 불교, 도교를 보내 보급시키고, 진조 및 그 이전의 역사서와 문학서 등을 대량으로 몰수하여 남경으로 가져갔다. 쯔놈으로 쓰인 불교문헌을 약탈하거나 태워버려 승려 범옥范玉(생몰년 미상)이 이끄는 승군이 5년간에 걸쳐 저항하였다. 호족 여리黎利가 게릴라전을 지속하여 명의 세력을 쫓아내고 순천順天 원년(1428)에 즉위하여 국호를 대월大越이라고 하였다. 진조 무렵부터 유교가 활발하였고, 속명기에는 주자학이 도입되었다. 여조黎朝(후기 여조)에서는 유교가 주류가 되고 불교는 억압되었다.

완조阮朝의 성립과 프랑스의 진출

여조 이후 짧은 왕조가 난립하며 대립과 내부 항쟁이 거듭되다가 여조의 실력자였던 완阮씨 일족의 자손 완복영阮福暎(1762-1820)이 샴(타이)군과 프랑스군의 도움을 얻어 1802년에 서산西山 왕조의 군대를 깨뜨리고 중부 후에서 왕위에 올랐다. 이후 북부까지 지배하게 되면서 현재에 이어지는 남북으로 긴 국토를 처음으로 획득하였다.

완복영은 청의 책봉을 받아 월남왕越南王에 임명되었다. 이어서 1806년에는 황제를 칭하며 완조를 창시하였다. 서산 왕조는 불교를 보호하고 쯔놈을 이용하여 경전의 베트남어 번역을 추진하였는데, 완조는 이들을 소각하고서 유교를 국교로 하고 불교는 미신으로 간주하였다.

그 완조를 지원하면서 동남아시아 나라들을 식민지화하고 있던 프랑스는 1882년에 베트남을 보호국으로 만들었다. 나아가 1887년에는 프랑스령

인도차이나 연방을 성립시켜 완조를 존속시킨 가운데 식민지화 하고 가톨릭을 침투시켰다.

선종의 유포와 삼교융합

후기 여조 이후의 베트남에서는 명대 불교의 영향을 받아 선정일치, 삼교일치의 경향이 발전하였다. 고양사高陽寺에 전하는 「삼교상명병서三教像銘竝序」에 의하면 광흥光興 원년(1578)에 석가·공자·노자의 삼존상을 만들고 함께 예배하였다고 한다.

북부 지방 불교의 중심적 인물은 복건 출신의 임제종 승려로 졸공拙公이라고 불렸던 졸졸拙拙 선사(1590-1644)였다. 졸공은 불교 5계와 유교 5상五常의 일치를 설하고, 염불로 미혹을 없애면 그대로 안락국이고, 재가로서 그대로 깨달음을 얻을 수 있다고 설하였다. 입적한 후에는 유체에 옻칠을 한 상이 하노이 근처의 불적사佛蹟寺에 안치되어 현재까지도 숭배의 대상이 되고 있다.

중남부 지방에서는 완씨 일족이 후에 2백 곳 이상의 사찰을 세우는 동시에 부정한 출가를 단속하고 임제종의 정통을 자처하는 대혜 계통의 임제종을 보호하였다. 승관에는 이 파의 승려만을 임명하여 이 파가 중남부의 주류가 되었다.

후기 여조 시대에 창건 내지 재건된 주요한 다섯 사원은 신종神宗의 왕비인 옥죽비玉竹妃에 의해 13세기에 건립된 영복사寧福寺(필탑사筆塔寺)를 비롯하여 모두 왕비와 왕의 후궁, 유력한 환관의 부인 등에 의해 발원되었다. 이 시기에는 불교가 주로 후궁 여성들에 의해 후원되었다. 또한 서민들 사이에서는 유교나 도교와 융합된 형태로 신앙되었다. 18세기 말 무렵의 북부에서는 승려가 도사를 겸하기도 하였다.

3. 조 선

조선왕조의 불교 박해

남방의 왜구와 북방 여진족의 공격을 격퇴하고 고려의 권세를 장악한 무장 이성계李成桂는 홍무 25년(1392)에 공양왕恭讓王의 양위를 받아 스스로 고려왕이 되었다(재위 1392-1398). 이어서 명에 국호의 변경을 신청하여 조선국朝鮮國의 통치를 인정받았고, 제3대 태종太宗(재위 1400-1418)이 건문建文 3년(1401)에 정식으로 조선국왕으로 책봉되었다. 이후 광서光緖 23년(1897)에 광무제光武帝가 통치하는 대한제국이 될 때까지 세계사에서 보기 드문 장기 왕조를 유지하였다.

조선왕조의 특징은 주자학을 중시하여 중국 이상으로 극단적인 유교정치를 행하였다는 점이다. 태조를 칭한 이성계는 무학자초無學自超를 스승으로 모셨지만, 국립 유교 교육기관인 성균관에서 수학하였던 태종 시기부터 불교에 대한 억압이 시작되었다. 태종은 도회지가 아닌 산중에 있는 사찰 위주로 242개의 사원만을 공인하고, 기존의 11개의 종파를 조계종, 화엄종, 천태종, 자은종, 중신종中神宗(중도종中道宗과 신인종神印宗), 총남종摠南宗(밀교의 총지종摠持宗과 남산율종의 통합), 시흥종始興宗(성격 불명)의 7개 종파로 통합시켰다.

고려 말에는 사찰 토지가 전국 농지의 6분의 1에 달하였는데, 태종은 공인받지 못한 사찰의 토지와 노비를 몰수하였다. 또한 도첩이 없는 승려를 환속시키고, 왕사·국사의 제도를 없앴으며, 왕릉에 사찰을 건립하는 전통을 폐지하였다. 여성이 절에 참배하는 것을 금지하는 법령도 만들었다. 하지만 후궁의 여성 중에는 불교신자가 많았고, 그 영향으로 태종도 죽은 부모의 명복을 빌기 위한 법회와 사찰 건립 등은 용인하였다.

명군으로 유명한 세종世宗(재위 1418-1450)은 유교를 국교로 정하고, 조계종·천태종·총남종을 합하여 선종으로 하고, 화엄종·자은종·중신종·시흥종을 합하여 교종으로 하여 선·교 2종으로 통합하고, 선종과 교종 각각 18곳의 사찰만을 공인하고 토지를 지급하였다.

훈민정음 창제와 불서 간행

세종의 대표적 업적은 한자 이외의 글자를 만드는 것은 이적의 나라뿐이라는 신하들의 반대를 물리치고 한글의 원형이 되는 '훈민정음訓民正音'을 제정한 것이다(세종 25년, 1443). 그 직후에 조선왕조를 찬양하는 『용비어천가龍飛御天歌』가 훈민정음으로 간행되었고, 이어서 즉위하기 전의 세조世祖가 스스로 편찬한 부처 전기인 『석보상절釋譜詳節』과 석가모니를 찬송하는 노래집인 『월인천강지곡月印千江之曲』 등도 훈민정음으로 간행되었다. 이들은 당시를 대표하는 문학이기도 하다.

조선의 국왕 중에 가장 불교를 열심히 신앙하였던 제7대 세조는 세조 7년(1461)에 불전을 간행하는 간경도감刊經都監을 설치하고, 『능엄경언해』, 『법화경언해』, 『금강경언해』, 『반야심경언해』, 『원각경언해』 등의 훈민정음으로 번역한 언해본 불교문헌을 다수 간행하였다.

하지만 이후의 국왕과 관료들은 불교에 대한 억압을 다시 강화하였다. 승려의 자격시험인 승과僧科를 폐지하고 수도 한성漢城(현재 서울)의 사찰을 모두 철폐하였으며, 승려를 토목공사 등의 노역에 동원하기까지 하였다. 이시기에는 주자학에 대한 연구가 발전하여 이황李滉[퇴계退溪]·이이李珥[율곡栗谷]의 2대 학자가 배출되었다.

도요토미 히데요시의 조선침략과 의승군의 분전

불교에 대한 억압이 중단되게 한 것은 도요토미 히데요시[豊臣秀吉]의 조선 침략(임진왜란)이었다. 분로쿠[文禄] 원년(1592) 일본 통일을 달성하고 명의 정복을 기도한 히데요시의 군대가 조선을 침공하여 한 달 만에 한성을 함락시키자 북쪽으로 피난했던 조선 국왕이 명에 원군을 요청함과 동시에 조금 전까지 투옥되어 있던 임제종 승려 서산휴정西山休靜(1520-1604)에게 협력을 의뢰하였다. 휴정은 전국의 승려에게 참전을 호소하였고, 제자인 송운유정松雲惟政(1544-1610)이 승장이 되어 의승군을 지휘하여 싸우며 활약하였다.

히데요시의 군대가 철수하였지만 명과의 교섭이 결렬되자 게이초[慶長] 2년(1597)에 다시 침공하여 격렬한 전쟁을 하였다. 히데요시가 죽자 일본군은 많은 포로와 노략품을 가지고 철수하였다. 유정은 일본의 상황을 파악하기 위하여, 오랫동안 조선과의 교역에 관여하였고 그 재개를 희망하던 쓰시마[対馬]의 소오[宗]씨와 함께 파견되어 교토까지 가게 되었는데, 일본의 선승과 재가신자들의 존경을 받으며 그들과 선문답으로 교화하고 한시를 주고받으며 교류하였다. 유정은 수호를 희망하면서도 군세를 과시하는 도쿠카와 이에야스[德川家康]와 회견한 후 소오씨의 중개를 통해 모은 포로 천 수백

명을 이끌고 귀국하였다.

일본군이 철수하자 유학자들은 다시 불교비판을 개시하였다. 하지만 전사자를 추도하는 법회가 열리고 폐허가 된 사원들도 일부 재건되어 불교를 폐절하지는 못하였다.

이 시기의 선종은 부용영관芙蓉靈觀(1485-1571)의 두 제자인 서산휴정 계통과 부휴선수浮休善修(1543-1615) 계통이 주류로 되었다. 휴정은『삼가귀감三家龜鑑』등을 지어 간화선을 중시하면서도 교종과 선종의 통합, 유·불·도 3교의 조화에 힘썼다. 서산파에서는 편양언기鞭羊彦機(1581-1644) 계통이 주류가 되었다. 그 일문은 고려 말 원에 건너가 임제종의 인가를 받아온 태고보우에서 휴정에 이르는 계보야말로 임제종의 정통이라고 강조하였다. 한편 부휴파도 마찬가지로 정통을 주장하였는데, 지눌이 개창한 송광사를 본거지로 하여 지눌의 저작을 간행하는 등 중국에 유학하지 않은 지눌을 중시하였다.

불교와 문학

조선왕조는 주자학의 근엄한 인상이 강하지만 불교와 관련하여서는 연애문학 등도 만들어졌다. 화엄에 대한 소양을 가진 선승으로, 설잠雪岑이라는 법명과 매월당梅月堂이라는 호로 유명한 김시습金時習(1435-1493)의『금오신화金鰲新話』에 수록된「만복사저포기萬福寺樗蒲記」는 양친을 잃은 청년이 절에 기원하러 온 미녀와 정을 통했다는 이야기이다. 나중에 그 여성이 명가 처녀의 유령이었음을 알게 된 청년은 공양하여 여성을 왕생시키고 자신은 가야산에 은거하였다.

또한 문인 관리였던 김만중金萬重(1637-1692)은 중국의 선승이 제자를 관리로 환생시켜 선녀의 환생인 여성들과의 연애 및 관료로서의 출세와 좌천을 경험시킴으로써 모든 것이 일장춘몽에 불과하다고 이야기하는 연애소설인『구운몽九雲夢』을 17세기 말에 지었는데, 조선 시대 문학의 걸작으로 평가되고 있다.

근대 이전의 한국에서 뛰어난 연애 작품은 이 밖에도 대부분 불교를 소재로 하고 있다. 석가모니와 부인 야쇼다라의 일화에 기초한 부처전기 문학도 독자적으로 발전하였다. 조선 후기의『팔상명행록八相明行錄』에서는 야쇼다라가 석가에 버림받고 다시 6년 후에 출산하여 부정을 의심받자 불 속에 뛰어들어 영험을 일으켜 구제되었지만 그렇게 하여 태어난 라훌라조차 석가모니에 의해 출가되고 만다는 점을 강조하고 있다. 부처의 전기가 궁중 여성의 비극으로 활용되고 있는 것이다.

4. 일본 : 남북조에서 에도 시대

진승陣僧

가마쿠라 막부가 겐코[元弘] 3년(1333)에 멸망하자 아시카가 다카우지[足利尊氏]가 고묘[光明] 천황을 즉위시키고 엔겐[延元] 3년(1338)에 정이대장군征夷大將軍에 임명되어 가마쿠라 막부를 잇는 무가정권을 교토에 개설하였다. 이후 교토의 북조와 요시노[吉野]의 남조가 항쟁하는 시대가 지속되다가 3대장군인 아시카가 요시미츠[足利義滿]의 알선으로 메이토쿠[明德] 3년(1392)에 두 조정이 통합하였다. 기타오지[北小路]* 무로마치[室町]에 무로마치도노[室町殿]라는 저택을 가지고 있던 요시미츠는 수호대명守護大名*들의 세력을 누르고 막부권력을 확립하여 선종색이 짙은 무로마치 문화를 구축하였다.

가마쿠라 말기부터 남북조기의 전장에서는 진승陣僧이라 불리는 승려들이 단나檀那(외호자)인 무사의 상처를 치료해주고, 임종시에 극락왕생할 수 있도록 나무아미타불 십념十念을 해주며, 죽은 후에는 장례를 주관한 후 본거지에 돌아와 유족에게 최후의 모습을 전해주었다. 진승은 지역의 승려들인 경우도 있었지만 쇼조코지[清淨光寺] 등의 시중時衆(시종時宗) 승려들이 맡는 경우가 많았다. 이것은 시중의 승려가 전쟁터에도 자유롭게 왕래할 수 있고, 진언율승과 마찬가지로 관승이 아니어서 죽음의 부정함을 꺼리지 않고 장송의례를 집행할 수 있었기 때문이었다.

아미중阿彌衆과 선종 문화

시중時衆의 승려는 전쟁 이외에도 문예와 취미의 세계를 지도하는 경우가 많았다. 정식 시중의 일원이 되는 데에는 까다로운 조건이 있었지만, 일반적으로는 삭발하고 아미의阿彌衣로 불리는 검은 옷을 몸에 걸치고 '~아阿', '~아미阿彌'라는 이름을 칭하면 시중의 승려로 인정되었다.

다만 진언종에서 출가한 후 호넨에게 배우고, 도다이지 재건을 지휘했던 초겐은 12세기 말 무렵부터 남녀를 불문하고 사람들에게 아미타불호를 주었는데, 이 계통도 남도에서 번성하였으므로 '~아阿', '~아미阿彌'라는 이름을 가졌다고 해도 시중으로 단정할 수는 없다. 남북조 시기에서 무로마치 시대에 걸쳐서는 이러한 사람들이 아미중阿彌衆 혹은 동붕중同朋衆으로 불리며 장군이나 대명大名들에게 봉사하였고, 선승이나 문인귀족들과 교류하면

수호대명守護大名
가마쿠라 막부 때 지방의 치안 유지와 군사 통제를 위해 수호守護들을 파견하였는데, 시간이 지나며 이들이 해당 지역의 사법 및 경제적 측면까지 장악하며 지방의 지배자로 성장하게 되면서 수호대명守護大名으로 불리게 되었다.

서 문화를 주도해갔다.

아시카가 다카우지·다다요시[直義] 형제는 고다이고[後醍醐] 천황의 명복을 빌기 위해 랴쿠오[曆應] 2년(1339) 교토에 덴류지[天龍寺]를 창건하고 임제종 승려 무소 소세키[夢窓疎石]를 개산조로 초빙하였다. 소세키는 중국 선종사원의 양식과 자연의 조망을 살린 헤이안 시대 이래의 정취 있는 정원을 융합하여 후대에 큰 영향을 미쳤다. 소세키는 덴류지를 건립할 때에 가마쿠라시대의 겐초지선[建長寺船]의 사례를 본떠 자금조달을 위해 원에 교역선을 파견하도록 제언하였는데, 이것이 무로마치시대에 선사가 대외교역을 행하는 계기가 되었다. 선승은 한문 시문을 주고받으며 나라를 넘어 교류하였고 대륙과의 무역에도 관여하였다.

아시카가 요시미츠는 스스로의 좌선수행을 위해 소고쿠지[相國寺]의 탑두塔頭*로 로쿠온인[鹿苑院]을 세웠다. 이곳에서 선승의 지도를 받았을 뿐 아니라 불교관계의 청원 등을 처리하였으므로 임제종 승려가 점차 정치와 외교에도 관여하게 되었다.

빈객들을 대면하는 공간으로 회소會所라는 장소를 마련하고 '당물唐物'이라 불린 중국에서 건너온 귀중한 문물로 장식하는 것은 가마쿠라 시대부터 시작되었는데, 요시미츠나 이후의 아시카가 장군의 회소는 극도로 호화로웠다. 저명한 선승의 서화 등이 특히 존중되었다.

회소에서 당물 등을 관리하고, 또한 서화·차·문예·예능·건축·정원만들기 등에 관여한 사람들의 다수가 동붕중이었다. 이러한 사람들의 신분은 다양하였지만, 법체法體(승려의 외모)를 하고 있으면 신분을 넘어 교제하는 것이 가능하였다.

탑두塔頭
큰 사찰나 속해 있는 개별 암자나 작은 사원. 본래는 개창조 등 고승의 묘탑을 지키는 암자에서 비롯되었지만 후에는 해당 고승의 문도들의 독자적인 세력 거점으로 기능하였다.

각 종파의 발전

가마쿠라 시대에 독창적인 불교를 제시한 승려들 중 호넨, 신란, 도겐, 니치렌에서 유래한 종파들이 무로마치 중엽에서 전국 시대·에도 시대 초기에 걸쳐 급격히 전국적으로 발전해갔다.

호넨의 경우 살아 있을 때부터 다양한 경향의 제자들을 길러냈는데, 쇠퇴하지 않고 발전한 것은 서산파西山派가 된 세이잔 쇼쿠[西山證空](1177-1247)의 계통과 진서파鎭西派가 된 벤초[弁長](1162-1238)의 계통뿐이었다. 에도 막부가 성립한 후 조상이 신앙해온 정토종을 존중한 도쿠카와 이에야스가 시바[芝]의 조조지[增上寺]를 원찰[보리사菩提寺*]로 삼으면서 정토종의 세력이 급격히 확대되고 이에야스의 정토종신앙에 대한 독실함을 과장하는 설화가 확산되었다.

육식·대처를 하며 주지직을 세습하였던 신란의 여러 계통 중에서 혼간지[本願寺]는 세력이 약해져 천태종 쇼렌인[靑蓮院]의 말사 취급을 받게 되었다. 그러다 제8세의 렌뇨[蓮如](1415-1499)가 천태종에 저항하여 충돌한 후 에치젠의 요시자키[吉崎](현재 후쿠이현 아와라시) 등의 지역을 전전하다가 분메이[文明] 14년(1482) 교토의 야마시나[山科]에 혼간지를 건립하였다. 렌뇨는 일본말 편지의 형태로 가르침을 알기 쉽게 설한 「어문御文」(「어문장御文章」)을 활용하여 문도를 늘려갔다.

호쿠리쿠[北陸] 지방 등에서 문도가 늘어남에 따라 억압도 받게 되고, 이에 대한 반발이나 가혹한 연공年貢** 등에 대한 농민의 불만과 결합하여 15세기 후반부터 각지에서 일향일규一向一揆**가 일어나게 되었다. 렌뇨는 세속에서는 왕법에 따르고, 신앙에서는 불법을 지키라고 훈계하였고, 나중에 이시야

보리사菩提寺
일본에서는 조상의 장례를 치르고 제사를 지내는 집안의 원찰을 보리사菩提寺라고 부른다.

연공年貢
영주가 자신의 지배하에 있는 농민들에게 부과하는 조세. 보통 쌀로 납부하였다.

일향일규一向一揆
정토진종 특히 혼간지파와 관련된 농민 봉기. 일향종一向宗은 본래 가마쿠라 시대의 정토종 승려 일향준성一向俊聖에 의해 창시된 종파이지만 후에는 정토종 및 정토진종이 모두 일향종으로 불리게 되었다. 일규一揆는 농민 혹은 도시상인들이 공권력을 대상으로 하여 일으킨 봉기를 가리킨다.

마혼간지[石山本願寺]가 되는 이시야마고보[石山御坊]를 오사카에 건립하였다. 혼간지는 점차 대명 수준의 영지와 무장세력을 보유하게 되었고, 전국 시대 대명들의 다툼에 관여하여 빈번히 전쟁을 치렀다.

이시야마전투[石山合戰] 이후 혼간지가 오다 노부나가[織田信長]에게 굴복했을 때 항전파였던 교뇨[教如](1558-1614)는 이에야스에 의지하였고, 게이초 7년(1602) 교토의 혼간지 동쪽 지역에 토지를 기진받았다. 그 결과 정토진종은 준뇨[准如](1577-1630)가 계승한 혼간지와 교뇨가 주석한 히가시혼간지[東本願寺]로 나눠졌다. 후자는 신란의 묘소인 오오타니[大谷] 조묘를 계승하였으므로 나중에는 오오타니파[大谷派]로 불리게 되었다.

선종의 5산10찰은 '총림叢林'으로 불렸고, 5산 이외의 유력한 선사와 지방에 건립되었던 선사들은 '임하林下'로 불렸다. 임하의 사찰 중에는 5산10찰과 동등하거나 그 이상으로 발전한 임제종 사찰들도 있었다. 예를 들면 교토의 다이토쿠지[大德寺]는 풍류 승려로 유명하여 귀의자가 많았던 잇큐 소준[一休宗純](1394-1481)이 사카이[堺]의 부유한 상인 등에게 호소하여 재건한 후 크게 번성하여 다도·노오[能]·그림 등의 분야에서 선종 문화의 중심지가 되었다.

무로마치 시대에는 니오산尼五山으로 불린 비구니들의 5산이 존재하였고, 여성 선승의 활약도 보인다. 하지만 중국에서 전래된 의경『혈분경血盆經』등의 영향으로 여성은 월경과 출산할 때의 피로 부정하게 되어 피 연못의 지옥에 떨어지는 것이 강조되어 여성을 부정하게 보는 인식이 심화되었다.

임하의 선사들이 지방에 발전해가면서 전국戰國 대명이나 유력 무사들의 외호를 얻었을 뿐 아니라 촌락 등에서도 장례나 추선追善, 수계회 등을 적극적으로 개최하면서 원찰로 정착해갔다.

이러한 수단을 활용하여 지방에 진출한 대표적 종파가 조동종이었다. 게이잔[瑩山]의 제자인 가잔 쇼세키[峨山韶碩](1275-1366)의 문하를 비롯한 각 파가 지방으로 확산되어 근세 초기에는 1만 6천이 넘는 사찰이 존재하였다. 호쿠리쿠 지방의 하쿠산[白山] 신앙을 비롯한 지역 신앙들과 결합하였고, 지옥의 염라왕을 포함하는 13불佛* 신앙을 퍼뜨렸다. 이 시기에는 공안선도 받아들여져 중국의 선어록에 대한 연구와 민간에 대한 포교가 활발하였다. 다만 도겐의 『정법안장』을 연구한 사례는 거의 보이지 않고 있다.

니치렌 문하는 다양한 계통으로 나뉘어 간토 지방에서 발전하였는데, 무로마치시대에는 교토에도 진출하였다. 도시 상인층의 신자가 늘어나면서 다른 종파와 자주 충돌하게 되었다. 또한 히에산의 상납금 요구를 거절한 결과 덴분[天文] 5년(1536)에는 히에산의 군대가 교토의 니치렌계 사찰들을 불태우고 많은 신도들을 살해하였다. 이후 화의를 맺고 교토에서 다시 세력을 키워갔고, 지방에도 진출하여 무사들 사이에도 퍼져갔다.

불교통제와 단가檀家제도

도쿠가와 막부는 기독교 신자에 대해 처음에는 무역을 중시하여 포교를 묵인하는 히데요시의 방침을 답습하였지만 점차 제한해갔다. 특히 무거운 세금에 반발한 기독교도 농민이 중심이 되어 간에이[寬永] 14년(1637)에 시마바라[島原]의 반란을 일으키자 막부는 철저한 금지정책으로 전향하여 엄중한 탄압을 행하고, 네덜란드를 제외한 엄격한 쇄국체재를 취하였다.

그때까지는 기독교를 버린 사람에 대해서 단가(신자)가 되었음을 증명하는 문서를 사찰에서 발급하게 하였는데, 시마바라의 반란 이후에는 기독교

13불佛
일본 불교계에서 신앙되는 명계에서 죽은 사람의 재판을 담당하는 13명의 부처와 보살. 본래 있던 명계의 시왕十王에 사후 7주기, 13주기, 33주기 때의 재판을 담당하는 3명이 추가된 형태이다.

신자가 아닌 사람들에게도 일률적으로 증명서를 절에서 발급받도록 하였다. 이 때문에 일본인 전원이 특정 종파의 사찰에 속하게 되고, 촌락의 승려가 없는 작은 불당들이 사찰로 바뀌게 되어 사찰이 급증하였다. 현존하는 일본 사찰의 약 70퍼센트가 이 시기에 창건된 것이다. 천태종이나 진언종의 사찰에서 가마쿠라시대에 성립된 종파들로 개종한 사찰들도 많았다.

막부는 사찰과 신사의 관리를 위해 간에이 12년(1635)에 사사봉행寺社奉行을 창설하였다. 종파별로 차례차례 규칙을 정한 후 간분[寬文] 5년(1665)에는 모든 불교 종파를 대상으로 한 「제종사원법도諸宗寺院法度」를 만들어 하나의 사찰에 서로 다른 종파들이 함께 거주하지 않게 하고, 본사本寺·말사末寺의 상하관계를 명확히 하도록 명령하였다.

학문의 발전과 복고

막부는 여러 종파의 학문을 크게 장려하였다. 학문·수행의 기간을 주지 등의 자격기준으로 하고 사찰의 토지나 돈을 그에 대한 포상으로 지급하였다. 이 때문에 각 종파는 단림檀林·학림學林·학료學寮 등의 이름을 갖는 교육기관을 충실하게 하고 자기 종파의 교의뿐 아니라 불교 전반에 관한 교육·연구에 힘썼다.

교과서가 되는 경론이나 주석 등에 대한 연구가 진전되었고 출판도 활발하였다. 교토 등의 지역에서 출판·판매를 하는 서점들이 생겨났고, 일반인을 대상으로 하는 입문서도 다수 출판되었다. 연구가 진전되면서 전통설에 반대하는 '이안심異安心'으로 불린 해석들도 제기되고, 그에 따라 논쟁이 발생하는 사례가 늘어났다. 또한 종조사상의 재검토를 통한 복고의 운동들도 나타났다.

천태종에서는 본각법문을 극단적 방향으로 밀고나가 현상 긍정을 설하면서 성적性的 비법을 행하는 사람들도 있었다고 전하는 현지귀명단玄旨歸命壇에 대해 선종에서 전향해온 묘류[妙立](1637-1690)가 비판하고 중국 천태의 교리로 복귀시키려 하였다. 묘류는 히에산에서 쫓겨났지만 제자 레이쿠 고켄[靈空光謙](1652-1739)이 반론을 펴서 현지귀명단을 종식시키고 계율을 지키는 '안락율安樂律' 운동을 일으켰다.

조동종에서는 사격이 높은 사원의 주지가 될 때에 그때까지의 법계를 버리고 선대 주지의 제자가 되어 그 법을 잇는 풍습이 퍼져 있었는데, 만잔 도하쿠[卍山道白](1636-1715)가 면수面授에 의한 유일한 사승관계를 중시한 도겐의 자세로 돌아가자는 운동을 펼쳤다.

처음에는 이 운동을 비판하였던 덴케이 덴손[天桂傳尊](1648-1736)이 만년이 되어 도겐으로 복고하려는 뜻을 세우고 『정법안장』 연찬에 힘써서, 천태종에서 전향하여 도겐의 제자가 된 센네[詮惠]·교고오[經豪]의 『정법안장어초正法眼藏御抄』 이래의 『정법안장』 주석인 『정법안장변주병조현正法眼藏辨註並調弦』을 비롯한 많은 책을 지어 종학논쟁을 일으켰다.

황벽종黃檗宗의 전래

에도 시대에는 무역을 위해 나가사키[長崎] 등에 와있던 중국인들이 당인사唐人寺라고 불리는 사찰들을 세우고 중국인 승려들에게 주지를 맡게 하였다. 그러한 주지로 초청받아 임제종의 은원융기隱元隆琦(1592-1673)가 쇼오[承應] 3년(1654)에 20여 명의 제자들을 이끌고 정성공의 교역선을 이용하여 나가사

키로 건너왔다. 정성공은 막부에 군사적 지원을 의뢰함과 동시에 은원에 대한 특별한 우대조치를 부탁하는 편지를 보냈다.

황벽종黃檗宗의 개창조가 된 은원은 청규와 계율을 중시하고, 중국의 청규를 약간 수정한「황벽청규」를 제정하였다. 또한 서화 등의 문화·문물을 전하여 영향을 주었다. 전토진종에서 전향하여 은원의 제자가 된 일본 승려 데츠겐[鐵眼](1630-1682)은 명나라 만력판 대장경에 기초한 목판대장경의 간행을 기획하였는데, 그 비용을 기근을 당한 민중의 구제에 사용하는 등의 우여곡절을 겪으며 간행사업을 완수하였다.

객관적 불교학과 불교비판

조선주자학의 영향을 받아 에도 초기에 막부에 봉사하는 유학자가 된 하야시 라잔[林羅山](1583-1657)은 불교를 비판하면서 쇼토쿠 태자에 대해서도 논란을 벌였다. 18세기 초에 강렬한 태자 비판을 전개했던 오규 소라이[荻生徂来](1666-1728)는 주자학을 비판하고 고대 유학을 추구하면서 '고古'와 '금今', 중국과 일본의 차이를 언어의 분석으로 밝히고자 하였다.

그러한 오규 소라이의 유교 해석에 반대하면서도 방법론에서는 영향을 받아 특이한 불교론을 전개한 인물이 18세기 중엽에 활동한 오사카의 상인 학자 도미나가 나카모토[富永仲基](1715-1746)였다. 불교와 유교에 대해 객관적 연구를 하면서, 자신의 저술이 천축과 중국에서도 읽혀지기를 기대하였던 나카모토는 새로운 설은 그 이전의 설을 능가하려 한다고 하는 '가상加上'의 원리를 제창하였다.

주저인『출정후어出定後語』(1745)에서는 신을 신앙하던 외도의 설에 가상加

上하여 석가모니의 설이 생겨났고, 다시 그것에 가상하여 부파불교의 설이 나타났고, 그것에 가상하여 대승불교가 출현하였으며, 다시 그 내부에서 순서대로 발전하여 마지막에 밀교가 생겨났다고 하였다. 또한 같은 불교에서도 천축, 중국, 일본의 국민성을 반영하여 달라졌다고 논하는 등 근대불교학과 거의 같은 결론을 도출하였다.

나카모토의 연구는 폭넓은 학식과 합리성으로 인해 국학자인 모토오리 노리나가[本居宣長](1730-1801)를 감동시켰다. 하지만 그러한 노리나가의 나카모토에 대한 평가를 읽은 히라타 아츠타네[平田篤胤](1776-1843)는 이것을 대승경전이 석가모니의 설이 아니라고 하는 불교비판의 재료로 이용하였다. 아츠타네는 불교를 다른 나라의 부정한 가르침이라고 강하게 비난하여 국학자들에게 큰 영향을 주었다.

국학자들에 앞서서 주자학을 존중했던 미토한[水戸藩]의 영주 도쿠카와 미츠쿠니[德川光圀](1628-1701)는 불교에 대한 통제를 강화하며 영지 내의 많은 사찰을 정리하고, 옛날로 돌아간다는 명분으로 신불습합을 금지하였다. 이것이 메이지 초기 폐불훼석[廢佛毀釋]의 계기가 되었다.

하지만 에도 시대에는 서민의 불교신앙이 그때까지 이상으로 활발하여 각지의 큰 사찰들은 참배객으로 붐볐다. 에도(도쿄)의 센소지[浅草寺], 오사카의 시텐노지, 나고야의 오스[大須]관음 등의 경내와 주변에는 다양한 예능이 공연되고, 불교를 소재로 한 구경거리들도 행해졌다.

마치며_근대불교로의 길

마치며 _ 근대불교로의 길

서양과 불교의 접촉

이야기풍의 석가모니 전기가 중앙아시아의 마니교도에 의해 고古페르시아어로 번역되었다가 6세기 무렵에 중세 페르시아어로 수정되었다. 이때 석가모니를 가리키는 '보디삿트바(보살)'라는 말의 속어형은 부다사흐로 표기되었는데, 불교라는 점을 드러내지 않은 채 어떤 고행자의 이야기라고 하였다. 이것의 아라비아어판이 10세기에 바그다드 책방의 목록에 실릴 정도로 이슬람 세계에 확산되었다.

이 이야기가 기독교도인 그루지아(조지아)인에 의해 시리아어로 번역될 때 주인공의 이름이 요다사프로 오기되고, 인도 왕의 아들이 기독교를 신앙하고 포교하다가 부왕을 개종시킨 이야기로 바뀌었다. 그것이 동방교회의 신부에 의해 그리스어로 번역되고, 다시 이름이 요사파트(조자파트)로 표기된 라틴어 번역본까지 나오게 되었다.

기독교를 싫어하는 인도 국왕의 아들로 태어난 요사파트가 병자와 노인을 보고 인생의 무상함과 괴로움을 깨닫고 기독교 성자인 바르람 수도사를 만나 기독교도가 되어 국왕의 박해를 받은 후 궁전에서 달아나 수행생활을 하다가 얼마 후 아버지를 개종시키게 되었다는 이 이야기는 널리 환영받아 중세 프랑스어와 다른 유럽 나라들의 언어로도 번역되었다.

이 이야기는 13세기에 이탈리아의 야고브스 데 워라기네 대사제가 순교자의 전기 등을 편집한 『황금전설』에도 「성바르람과 성요사파트 전기」로 수록되어 유럽 전역에서 널리 읽히고 연극 등으로도 공연되었다. 성요사파트의 인기가 점차 높아진 결과 가톨릭 교회는 1583년에 간행한 공식 순교자 명부에 요사파트를 성인으로 인정하고, 11월 27일을 '성요사파트의 날'로 정하였다.

대항해시대에 포교를 위해 세계 각지로 향하였던 예수회는 일본에서는 『성바르람과 성요사파트 전기』를 일본어로 번역하여 『성바르람과 요자파트의 사업』이라는 제목으로 덴쇼[天正] 19년(1591)에 인쇄하여 포교의 자료로 하였다. 명나라에서는 마테오 릿치가 그 일부를 포교를 위해 사용하여 효과를 거두었다. 그래서 니콜라스 롱고바르디[용화민龍華民]는 융무隆武 원년(1645)에 『성약살법시말聖若撒法始末』이란 제목으로 한역하여 광동에서 간행하였다. 성요사파트의 이야기가 부처의 전기에 기초하였음이 알려져서 성요사파트의 날이 취소된 것은 불교에 대한 연구가 진전된 19세기 중엽 이후가 되어서였다.

근대불교학의 탄생

예수회에서는 이교도와 미신을 논파하여 기독교를 포교하기 위한 연구의 일환으로 16세기 후반부터 불교에 대해서도 조사를 시작하였지만, 근대적 불교학은 영국과 프랑스의 식민지 연구 과정에서 생겨났다. 영국 동인도회사에 고용되어 캘커타(콜카타)에서 재판소 판사로 근무하며 범어를 연구한 윌리엄 존즈(1746-1794)가 1784년에 벵갈·아시아협회를 설립하여 인도 고전에 대한 근대적 연구의 길을 개척하였다. 19세기에는 영국이 지배하고 있던 스리랑카의 팔리어 연구도 시작되었고, 인도 각지의 불교 관련 발굴조사도 진행되어 다양한 발견이 이어졌다.

그런 가운데에서 인도·이란학을 연구하고 있던 프랑스의 유젠느 뷰르누프(1801-1852)가 근대적 불교학을 확립하였다. 네팔에서 파리로 전해진 범어 불전사본 연구에 몰두한 뷰르누프는 『법화경』을 프랑스어로 번역하고, 그 서론으로 1844년에 『인도불교사서설』을 간행하였다. 불교는 고대 인도에서 한 사람의 인간이었던 석가모니가 창시한 종교라는 것을 논증하고, 그 가르침이 어떻게 발전해갔는지의 개략을 제시하였다.

불교 이해의 확산

근대적 불교연구가 진전되고 불교의 특징이 알려지면서 기독교 측의 반발이 강화되었지만 동시에 불교에 공감하는 지식인들도 늘어났다. 그중 한 사람으로 인도의 대학에서 가르친 영국의 문인 에드윈 아놀드(1831-1904)는 석가모니를 '인류의 해방자'라 부르며 동양의 크리스트와 같은 존재로 평가하고, 그의 생애와 가르침을 설한 장편시 『아시아의 빛』을 1879년에 간행하였다.

이 책은 베스트셀러가 되어 널리 읽혔는데, 서양의 언어들만이 아니라 힌

디어·벵갈어·중국어·일본어 등의 아시아 언어로도 번역되어 많은 사람들에게 자극을 주었다. 스리랑카의 불교부흥과 독립운동을 주도하였던 아나갈리카 다르마팔라(1864-1933) 등은 이 책의 영어판이 계기가 되어 불교부흥의 뜻을 품었다.

근대 일본의 폐불과 불교근대화의 시도

도쿠가와 막부를 무너뜨리고 유신을 완수한 메이지 정부는 아츠타네의 흐름을 이어받은 히라타파 국학 등의 영향으로 신토중심의 정치체제를 구축하고 그때까지 한 몸으로 되어 있던 불교사원과 신사의 분리를 추진하였다. 그 결과 우대되었던 사원에 대한 민중의 반발과 승려보다 하위에 위치하고 있던 신관들의 불만 등이 겹쳐서 일부 지역에서는 사원과 불상·경전 등을 파괴하는 폐불훼석廢佛毀釋이 행해졌다.

그러나 지나친 조처의 폐해가 두드러지면서 무리한 신토 국교화 정책은 점차 완화되게 되었다. 폐불훼석으로 타격을 받은 불교계는 불교가 국가에 기여하는 점을 강조하며 국가에 대한 협력을 강화하게 되었다. 또한 서양에서의 인도학의 발달을 알게 된 정토진종은 1879년에 난조 분유[南條文雄](1849-1927) 등을 영국으로 파견하였다. 난조는 막스 뮐러(1823-1900)에게 사사하여 범어를 배우면서 동시에 한문 불교문헌의 유익함을 서양학계에 알려주었다.

이후에도 일본의 유력 종파들은 활발하게 포교할 수 있게 된 기독교에 대항하기 위해 그 영향을 받으면서도 기독교 비판을 하고, 교단과 승려교육의 근대화를 도모하였다. 또한 유학생을 잇따라 서양에 파견하여 근대 불교학을 배우게 하였다. 대승인 자신들의 종파가 석가모니의 불교에 기초하고 있으며, 팔리불교(남전불교)를 정통으로 간주하는 서양학자들이 이야기하는 것 같은 타락한 형태의 불교가 아니라는 것을 증명하고자 하였다.

근대사상으로서의 불교

난조 분유가 영국에 유학한 1879년에 도쿄대학에 최초로 불교강좌가 개설되었다. 강사로 초빙된 하라 탄잔[原坦山](1819-1892)은 조동종의 학승으로 일찍부터 네덜란드 의학을 공부하고, 마음을 근본으로 하는 『대승기신론』이야말로 불교와 과학이 일치함을 보여주는 좋은 사례로 생각하여 강의에서 『대승기신론』을 강독하였다.

　이노우에 데츠지로[井上哲次郎] 및 이노우에 엔료[井上圓了] 등과 함께 하라 탄잔의 강의를 들었던 학생인 기요자와 만시[淸澤滿之](1863-1903)는 『대승기신론』의 교리와 인도철학을 결합한 사상을 전개하고, 또한 신란이 씨름했던 '악惡'의 문제를 프로테스탄티즘적인 입장에서 받아들여 반성과 내면의 신앙을 중시하는 근대적 불교사상을 형성하였다. 1893년에 시카고에서 개최된 만국종교회의에서는 일본의 대표자들이 일본 불교가 속한 대승불교의 의의를 설한 영문 팜플렛을 배포하였는데, 여기에는 기요자와가 쓴 종교론의 영역이 포함되어 있었다. 뿐만 아니라 미국에 건너가 활약한 스즈키 다이세츠[鈴木大拙](1870-1966)의 최초의 영문 저작도 『대승기신론』의 영어 번역이었다.

　메이지 시대에는 다도 등과도 관계가 깊은 선종이야말로 일본 문화의 기둥이라고 주장하며 선종과 전통 문화의 진흥을 도모하는 운동이 시도되었다. 또한 도쿄대학에서 가르치고 있던 아네스트 페놀로사가 1884년에 문부성의 의뢰를 받아 긴키[近畿] 지방 사찰과 신사의 보물을 조사할 때에 비불秘佛로 공개되지 않고 있던 호류지의 구세관세음상救世觀世音像을 억지로 조사한 후 미켈란젤로의 작품에 필적하는 걸작이라고 극찬하였다. 이처럼 불교의 문물이 자랑할 만한 문화재라는 점이 인식된 결과 1897년에 고사사보존법古社寺保存法이 제정되었다.

러일전쟁 전후의 시기에는 지식인이 내면을 응시하는 방법, 군인이 정신을 단련하는 수단으로서 선이 유행하면서, 선을 무사도의 원천이라고 강조하였다. 메이지 후기에서 다이쇼[大正] 시대에 걸쳐서는 쇼토쿠 태자를 일본 문화의 은인이자 대국과 대등한 외교를 한 위인으로 평가하며 그 공적을 현창하는 운동도 활발해졌다. 1924년에는 쇼토쿠 태자 봉찬회가 결성되었다.

중국에서의 불교 부흥운동

청나라 말기 중국에서는 승려의 자질이 떨어지고, 소림사와 같은 유명 사원들 중에도 황폐화된 곳이 많았다. 하라 탄잔보다 조금 늦게 『대승기신론』에 접하고 불교에 몰두하게 된 남경의 양문회楊文會(1837-1911)는 이론적 불교가 번성하였던 당나라 시기와 달리 중국 불교가 쇠퇴한 것은 불립문자를 강조한 선종의 영향이라고 생각하고, 『대승기신론』으로 중국 불교의 부흥과 근대화를 이루고자 하였다.

외교사절의 일원으로 런던에 건너간 양문회는 유학하고 있던 난조 분유와 교류하였고, 귀국 후에는 금릉각경처金陵刻經處를 개설하였다. 그리고 중국에 전해지지 않고 있던 법장의 『기신론의기』를 비롯하여 기基(자은)의 『성유식론술기』,『인명입정리론소』를 비롯한 유식·법상·정토·화엄 등에 관한 당나라 시기 기본문헌들을 일본으로부터 전해 받아 차례차례 간행하였다. 또 한편으로는 일본에 전해지지 않았던 중국 근세의 불교문헌을 보내는 등 교류를 계속하였다.

1893년에 시카고 만국종교회의에 참가하여 불교의 의의와 영국 식민지 지배의 가혹함을 이야기하여 반향을 일으켰던 다르마팔라가 귀국할 때에 상해에 들러 양문회와 만났는데, 양문회는 이때의 자극으로 근대적 불교교육을 시작하였다. 20세기 초에는 교넨[凝然]의 불교사 관련 저작 등이 활발히 읽혀지고, 재평가된 당나라 시기 불교가 일본에 보존되어 있다는 사실이 알려지면서 진언종 등을 연구하기 위하여 일본에 유학하는 사람들이 속출하였다.

근대 중국 불교의 탄생

청나라에서는 청일전쟁에 패배한 충격으로 정치체제를 근대화하려고 하는 변법운동과 만주인 왕조를 타도하려는 혁명운동이 활발해졌다. 유심사상에 기초하여 마음의 변혁으로 사회를 변혁하려고 힘쓰고, 포박을 벗어나지 않고 형벌을 받아 죽은 담사동譚嗣同(1865-1898)을 비롯하여 주요 인물들 중 다수가 양문회와 교류하며 불교에 관심을 갖게 되었다. 그중에는 변법파의 양계초梁啓超(1873-1929)나 당시의 대표적 국학자로 혁명파였던 장병린章炳麟(태염太炎)(1869-1936)처럼 일본에 망명한 지식인들이 많았다.

그들은 일본이 메이지유신을 거쳐 근대화에 성공한 것은 유신지사들이 양명학과 불교를 배우고 목숨을 바쳐 나라와 국민을 위해 헌신한 때문이라고 생각하고, 이 점을 강조하였다. 특히 장병린은 신역유식설의 오성각별설(제5장 참조)을 만주인과 한인의 '종성'의 차이에 적용하여 배만흥한排滿興漢을 주창하였다. 또 고토쿠 슈스이[幸德秋水] 등에게서 배운 무정부주의를 『화엄경』에 보이는 자기를 희생하는 보살의 이타적 활동과 결합하여 테러를 용인하는 과격한 불교론을 잇따라 잡지에 게재하였다. 그 기사들은 청나라에 전해져 혁명운동에 커다란 자극을 주었다. 장병린은 중화민국이라는 국호를 제안하여 이후에 채택되었다.

일본에서 모치즈키 신코[望月信亨] 등에 의해 『대승기신론』 위작설(중국찬술설)이 제기되자 장병린은 독자적 식견에 기초하여 인도찬술설을 주창하였다. 한편 양계초는 일본의 논쟁을 소개하면서 중국에서 교리가 발전하였다는 진화론의 입장에서 중국찬술설을 주창하였다.

양문회가 육성한 제자들 중에 구양점歐陽漸(1871-1943)을 중심으로 하는 거사들은 인도의 유식설을 존중하여 『대승기신론』 위작설을 주장하며 재가와 출가의 평등을 설하였다. 한편 여래장사상을 받드는 승려 태허太虛(1890-1947)와 그 동료들은 인도찬술설을 주장하며 중국 불교의 본류인 선종의 부흥을 꾀하고, 출가와 재가의 차이를 강조하였다. 이 때문에 두 파가 대립하게 되었고, 두 파의 논쟁을 통하여 중국 근대불교와 근대불교학이 확립되었다.

태허는 처음에는 장병린의 무정부주의적 불교의 영향을 받았지만 나중에는 입장을 바꾸었다. 불교혁명을 주창하며 중국 불교를 내세 지향이 아닌 이 사회에서 활동하는 보살의 불교로 만들려고 노력하였고, 세계 불교도의 연대를 도모하면서 동시에 일본 불교에 대한 비판을 강화하였다.

근대 한국 불교

한국에서는 일본정부가 강요한 조일수호조규朝日修好條規(강화도조약)로 어쩔수 없이 개항이 이루어지자 히데요시의 조선 출병 때에 부산에 진출하였다가 히데요시 군대와 함께 철수했던 정토진종 오오타니파 고토쿠지[高德寺]의 후손인 오쿠무라 엔신[奧村圓心](1843-1913)이 메이지정부로부터 조선 포교의 의뢰를 받은 오오타니파에 의해 부산으로 파견되었다. 그는 1879년에 혼간지의 부산 별원別院*을 건립하였고, 다시 원산과 다른 지역들에도 별원을 세워 포교와 교육 사업을 벌였다.

이후 일본 일련종 승려의 주선으로 승려들의 도성 출입 금지가 철폐된 것을 계기로 한국의 불교계에서는 근대화하여 번성하고 있는 일본 불교를 배우려는 움직임이 활발해졌다. 일본 측에서도 주요 종파들이 한국포교를 시작하였다. 사찰 토지를 빼앗기고 박해받고 있던 한국 사찰의 상당수가 일본의 종파들과 연결되어 보호 받고자 하였고, 정토진종을 본받아 대처하는 승려들도 나왔다. 하지만 일본 종파의 말사로 편입되어, 일본인 승려에 의해 국가주의화가 강화되고 있던 일본의 종파불교가 홍포되는 경우도 많았다.

일본의 조동종과 통합을 추진하던 한국 불교계 일부의 움직임도 이용되어 1910년에 한일병합이 이뤄지자 일본이 설치한 조선총독부는 '사찰령'을 반포하여 불교계를 전면적으로 통제하였다. 특정한 사원들을 본산과 말사로 조직하여 보호하는 동시에 사원의 중요한 결정은 모두 총독부의 허가에 의해야 한다고 하여 관리를 강화하고, 천황의 생일에는 본존불 앞에 천황의 명패를 세우고 축하하는 행사를 벌이는 등 일본 왕실과 관련된 의례를 강제하였다.

별원別院
본사 외에 다른 지역에 별도로 건립되는 본사급의 별도의 사찰.

이러한 움직임에 대한 반발 과정에서 한국의 선종이 임제종 계통이라는 점이 강조되고, 그러한 선종을 발전시키기 위한 다양한 운동이 나타났다. 또한 한국 불교는 가마쿠라불교 등과 달리 중국 불교의 모방에 지나지 않는다고 한 일본학자들의 주장에 반론하기 위해 한국 불교의 독자성에 관한 역사적 연구를 중심으로 하여 근대적 불교연구가 시작되었다.

그러한 사례의 하나가 제6장에서 언급한 신라 원효에 대한 재평가이다. 원효는 서민적 일화로 인기가 높았지만, 오랫동안 선종이 주류였던 조선의 불교계에서는 그 저작의 대부분이 전해지지 않고 있었다. 그러나 내쇼널리즘이 고양된 20세기 초 무렵부터는 당나라에 유학하지 않았음에도 불구하고 『대승기신론』 주석 등이 당과 일본에 전해져 영향을 미친 원효에 대한 평가가 높아져갔다.

1926년에는 원효 저작이 많이 전해져 존중되고 있던 일본에 유학하였던 한국의 학생들에 의해 도쿄에서 대성원효찬앙회大聖元曉讚仰會가 결성되었다. 나아가 도요[東洋]대학에 유학하고 있던 승려 김경주金敬注와 일본유학 시절 후쿠자와 유키치[福澤諭吉]에게 한글을 통한 출판계몽활동을 하도록 권유받았고, 귀국하여 근대화운동의 중심인물로 활약하였던 거사 최남선崔南善(1890-1957)이 인도불교는 서론 불교, 중국 불교는 각론 불교, 여러 종파를 통합한 원효로 대표되는 한국 불교는 결론 불교라고 주장하기에 이르렀다.

근대 베트남 불교

베트남 불교계에서는 프랑스의 식민지배와 가톨릭 포교로 프랑스의 사상·종교가 알려지면서 불교가 무신론인지 유신론인지 범신론인지에 관한 근대적 논의가 행해졌다. 19세기 말부터 20세기에 걸쳐서는 애국주의가 고양되었는데, 특히 동양의 나라가 승리한 러일전쟁의 충격이 컸다.

독립운동 결사인 '유신의 회'를 조직한 반패주潘佩珠[팜 보이 차우](1867-1940)는 일본에 건너가 활동하면서 일본에 망명중이던 양계초나 장병린 등과도 교류하였다. 1930년 무렵부터는 중국 불교개혁운동의 영향으로 불교부흥운동이 일어났다. 이러한 움직임은 프랑스로부터 독립하려는 운동과 연결되었다. 사원은 자주 식민지 해방을 위한 거점이 되었다. 불교의 개혁과 연구를 위한 기관으로, 아울러 다른 아시아 나라들에서 조직되고 있던 불교청년회에 상응하는 불교교육기관의 역할을 겸한 불교학회가 각지에서 조직되었다. 사원이 저항세력의 거점이 되는 전통은 이후에도 오랫동안 지속되었다.

동서의 상호 영향

일본을 포함한 동아시아 나라들에서 불교근대화의 중심 역할을 하였던 불교청년회는 '백색의 불교도'라고 불린 미국인 퇴역육군대령 헨리 스틸 올콧트(1832-1907)가 기독교의 YMCA에 대항하기 위해 스리랑카에서 조직한 것이 시초였다. 뉴욕에서 설립된 신비주의단체인 신지학협회神智學協會의 초대 회장을 맡은 올콧트는 불교를 존중하였고, 1879년 인도에 상륙하여 활동을 개시하였다. 나아가 불교가 탄압되고 있던 스리랑카로 이주하여 불교부흥에 공헌하였다. 다르마팔라도 올콧트가 길러낸 인재였다.

다르마팔라는 나중에는 신지학협회에서 떨어져 순수한 상좌부불교의 부흥을 지향하면서 올콧트와 대립하게 되지만 그 이전에는 일본에도 올콧트와 함께 방문하여 스리랑카의 비참한 식민지 상황을 호소하였다. 처음에는 올콧트를 크게 환영하였던 일본 불교계는 종파를 넘어 합동하여 석가모니로 회귀하여 불교를 발전시키려는 운동도 있었지만, 신지학과 불교의 차이가 알려짐에 따라 올콧트에게 냉담한 태도를 취하였다.

나아가 스리랑카가 서양 열강들의 식민지가 된 것은 소극적인 소승불교 때문이라고 하면서 일본의 국가주의적 대승불교의 우위를 자랑하기까지 하였다. 일본은 다르마팔라가 희망하였던 아시아 불교국들의 연대를 도모하지 않고, 일영日英 동맹을 맺어 서양 열강의 일원이 되는 길을 선택하였다.

동아시아의 근대불교는 이러한 서양과 동양의 상호 영향, 동아시아 나라들의 상호 영향이 중첩되면서 전개되었다.

저자 후기

초등학교 2학년 때에 신장병으로 입원하였을 때 메이지유신의 위인들에 관한 책에 흠뻑 빠졌다. 같은 병실의 아이가 다른 방으로 옮겨가는 것을 보았는데, 죽었다는 말을 듣고서 나도 이 병원에서 죽을지도 모른다고 생각하였다. 그리고 만약 살아서 퇴원하게 된다면 메이지유신의 지사들에 대한 상세한 전기를 써서 살아 있었음을 증명하기로 결심하였다.

다행히 오래 지나지 않아 퇴원하였고, 중학교에서 고등학교에 걸쳐서는 역사, 문학, 예능, 사상, 심리학 등에 대해 큰 관심을 가졌다. 대학에 들어올 무렵에는 동양의 전통과 서양 근대의 충돌을 테마로 하여 메이지유신, 신해혁명, 인도 독립운동 등을 비교·검토하는 것을 일생의 일로 하고 싶다고 생각하게 되었다. 그 때문에 좋아하던 헤이안 시대 문학이나 예능사 등은 취미로 삼기로 하고, 마음이 끌리던 도겐[道元]의 『정법안장』이나 『대승기신론』과 화엄 관련 불교문헌을 조금 읽고 있으면서도 난해하여 잘 이해할 수 없던 불교를 비롯한 동양 전통사상의 기초지식을 먼저 익혀야겠다고 생각하여 학부에서는 동양철학 전공을 선택하였다.

학부졸업논문 지도 모임에서 앞에 앉아계시던 왜소한 백발의 선생님께서 "자네는 무엇을 하려고 하지?"라고 쉰 목소리로 물어보셨을 때 나는 근대 동양의 역사를 공부할 마음을 먹고 있었으므로 "인도, 중국, 한국, 일본의 화엄사상을 비교하여 각 나라 불교의 특색을 밝힐 생각입니다."라고 대답하였다. 그러자 "자네, 그것은 무리네. 더 좁히지 않으면 안 돼."라고 말씀하셨다. 학생이 공부하고 싶다고 말한 것에 대해 "어렵겠지만 노력하기 바라네."라고 격려해주어야 하는 것이 아닌가라고 짜증이 나서 "그렇다면 중국 화엄만 하겠습니다."라고 불편한 목소리로 대답하였다. 그런데 얼마 후에 그 선생님이 도쿄대학을 정년하고 와세다대학으로 옮겨오신 일본 최고의 불교학 대가, 히라카와 아키라[平川彰] 선생님이라는 것을 알게 되었다. 이후 기초 학습을 마치지 못한 채 오늘에 이르고 말았다.

이 책을 집필하는 데 오가와 다카시[小川隆]·오쿠노 코겐[奧野光賢]·다케시마 유키히로[竹島幸弘] 선생들로부터 격려와 조언을 받았다. 또한 이 책의 집필을 의뢰해준 이와나미서점 신서 편집부의 스기타 모리야스[杉田守康] 씨에게 대단히 수고를 끼친 덕분에 겨우 원고를 완성할 수 있었다. 젊은 시절에 가졌던 꿈의 일부를 이렇게 이룰 수 있게 된 것은 스기타 씨 덕분으로, 감사할 뿐이다.

이 책으로 동아시아 불교에 흥미를 갖는 사람이 한 사람이라도 늘어날 수 있기를 바란다.

2018년 겨울
이시이 코세이

역자 후기

10년 전쯤 고등학교의 교과과정에 처음으로 동아시아사 과목이 생길 때에 교사들을 위한 수업 참고자료의 동아시아 불교사 부분 집필을 담당하게 되었다. 동아시아사 과목의 개설 의도에 맞춰 한국·중국·일본 동아시아 3국의 불교 발전과정을 국가별로 나누어 서술하지 않고 서로 관련지어 종합적으로 서술하는 것이었다. 그 몇 해 전에 금강대학교에서 편찬한 불교 교재의 동아시아 불교 부분을 맡아 중국, 한국, 일본의 불교사를 정리한 적이 있어서 그다지 어려울 것으로 생각하지 않았지만, 막상 집필을 시작하자 생각했던 것 이상의 어려움이 있었다. 각 나라별로는 불교의 수용과 불교사상의 전개, 불교교단의 발전과정을 쉽게 정리할 수 있었지만, 3국의 불교사를 하나로 합쳐서 서술하려고 하자 각각의 흐름이 뒤엉켜서 쉽게 정리되지 않았다. 여러 차례의 시행착오를 거듭하다가 3국의 불교가 서로 긴밀하게 연결되어 있던 고대사만을 대상으로 하여 불교의 수용에서 정착까지 다섯 개의 소시기로 나누어 서술하였지만, 동아시아 불교의 흐름을 체계적으로 서술하였다고 보기에는 요령부득인 부분이 적지 않았다. 각국의 불교사를 단순히 합한 것이 아닌 통합적인 동아시아 불교사를 서술하기 위해서는 보다 더 많은 지식뿐 아니라 세 나라의 흐름을 상호 관련시켜 이해할 수 있는 넓은 역사적 식견이 필요함을 절감하였다. 이후 한국적 시각에 입각한 체계적인 동아시아 불교사의 서술을 어떻게 할 수 있을지, 때때로 고민해보곤 하였다. 사실 우리보다 불교와 불교사에 대한 연구가 앞서 있는 일본에서도 그

동안 동아시아 불교 혹은 동아시아 불교사라는 이름을 한 서술이 여러 종류 있었지만 모두 중국, 한국, 일본의 불교(사)를 따로따로 서술하는 데 그쳤고 이들을 하나로 체계화하여 통합적으로 서술한 것은 볼 수 없었다. 이런 현실을 고려할 때 이번에 번역하는 이시이 코세이 교수의『동아시아 불교사』는 실질적으로 동아시아 지역의 불교사를 각 나라별이 아닌 상호 연관 지어 통합적으로 서술한 최초의 개설서라고 할 수 있다. 더욱이 이 책에서는 동일한 한자 문화권에 속하면서도 그동안 동아시아 불교(사) 서술에서 간과되었던 베트남의 불교에 대해서도 중요하게 다루고 있는데, 이런 측면에서도 최초의 온전한 동아시아 불교사라고 할 수 있다.

이 책의 서술 범위인 중국, 한국, 일본, 베트남 4개국은 일반적으로 한자 문화권으로 불리는데, 이 나라들이 공유한 한자 문화의 핵심에는 한문 불경에 의거한 불교사상과 문화가 있다고 생각된다. 또 다른 한자 문화의 중요한 요소인 유교가 주로 사회의 상층부를 중심으로 공식적 부분에 영향을 미친 표층 문화인 데 반하여 불교는 기층민까지 포괄하여 비공식적 부분까지 영향을 미친 심층 문화의 성격을 가지고 있기 때문이다. 실제 동아시아지역의 사람들이 공유하는 심성의 상당 부분은 한문불교와 관련된 것들이다. 이 책의 저자가 한국어판 서문에서 이야기한 것처럼 동아시아의 문화의 저변에는 불교가 있고, 따라서 불교를 알지 못하면 동아시아의 문학과 예술은 물론 사회의 여러 모습들에 대해 제대로 이해할 수 없을 것이다. 동아시아 국가들의 불교 수용과 발전과정을 각국 불교의 긴밀한 상호 영향 속에서 서술하고 있는 이『동아시아 불교사』는 우리 사회의 동아시아 지역의 불교를 포함한 전통문화 전반에 대한 이해를 심화시키고 나아가 이웃 나라들과의 상호 이해와 협력에 적지 않게 기여할 수 있을 것으로 생각된다.

　이 책의 저자인 이시이 선생님과의 인연은 2000년대 초 일본 고마자와 대학에서 선생님의 지도로 박사후연수를 하면서 시작되었다. 박사학위 주제로 고려 초 화엄학승인 균여의 사상에 대해 연구할 때 선생님의 책(『華嚴思想の研究』, 1996)을 보면서 동아시아 화엄사상의 기본적 성격과 특징은 물론 사상사 연구방법에 대해 많은 것을 배울 수 있었다. 특히 사상 자체의 내용에 대한 분석에만 치중했던 기존의 불교학 연구서들과 달리 사상의 기원을 다양하게 검토하고, 그것이 이후의 사상에 어떻게 반영되는지에 중점을 둔 연구 시각을 통해 사상사 연구 방법 자체에 대해 많은 시사를 받고, 초보 연구자로서 적지 않게 계발될 수 있었다. 그래서 기회가 되면 찾아뵙고 가르침을 받아야겠다고 생각하고 있었는데, 학위를 마친 지 얼마 안 되어 당시 일본에 유학하고 있던 후배가 일본학술진흥회의 박사후과정 프로그램에 대해 알려주었다. 곧바로 이시이 선생님을 지도교수로 하여 지원하였고, 다행히 선정되어 2년간 선생님과 함께 공부할 수 있었다. 애초에는 동아시아 고대의 화엄사상을 공부하러 갔지만, 내가 고마자와에 갔던 시기에 이시이 선생님은 새로 발견된 자료들을 토대로 초기 선종의 역사를 재검토하는 연구에 몰두하고 계셨고, 그것이 정리된 후에는 일본 근대불교의 군국주의화 과정에 대해 연구하기 시작하셨다. 결국 본래 배우고자 했던 화엄사상에 대해서는 깊이 있게 공부할 기회가 없었지만, 초기선종과 근대불교에 대해 많은 것을 배울 수 있었고, 그로 인해 불교를 보다 넓은 시각에서 살펴볼 수 있었다. 또한 선생님과의 강독과 대학원 수업 참관을 통해 일본 고대 사본과 돈황 문헌에 대한 문헌학적인 연구를 체험해볼 수 있었다. 그 밖에도 수

시로 선생님과의 대화를 통해 서양 철학과 일본 근대사상 그리고 일본 고대 문화에 대해 적지 않게 배울 수 있었다. 선생님은 인문학을 위한 컴퓨터 프로그램이나 전통음악과 무용, 재즈에 대해서도 말씀하시고 싶어 하셨지만 나는 이런 쪽에는 거의 문외한이어서 제대로 말상대가 되어드리지도 못하였고 그다지 지식이 늘지도 않았다. 내가 귀국한 이후에도 선생님의 관심사는 쇼토쿠 태자 관련 전승의 형성 과정, 불교문헌의 변격한문, 도교와 불교 관계, 불교 관련 문학과 예능 등으로 계속 바뀌었고 그때마다 새로운 분야를 개척하는 괄목할 성과들을 제시하셨다. 이러한 다양한 분야의 성과들은 이 책의 여러 곳에 중요하게 활용되고 있다.

이 책의 번역을 흔쾌히 허락해주시고 한국어판 서문을 써서 격려해주신 이시이 선생님께 각별한 감사를 드린다. 올해 고희를 맞은 선생님께 이 번역이 20년 동안의 지도와 배려에 대한 작은 감사의 선물이 되기를 기대한다. 아울러 이시이 선생님과의 인연을 맺는 계기를 만들어주고 일본 유학 시절 동안 많은 도움을 주었던 동국대 불교학술원의 김천학, 김용태 교수와 일본 도요대학의 사토 아츠시佐藤厚 선생에게도 고마움을 표한다. 마지막으로 어려운 출판 상황 속에서도 이 책의 출판을 기꺼이 맡아준 씨아이알 김성배 사장님과 편집을 맡아주신 박영지 편집장님, 김다혜 님께도 깊이 감사드린다.

2020년 1월

최연식

참고문헌 _ 동아시아 불교사를 공부하려는 사람들을 위한 문헌 목록

동아시아

‘동아시아’라는 말이 학술용어로 사용되게 된 경위에 대해서는 李成市『東アジア文化圏の形成』(山川出版社, 2000)에서 설명하고 있다.

동아시아 불교 전체를 다룬 최근의 일반인을 대상으로 한 총서로는 (1)奈良康明・沖本克己・末木文美士・石井公成・下田正弘 편『新アジア仏教史』전15권 (佼成出版社, 2010-2012), (2)高崎直道 감수『シリーズ大乗仏教』전10권* (2011-2014), (3)高崎直道・木村清孝 편『シリーズ東アジア仏教』전5권 (春秋社, 1995-1997) 등이 있다. (1)『新アジア仏教史』에는 동아시아를 포함한 아시아 전체의 불교에 관한 최신 연구 성과가 들어 있고, (2)『シリーズ大乗仏教』는 교리가 중심이다. (3)『シリーズ東アジア仏教』는 ‘동아시아’라는 말을 제목으로 한 최초의 총서로서, 현재에도 유익한 논고들이 포함되어 있다.

(1)『新アジア仏教史』의 전신인 中村元・笠原一男・金岡秀友 감수『アジア仏教史』전20권 (佼成出版社, 1972-1976) 중『中國篇Ⅳ東アジア諸地域の仏教』(1976)에서는 대만・홍콩・오키나와의 불교를 다루고 있다.

최신의 개설서로는 末木文美士 편『仏教の歴史 2 東アジア』(山川出版社, 2018)가 있다. 개별 사항을 살펴보는 데에는 仏教史学会 편『仏教史研究ハンドブック』(法藏館, 2017)이 편리하다. 일본에 전해진 종파들의 인도 이래의 교리의 기본적 내용에 대해서는 大竹晋『宗祖に訊く ー日本佛教十三宗 教えの違い総わかり』(国書刊行會, 2015)가 알기 쉬운 형태로 설명하고 있다.

『시리즈 대승불교』로 전체가 번역되었다. (안성두 외 번역, 씨아이알, 2014-2018)

동아시아 불교를 형성한 한역 경론에 대해서는 舟山徹『仏典はどう漢訳されたのか スートラが経典になるとき』*(岩波書店, 2013)가 한역의 방법 및 특질을 밝히고 있다. 그러한 한문을 주변 나라들에서 어떻게 읽어왔는가에 대해서는 金文京『漢文と東アジアー訓読の文化圏』(岩波新書, 2010)이 신선한 고찰을 시도하고 있다.

동아시아 나라들에서의 석가모니관에 대해서는 小峯和明 편『東アジアの仏伝文学』(勉誠出版, 2017)이 여러 나라의 부처전기와 문학작품에 보이는 석가모니의 이미지의 차이를 밝히고 있다. 마찬가지로 동아시아라는 관점에서 여성과 불교의 관계를 추적한 張龍妹・小峯和明 편『東アジアの女性と仏教と文学』(勉誠出版, 2017)이 있다. 동아시아에서의 불교의 뜻밖의 변용이라는 점에서는 彌永信美『大黒天変相ー仏教神話学(1)』과『觀音変容譚ー仏教神話学(2)』(法藏館, 2002)이 풍부한 정보를 제공하고 있다.

아시아 전체의 불교미술에 대해서는『アジア仏教美術論集』전12권 (中央公論美術出版, 2017〜)이 장대한 미술사를 서술하고 있다. 인도 이래의 동아시아 나라들의 불교와 예능의 밀접한 관계에 대해서는 石井公成『＜ものまね＞の歴史ー仏教・笑い・芸能』(吉川弘文館, 2017)에서 개관하고 있다.

:: 중국

근대 이래의 축적된 일본연구자들의 연구 성과에 대해서는 岡部和雄・田中良昭 편『中国仏教研究入門』(大藏出版, 2006)에서 개관하고 있으며, 한국 불교의 연구 상황에 대해서도 다루고 있다. 종파사・교리사가 아닌 사원경제, 노비, 효의 문제, 승려와 신자의 음주, 불교의 사회사업 등 중국 불교의

『번역으로서의 동아시아-한자문권에서 '불교'의 탄생』(이향철 번역, 푸른역사, 2018)

실태를 밝히고 있는 점에서는 현재에도 道端良秀『中国仏教史全集』전11권 (書苑, 1985)을 뛰어넘는 것이 없다.

약간 교조적이지만 중국에서의 연구 성과를 제시한 것으로 任繼愈 편(丘山新 외 번역)『定本 中国仏教史』전3권 (柏書房, 1992-1994)이 있다.

중국 불교의 특질을 생각하는 데 중요한 중국에서 성립된 경전에 대해서는, 처음으로 면밀한 연구를 수행한 牧田諦亮의 연구가『牧田諦亮著作集 第1卷 疑經硏究』(臨川書店, 2014)에 수록되어 있다. 중국에서는 대부분 없어지고, 돈황문서 중에 일부만 남아 있는 이들 경전들이 최근 일본에서 많이 발견되었다. 落合俊典 편『七寺古逸經典硏究叢書』전6권 (大東出版社, 1994-2000)에 정리되어 있고, 이후에도 연구가 진행되고 있다.

동아시아 불교에 결정적 영향을 미친『대승기신론』에 대해서는 오랫동안 진위논쟁이 이어졌는데, 大竹晉『大乘起信論成立問題の研究ー『大乘起信論』は漢文仏教文献からのパッチワーク』(国書刊行會, 2017)에서 중국에서 성립되었음을 확정하였다.

중국 부분이 『새롭게 다시 쓰는 중국 선의 역사』(최연식 번역, 씨아이알, 2011)으로 번역되었다.

중국 불교의 주류인 선종에 대해서는 伊吹敦『禅の歴史』* (法藏館, 2001)가 중국과 일본 선종의 역사에 대해 개관하고 있다. 보리달마에서 시작되는 선문헌과 어록의 역주로는 재간된『禅の語録』전20권 (筑摩書房, 2016)이 기본이 된다. 선어의 특색과 발상에 대해서는 小川隆『語録のことば 唐代の禅』(禪文化研究所, 2007),『続・語録のことば『碧巖録』と宋代の禅』(禪文化研究所, 2010)이 유익하다.

불교와 도교의 관계에 대해서는 小林正美『中国の道教』(創文社, 1998), 神塚淑子『道教経典の形成と仏教』(名古屋大学出版会, 2017)이 참고된다.

중국의 근대불교에 대해서는 陳繼東『清末仏教の研究―楊文会を中心として』(山喜房佛書林, 2003), エリック・シッケタンツ『堕落と復興の近代中国仏教―日本仏教との邂逅とその歴史像の構築』(法藏館, 2016)이 일본과의 관계를 밝히고 있다.

:: 베트남

베트남 불교의 역사에 대해서는 石井公成「ベトナムの仏教」『新アジア仏教史 10 朝鮮半島・ベトナム 漢字文化圏への広がり』에서 개설하고 있다. 伊東照司『ベトナム仏教美術入門』(雄山閣, 2005)은 미술을 통해 본 베트남 불교사의 성격을 가지고 있다. 동남아시아라는 틀 속에서 베트남의 역사를 서술한 것으로는 石井米雄・桜井由躬雄 편『東南アジア史1 大陸部』(山川出版社, 1999)가 있다.

:: 한국

한국 불교사로는 앞에 제시한『新アジア仏教史 10 朝鮮半島・ベトナム 漢字文化圏への広がり』가 새로운 성과를 정리하고 있으며, 鎌田茂雄『朝鮮仏教史』(東京大学出版会, 1987)가 현재에도 유익한 입문서이다. 金龍泰(蓑輪顯量 감역, 佐藤厚 번역)『韓国仏教史』(春秋社, 2017)는 조선 시대 불교의 실태를 밝히고 있다. 유교와 재래신앙을 포함한 사상사로는 小倉紀蔵『朝鮮思想全史』(ちくま新書, 2017)가 읽기 편하다.

신라 불교의 다양함과 일본에의 영향에 대해서는 GBS実行委員会 편『論集 新羅仏教の思想と文化―奈良仏教への射程』(東大寺, 2018)이 최신의 성과

를 제시하고 있다. 원효가 중국과 일본에 미친 영향에 대해서는 福士慈稔『新羅元曉研究』(大東出版社, 2004)가 자세하다. 고려대장경의 의의와 영향에 대해서는 馬場久幸『日韓交流と高麗大藏經』(法藏館, 2016)에서 논하고 있다.

도요토미 히데요시 군대의 침략에 대해서는 仲尾宏・曺永祿 편『朝鮮義僧將・松雲大師と德川家康』(明石書店, 2002)이 자세하다. 양심적인 종군승려의 일기를 해설한 朝鮮日々記研究会 편『朝鮮日々記を読む―真宗僧が見た秀吉の朝鮮侵略』(法藏館, 2000)는 반드시 읽을 필요가 있다.

:: 일본

간략한 통사로는 末木文美士『日本仏教史―思想史としてのアプローチ』*(新潮文庫, 1996)에 잘 정리되어 있다. 쇼토쿠 태자에 대해서는 石井公成『聖德太子―事実と伝説の間』(春秋社, 2016), 新川登龜男『聖德太子の歷史学―記憶と創造の1400年』(講談社, 2007)을 통해 일본 불교에 미친 영향과 연구 상황을 알 수 있다. 고대 일본의 불교가 도교나 음양오행설 등을 비롯한 다양한 요소를 어느 정도 포함하고 있는가에 대해서는 增尾伸一郎『道教と中国撰述仏典』(汲古書院, 2017)이 새로운 지견을 제시하고 있다.

종래의 일본 불교 연구를 재검토하는 중요한 계기는 가마쿠라 신불교・구불교라는 도식을 비판하고 밀교의 역할을 중시하는 현밀체제론을 전개한 구로다 토시오[黒田俊雄]의 논고들이다. 이 논고들은『黒田俊雄著作集』전8권 (法藏館, 1994-1995)에 수록되어 있다. 구로다를 포함한 전후의 불교연구의 배경에 대해서는 オリオン・クラウタウ 편『戰後歷史学と日本仏教』(法藏館, 2017)가 참고된다.

또 하나의 재검토는 여성사의 측면에서 행해졌다. 종래의 '불교에서의 여성'이라는 도식을 비판하고, 여성을 주체로 하는 '여성과 불교'라는 관점을 제기한 大隅和雄·西口順子 편『シリーズ女性と仏教』전4권 (平凡社, 1989)는 이 분야를 개척한 시도였다.

이러한 문제제기 이후의 새로운 연구들은 의례·사회·문학·예능·미술·신도神道·여성사·민중사 등의 연구와 결합된 형태로 진행되었다. 이와 관련된 최근의 동향에 대해서는『現代思想』臨時增刊号「仏教を考える」(青土社, 2018. 10.)에서 소개하고 있다. 주술적인 중세불교의 모습을 민중의 관점에서 서술한 시도로는 井原今朝男『增補 中世寺院と民衆』(臨川書店, 2009)이 있고, 법회와 사원 예능의 결합에 대해서는 松尾恒一『儀礼から芸能へ一狂騒·憑依·道化』(角川学芸出版, 2011)가 흥미롭다.

중세의 기조가 된 본각사상과 그 원천인 여래장사상에 대해서는 불교가 아니라고 비판한 袴谷憲昭『本覺思想批判』(大藏出版, 1989), 松本史朗『縁起と空一如來藏思想批判』* (大藏出版, 1989)이 세계 불교학계에 충격을 주었다. 한편 三崎義泉『止觀的美意識の展開一中世芸道と本覺思想との関連』(ぺりかん社, 1999)이 본각사상과 그에 기초한 초목성불사상이 일본 문화에 미친 영향을 밝히고 있다. 최근의 연구 상황에 대해서는 末木文美士『草木成仏の思想一安然と日本人の自然觀』(サンが, 2015)에서 설명하고 있다.

중세의 불교와 신도神道의 관계에 대해서는 伊藤聡『神道とは何か一神と仏の日本史』(中公新書, 2012)가 최근의 연구 성과를 보여주고 있다.

근세 불교의 동향에 대해서는 末木文美士『近世の仏教一華ひらく思想と文化』(吉川弘文館, 2010)가 읽기 편하다. 에도 시대의 불교의 뿌리 깊은 모습에 대해서는 大桑斉『日本仏教の近世』(法藏館, 2003)에서 검토하고 있고, 여러 사상들과의 관계에 대해서는 森和也『神道・儒教・仏教—江戸思想史のなかの三教』(ちくま新書, 2018)에 정리되어 있다.

민중의 신앙에 대해서는『日本仏教と庶民信仰』(大法輪閣, 2014)을 비롯한 고라이 시게루[五来重]의 업적이 중요하다. 関山和夫『庶民芸能と仏教』(大藏出版, 2001) 등의 예능 관련 연구도 빠뜨릴 수 없다.

서양과의 관계

서양과 불교의 만남 및 서양과 동양의 상호 영향에 대해서는 フレデリック・ルノワール(今枝由郎・宮樫櫻子 번역)『仏教と西洋の出会い』(トランスビュー, 2010), 末木文美士・林淳・大谷栄一 편『ブッダの変貌—交錯する近代仏教』(法藏館, 2014)가 흥미로운 역사적 사실들을 제시하고 있다.

찾아보기

동아시아 불교사

초판발행 2020년 2월 11일
초판 2쇄 2020년 8월 10일
초판 3쇄 2022년 8월 30일

저　　　자 이시이 코세이(石井公成)
역　　　자 최연식
펴　낸　이 김성배
펴　낸　곳 도서출판 씨아이알

책임편집 최장미
디　자　인 쿠담디자인, 박진아
제작책임 김문갑

등록번호 제2-3285호
등　록　일 2001년 3월 19일
주　　　소 (04626) 서울특별시 중구 필동로8길 43(예장동 1-151)
전화번호 02-2275-8603(대표)
팩스번호 02-2265-9394
홈페이지 www.circom.co.kr

I S B N 979-11-5610-826-9 93220
정　　　가 20,000원